DIE JAHRESZEITEN IN AQUARELLEN

NATURMOTIVE IN SCHRITT-FÜR-SCHRITT-ANLEITUNGEN

HARRIET DE WINTON

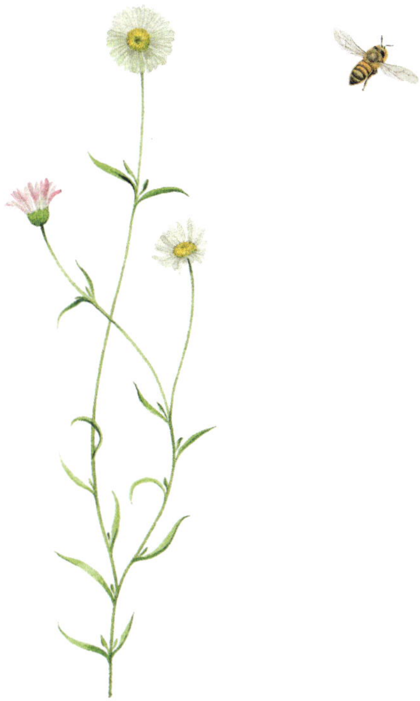

Laurence King Verlag

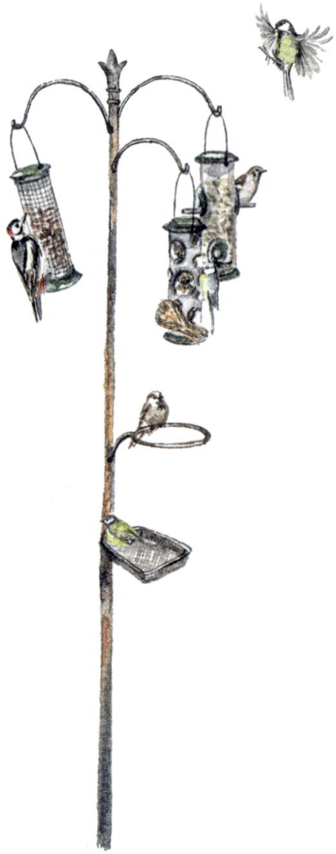

INHALT

EINLEITUNG

In den letzten zehn Jahren habe ich Hochzeitseinladungen gestaltet, Zeichenworkshops gegeben und als Aquarellmalerin auch private Auftragsarbeiten ausgeführt. Ich liebe meine Arbeit. Normalerweise gibt mir der Kunde ein Foto, und ich male: sein Haus, den Brautstrauß, das Haustier und so weiter. Obwohl mir das sehr viel Freude bereitet, hatte ich immer mehr das Bedürfnis, mich mehr auf die lebendige Natur zu konzentrieren. Etwas musste sich ändern.

Der erste Lockdown im März 2020 brachte das Hochzeitsgeschäft völlig zum Erliegen. Überall auf der Welt wurden Trauungen abgesagt oder verschoben, und ich hatte beruflich so viel Leerlauf, dass die Liste meiner Sorgen in dem Maße länger wurde wie die Spaziergänge mit meinem Hund Crumble. Das unerwartete Leben in Zeitlupe gab mir Gelegenheit, die Veränderungen in der Natur wahrzunehmen, wie die Kirschbäume im Frühling allmählich Knospen und dann Blüten bilden, wie sich die Farben ändern, wenn der Sommer in den Herbst übergeht, wie Samenkapseln bei Wintereinbruch trocken und papierdünn werden. Auf meinen Streifzügen knabberte ich an Bärlauch und Holunder, betrachtete ratlos verschiedene Pilze und ließ sie dann stehen. Ich beobachtete meine Umgebung so genau wie nie zuvor.

Erst im Herbst kam ich auf die Idee, ein Skizzenbuch mitzunehmen und einige Eindrücke festzuhalten. In Sachen Naturtagebuch war ich ein blutiger Anfänger, aber seitdem habe ich viel gelernt.

In den letzten Jahren nahm ich die Welt ganz anders wahr und ich schätze die stillen kleinen Glücksmomente beim täglichen Hundespaziergang immer mehr.

Früher hätte ich wahrscheinlich eine einzelne Blüte gemalt, aber inzwischen geht es mir mehr darum, die natürliche Umgebung in Form von Himmel, Bäumen und Feldern mit einzubeziehen. Während der Reisebeschränkungen im Jahr 2021 war ich erstaunt, wie viele wunderbare Motive man buchstäblich vor der Haustür finden kann – einige davon sind in diesem Buch zu sehen. Die Brombeerhecke in der Einfahrt sah zu jeder Jahreszeit anders aus, in unserem Garten gaben sich die verschiedensten Tiere ein Stelldichein, und von meinem Atelierfenster aus konnte ich Vogelschwärme und Schafherden beobachten. Meine ausgedehnten Spaziergänge mit Crumble brachten mir neue Ausblicke, und ich nahm viele Naturgeräusche zum ersten Mal bewusst wahr, aber die meisten Motive in diesem Buch stammen tatsächlich aus dem Quadratkilometer, der sich um unser Haus herum erstreckt. Ich hätte nie gedacht, dass ich hier so eine Vielfalt entdecken würde, wenn ich nicht mein Leben – teils unfreiwillig – verlangsamt hätte, um genau hinzuschauen.

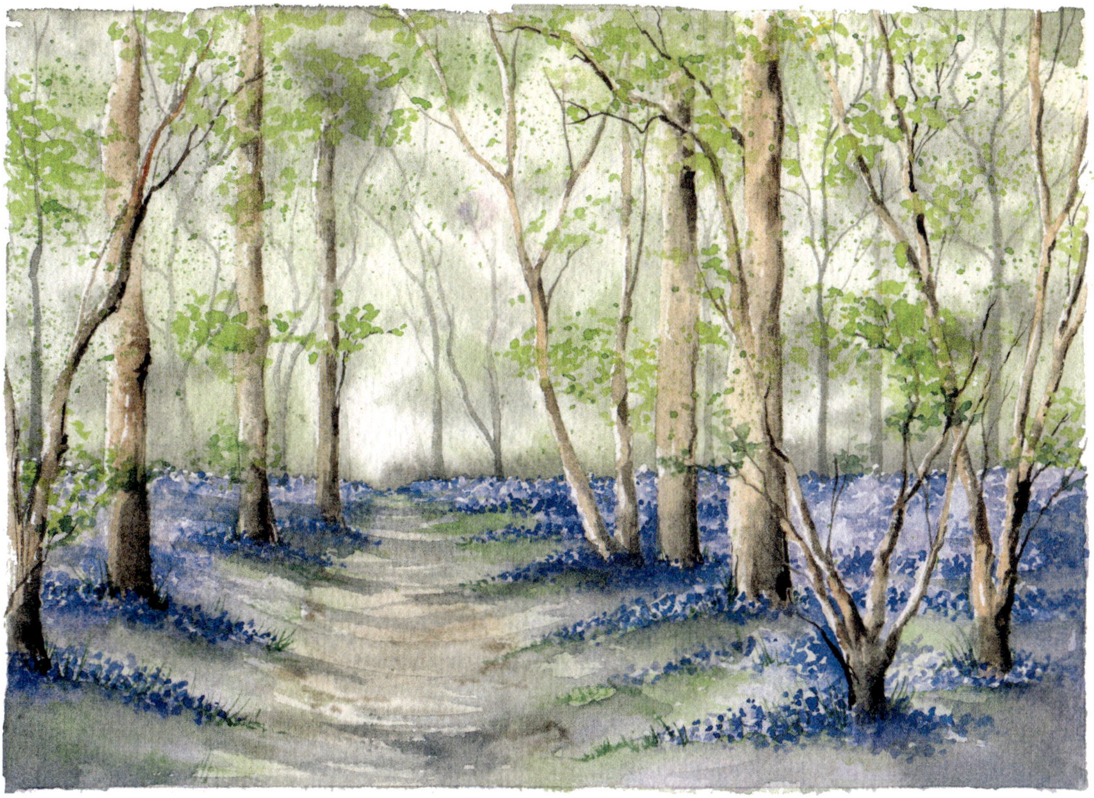

In diesem Buch finden sich Auszüge aus meinem Naturskizzenbuch, von mit leichter Hand gemalten Landschaften bis hin zu ausgearbeiteten, detaillierten Zeichenanleitungen, wie man sie aus meinen Workshops kennt.

Inzwischen macht es mich glücklich, aus dem behaglichen Atelier hinaus in die Natur aufzubrechen, um dort zu malen und zu zeichnen. Ich möchte Ihnen darum empfehlen, bei Ihren nächsten Spaziergängen ebenfalls ein Skizzenbuch mitzunehmen. Früher bin ich oft mit Malutensilien in der Tasche losgezogen, ohne sie jedoch zu benutzen. Möglicherweise musste ich mich erst von der jahrelangen Routine im Atelier befreien, in der ich nach möglichst perfekten Werken strebte. Erst nach einer Weile konnte ich die Arbeit mit dem Skizzenbuch als Experiment begreifen, das später meinen Arbeiten im Atelier zugute kam.

Seien Sie also mutig, setzen Sie immer und überall Bleistift und Farbe ein und schauen Sie, was passiert!

MATERIAL

Die Aquarellmalerei verlangt relativ wenig und auch nicht sehr kostspieliges Material. Der Reiz von Pleinair, also dem Malen in der freien Natur, besteht nicht zuletzt darin, mit überschaubarer Ausstattung das Wesentliche eines Motivs einzufangen. Lieblingsstifte, -pinsel und andere Materialien sollten gleich doppelt angeschafft werden, dann kann das Pleinair-Equipment immer in der Tasche bleiben.

Farbe

Im Atelier benutze ich Aquarellfarbe in Tuben. Ich nutze die faltbare Plastikpalette von Loxley, auf der ich meine Farben in die Mulden gebe. Mit der Zeit trocknet die Farbe und verhält sich dann wie Näpfchen (die getrockneten Aquarellkonzentrate in Blockform), entsprechend leicht lässt sich alles transportieren. Trotzdem ist meine Studioausrüstung eher sperrig.

Um in der Natur zu malen, benutze ich meinen 12er-Kasten für halbe Näpfe. Zusätzlich habe ich mir ein Reiseset aus einer Blechbonbondose mit Deckel zusammengestellt. Darin befinden sich einige halbe Näpfe in meinen Lieblingsfarben. Ein praktisch veranlagter Freund empfahl mir, an die Unterseite der Näpfchen flache Magnete zu kleben, damit sie in der Dose nicht verrutschen. Die Deckelinnenseite beider Kästen dient als Mischfläche.

Ich bin sehr zufrieden mit dem Farbsortiment in Künstlerqualität von Daler-Rowney und Winsor & Newton. Beide bieten auch wesentlich günstigere Farben in sogenannter Studienqualität an, die für Anfänger absolut geeignet sind. Eine gute Regel ist jedoch, die beste Qualität zu kaufen, die man sich leisten kann.

Pinsel

Zusätzlich zu den wunderbar vielseitigen Rundpinseln, die ich seit Jahren benutze (ich verwende in diesem Buch die Größen 8, 6, 4, 2, 0, 2/0, 4/0) habe ich einige neue Pinselarten eingeführt. Meine Lieblingsmarke für Pinsel ist zurzeit Pro Arte. Die spitzen Rundpinsel stammen aus der Masterstroke Serie 60, das sind synthetische Pinsel mit hervorragender Sprungkraft.

Ein Schlepperpinsel besitzt überlange schmale Haare, die das Malen von dünnen Stängeln oder Gras sowie Tasthaaren von Tieren enorm vereinfacht haben.

Ein Verwaschpinsel eignet sich für eine schnelle und gleichmäßige Farbschicht und ist eine wunderbare Ergänzung, wenn es um Landschaften oder größere Farbflächen geht.

Wer gern draußen malt, wird von der Erfindung des Wassertankpinsels begeistert sein: ein synthetischer Pinsel, in dessen dickem

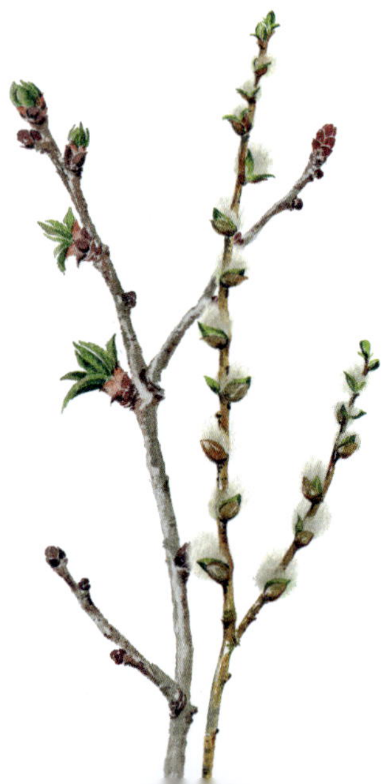

Griff sich ein Reservoir für Wasser befindet. Das lästige Hantieren mit dem Wasserbehälter entfällt. Ich benutze am liebsten den Pentel Aquash, der über eine dichte Kappe verfügt, sodass in der Tasche alles sauber und trocken bleibt.

Pinsel halten deutlich länger, wenn sie nie länger mit den Haaren nach unten im Wasserglas stehen, sonst wird der Griff porös, die Zwinge rostet und vor allem verlieren die Haare ihre Form oder brechen. Außerdem sollten Pinsel nach jedem Gebrauch sorgfältig gereinigt werden.

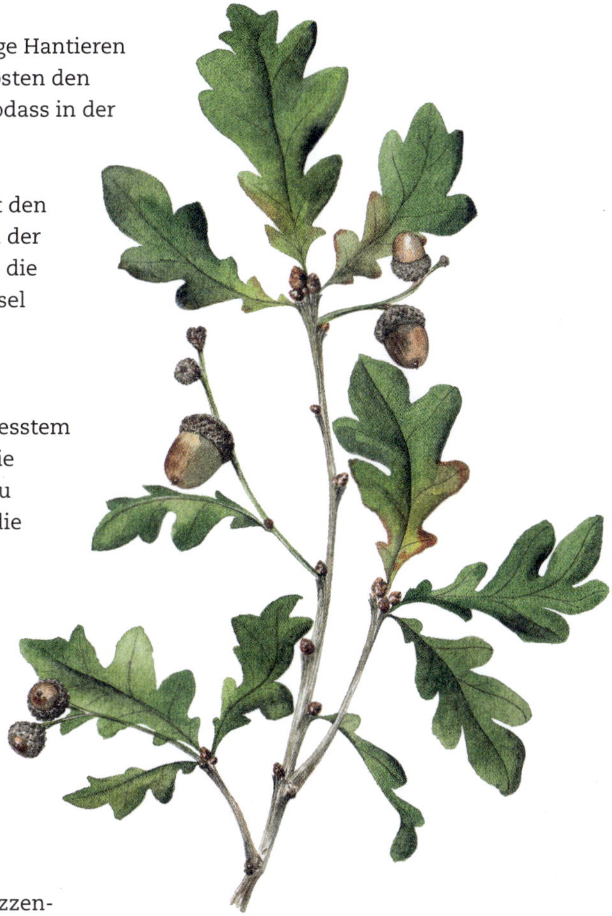

Papier

Sämtliche Projekte in diesem Buch sind auf kalt gepresstem Papier entstanden. Es hat eine leicht raue Struktur, die Farbe und Wasser trotzdem gleichmäßig annimmt. Zu edles Papier, das man zu ruinieren fürchtet, hemmt die Kreativität und die Experimentierfreude! Jeder Farbklecks, jeder Strich, den Sie machen – ganz egal wie krakelig –, bereichert Ihre Malerfahrung.

Die Papierqualität hängt von zwei Faktoren ab: der Beschaffenheit und der Papierstärke. Im Atelier benutze ich Langton Prestige von Daler-Rowney. Das ist ein vergleichsweise günstiges Baumwollpapier mit 300 g/m^2. Eine günstigere Variante ist Aquarellkarton aus Zellstoff.

Für Arbeiten in der freien Natur empfehle ich ein Skizzenbuch. Benutzen Sie ein Skizzenbuch mit dickem kalt gepresstem Papier, wenn Sie gern Landschaften mit mehreren Lasuren malen. Das übliche dünne Papier für Journals würde sich zu stark wellen. Für mich ist außerdem wichtig, ob ein Skizzenbuch aufgeschlagen bleibt, wenn man es aus der Hand legt. Um zu Beginn seine persönlichen Lieblingsprodukte zu finden, ist darum der Besuch im Fachgeschäft hilfreicher als die Onlinebestellung.

Palette

Wenn Sie Farben aus der Tube benutzen, ist ein Keramikteller als Palette sehr praktisch. Falls Sie jedoch mit viel Wasser und Farbe arbeiten, empfiehlt sich eine Palette mit Mulden, sodass die Farben voneinander getrennt bleiben. Es gibt Ausführungen aus Kunststoff, Keramik oder Emaille. Zum Mischen eignet sich Keramik am besten.

Meine faltbare Loxley-Palette ist wegen ihrer Größe sehr gut für ein breites Farbspektrum geeignet und bietet gleichzeitig viel Platz zum Mischen. Damit die Farbpfützen sich beim Mischen auf dem Plastik nicht zu dicken Tropfen zusammenziehen, schrubbe ich die Palette vorher mit Stahlwolle, um die Oberfläche anzurauen. Wenn ich genau diese Palette aus Keramik bekommen könnte, wäre es für mich das ultimative Handwerkszeug.

Maskierflüssigkeit

Maskierflüssigkeit ist eine gelbliche Latexemulsion, die auf Papier oder getrocknete Farbflächen aufgetragen werden kann. Die abgedeckten Stellen nehmen dann keine Farbe an. Am Ende kann der Film mit den Fingern wieder spurlos abgerieben werden. Ich verwende das Produkt von Winsor & Newton. Da sich die Rückstände nicht so leicht aus den Pinselhaaren entfernen lassen, empfehle ich einen extra Pinsel für die Maskierflüssigkeit oder Maskierflüssigkeit mit Applikator.

Wasserbehälter

Im Atelier eignet sich jeder Behälter aus Glas, Blech oder Plastik etwa in der Größe eines Trinkglases. Ich bevorzuge klare Glasbehälter, weil ich dann sehe, wann ich frisches Wasser brauche. Die Pinsel in trübem Wasser auszuwaschen beeinträchtigt logischerweise die Brillanz der Farben auf dem Papier. Ich habe zwei Wasserbehälter gleichzeitig in Benutzung: In dem einen wasche ich den Pinsel aus, in dem anderen benetze ich den sauberen Pinsel.

Draußen benutze ich eine Haushaltsdose mit Deckel und einen wiederverwendbaren Powerstrip, um den Behälter am Verrutschen zu hindern. Oder ich verwende den erwähnten Wassertankpinsel.

Bleistift und Radierer

Sie können sich einen wasserlöslichen Grafitstift zulegen, dessen Strich sich beim Übermalen auflöst. Ich benutze einen normalen mittelharten Bleistift (HB), mit dem ich so hauchzart wie nur möglich meine Vorzeichnung anfertige, an der ich mich lange orientieren möchte. Falls meine Striche zu dunkel geraten sind, presse ich (vor dem Aquarellieren) meinen Künstler-Knetradiergummi von Faber so oft auf die Stellen, bis nur noch eine sehr helle Bleistiftlinie zu sehen ist. Wenn die Bleistiftstellen übermalt und trocken sind, nutze ich einen normalen Radierer, um letzte Spuren zu beseitigen.

Füller und Fineliner

Manchmal skizziere ich mit Füller und Tinte, über die ich dann mit lockerer Hand aquarelliere, um lediglich Farben und Bewegung von Motiven anzudeuten. Ich schätze den Fineliner mit wasserfester Pigmenttinte von Winsor & Newton.

Zirkel

Falls Sie – zum Beispiel für das Vogelnest – keinen Zirkel zur Hand haben, können Sie einen runden (Haushalts-)Gegenstand als Schablone nehmen.

Lineal

Ein Lineal ist ab und an nützlich, um eine horizontale Linie in einer Landschaft zu zeichnen.

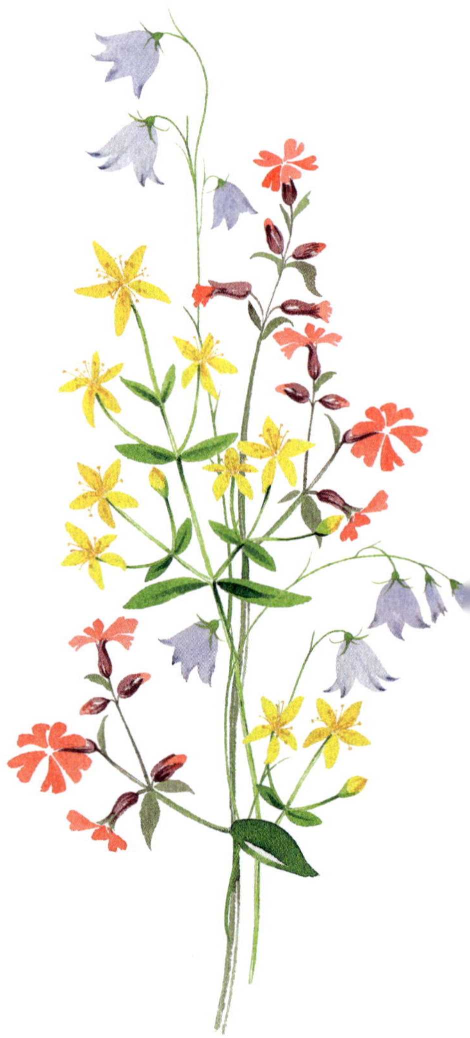

Washi-Tape
Das ist hilfreich, um entweder Bereiche abzukleben, einen akkuraten Bildrahmen für ein Bild anzulegen oder um das Papier am Schreibtisch zu befestigen. Alternativ eignet sich Malerkrepp.

Mehrzweckklammern
(auch Aktenklammern oder Foldback-Klammern genannt) Praktisch, um die Seiten des Skizzenbuchs – bei Wind oder auf einer schrägen Unterlage – zusammenzuhalten.

Küchenpapier
Im Atelier stelle ich meine Palette immer auf ein Stück Küchenpapier, damit sie nicht verrutscht und um den Pinsel darauf trocken zu tupfen, denn auf diese Weise entdeckt man oft noch Farbreste in den vermeintlich sauberen Haare. Dann sollte das Wasser mal wieder ausgetauscht werden.

Der Arbeitsplatz
Richten Sie Ihren Tisch möglichst so aus, dass ein Maximum Tageslicht darauf fällt. Glücklicherweise habe ich von meinem Atelier aus einen freien Blick in die Natur – ein Panorama, das mir immer wieder neue Kraft gibt. Sich in seiner Umgebung geistig und körperlich wohlzufühlen, ist sehr wichtig.

Wenn Sie draußen malen, suchen Sie sich ein geschütztes Plätzchen mit guter Sicht auf Ihr Motiv. Ich sitze bei trockenem Wetter ganz gern auf dem Boden, aber Sie können sich einen kleinen, möglichst leichten, faltbaren Campinghocker mitnehmen. Mit dem Skizzenbuch auf dem Schoß zu arbeiten, ist nicht für jeden angenehm. Ich nehme oft ein Stück festen Karton als Unterlage mit und lege mein Skizzenbuch darauf. Der Karton ist groß genug, um außerdem mit Powerstrips meinen Aquarellkasten und einen Wasserbehälter darauf zu befestigen. Für manch einen mag das umständlich klingen, aber für mich funktioniert dieser improvisierte Arbeitsplatz sehr gut.

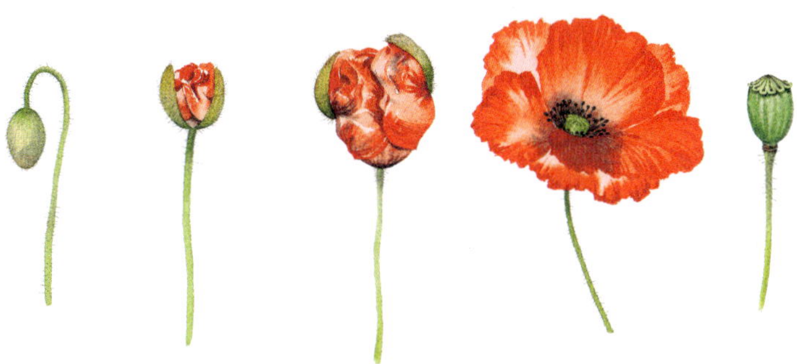

AQUARELLTECHNIK

Wenn Ihnen meine früheren Bücher bekannt sind, wird Ihnen das Folgende vertraut sein. Wobei es sich immer lohnt, sich die Grundzüge der Aquarellmalerei noch einmal zu vergegenwärtigen.

Die Pigmente in Aquarellfarben sind hoch konzentriert – ein kleiner Klecks genügt. Das Wasser dient als Transportmittel. Es verrichtet die meiste Arbeit, und deshalb lautet die goldene Regel beim Aquarellieren, den Pinsel immer nass zu halten. Damit meine ich nicht tropfnass, aber die Haare sollten immer feucht genug sein, um Farbe aufzunehmen, auch wenn man an winzigen Details arbeitet. Schwenken Sie den Pinsel ein paarmal im Wasserglas und streichen Sie die Haare mehrmals am Glasrand ab. So wird sichergestellt, dass die Farbe wie bei einem Filzstift gleichmäßig von der Pinselspitze auf das Papier fließt.

Im Verlauf dieses Buches verwende ich für die Intensität die Begriffe »nass«, »verdünnt« oder »konzentriert«.
Nass: Viel Wasser und viel Farbe auf dem Pinsel stellen sicher, dass große Flächen bedeckt und weiche Übergänge geschaffen werden.
Verdünnt: Viel Wasser und nur wenig Farbe im Pinsel ermöglichen blasse, durchscheinende Farbschichten.
Konzentriert: Viel Farbe und wenig Wasser sind gegen Ende des Malprozesses wichtig, wenn es darum geht, Details hervorzuheben und Flächen zu konturieren.
Verwaschen, Lavieren und Lasieren: eine durchscheinende Schicht stark verdünnter Farbe auf eine Fläche geben.

Die folgenden Zeichenübungen und Beispiele sind alle mit einem spitzen Rundpinsel Nr. 4 entstanden.

Trocken auf trocken
Konzentrierte Farbe auf eine trockene Oberfläche auftragen; entweder auf ein trockenes Blatt oder eine bereits bemalten, vollständig getrocknete Fläche.

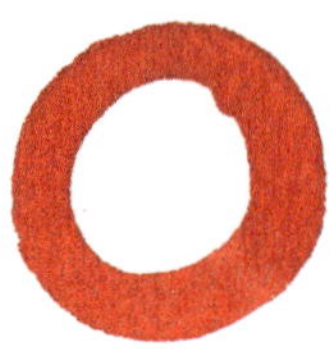

Ihr Pinsel sollte dabei natürlich nicht wirklich trocken sein, sondern Farbe in hochkonzentrierter Form enthalten.

Malen Sie einen Kreis auf ein trockenes Blatt. Das ist vielleicht kein besonders aufregendes Motiv, aber man sieht: Die Farbe deckt und verläuft nicht auf dem Papier.

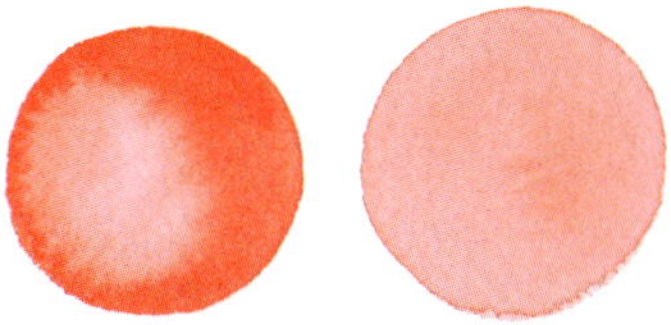

Nass auf trocken
Farbe nass auf ein trockenes Blatt auftragen, also auf ein leeres, trockenes Blatt oder eine bereits bemalte, vollständig getrocknete Fläche.

Reinigen Sie den Pinsel und tauchen ihn dann erneut in Wasser. Befeuchten Sie das Innere des soeben »trocken auf trocken« gemalten Kreises mit Wasser, drehen Sie dabei den Pinsel so, dass er vom inneren Kreisrand Farbe ablöst und aufnimmt. Beobachten Sie, wie Farbe nach innen verläuft. Wenn Sie mit einer weiteren kreisenden Pinselbewegung die Farbe noch mehr verteilen, wird ein blasser Innenkreis entstehen. Die Farbe lässt sich mit weiteren Strichen nach innen ziehen, sodass ein gleichmäßig gefärbter Kreis entsteht (oben rechts). Die Außenkante des Kreises bleibt auf dem trockenen Papier weiterhin scharf.

Alternativ können Sie auch einen neuen Kreis mit einer verdünnten Farbe malen, um eine gleichmäßige, durchscheinende Form zu erhalten.

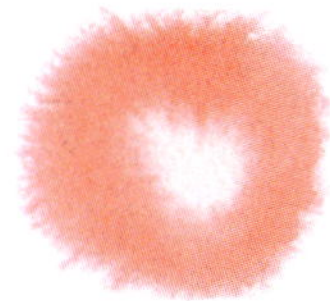

Nass auf nass
Malen Sie auf einem angefeuchteten Papierbereich mit nasser Farbe einen Kreis, und es entstehen ausgefranste Kantenverläufe und verschwommene Konturen.

Mit einem sauberen Pinsel eine Fläche von ca. 5 x 5 cm des Blattes befeuchten. Es soll keine Pfütze entstehen. Malen Sie mit dem nassen Pinsel den gleichen Kreis wie zuvor trocken auf trocken und beobachten Sie, wie die Farbe verläuft. Je nasser das Papier ist, desto weiter wird die Farbe verlaufen. Oft ist man versucht, hier und da noch mit dem Pinsel einzugreifen, aber diese Technik führt zu schöneren Ergebnissen, wenn man der Farbe buchstäblich ihren Lauf lässt.

Pfützen versus gleichmäßig nass
Wenn auf dem Papier Pfützen entstehen, waren sie mit dem Wasser zu großzügig. Farbe in Pfützen führt zu unkontrollierten, diffusen Verläufen. Halten Sie eine Ecke eines Blatts Küchenpapier in die Pfütze und saugen das Wasser auf. Ein gleichmäßig feuchtes Blatt belohnt mit ebenso gleichmäßigen Farbverläufen.

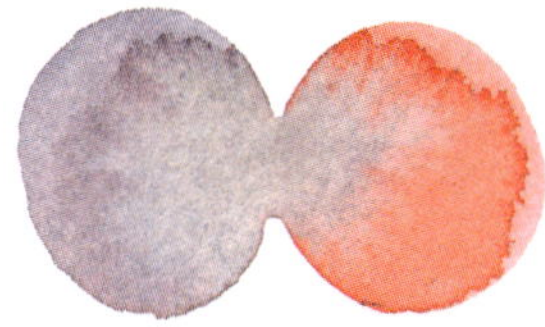

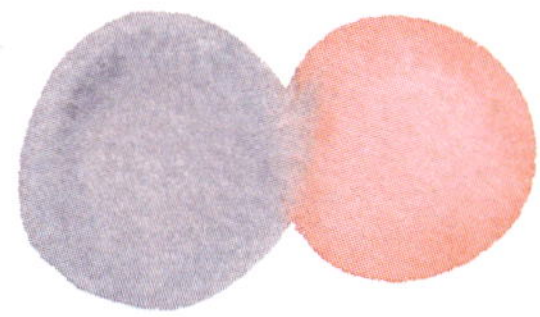

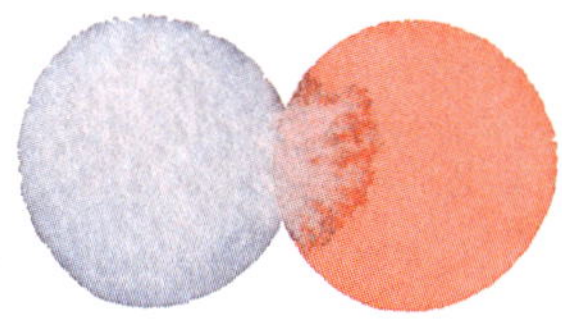

Mischen und Lasieren
Wenn man an einem Bild arbeitet, trägt man Farbe entweder so auf, dass sie sich mit den Nachbarfarben vermischt (nass in nass) oder Schicht auf Schicht (nass auf trocken oder trocken auf trocken).

Beim Mischen ist Beherrschung gefragt. Zu verlockend ist es, mit dem Pinsel noch ein wenig nachzuhelfen, wenn die Farben ineinanderlaufen. Durch das Aufrühren mit dem Pinsel wird die Farbe aber zu stark vermischt, und es entsteht eine unschöne Schlammfarbe (oben, 1. Beispiel).

Malen Sie mit unterschiedlichen Farben zwei »nasse« Kreise, die einander minimal überlappen. Sofern Sie genug Wasser verwenden, werden sich beide Farbtöne von selbst vermischen. Ist ein Kreis nasser als der andere, entstehen Ausblühungen, etwa der sogenannte Blumenkohleffekt (siehe oben, 3. Beispiel).

Lasieren

Sobald eine Farbschicht trocken ist, kann sie mit weiteren Farbschichten oder Details übermalt werden, ohne dass die untere Schicht verläuft.

Es ist viel einfacher, eine dunklere, konzentriertere Farbe auf eine hellere, verdünnte Farbe aufzutragen als umgekehrt. Ich beginne immer mit einem hellen Farbauftrag und steigere die Intensität Schicht für Schicht. Das ist besonders wichtig für die Kompositionen im Kapitel »Winter« (ab Seite 120).

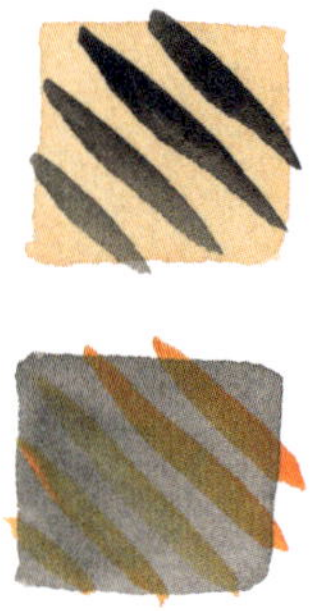

BASICS IN SACHEN PINSELSTRICHE

Nachdem Sie sich mit Farbe und Wasser vertraut gemacht haben, wenden wir uns nun den Themen Pinsel und Striche zu.

Dünne und dicke Striche

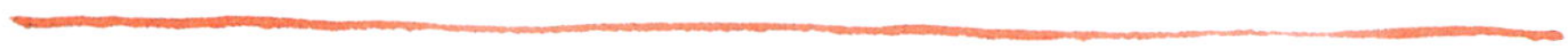

dünner Strich

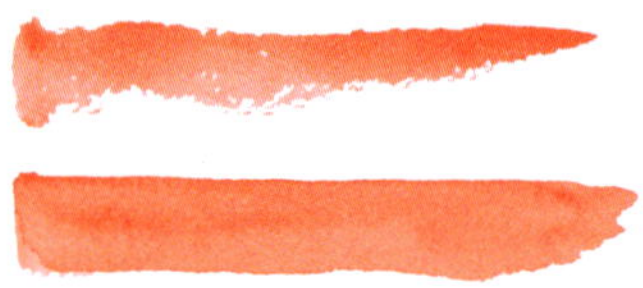

dicke Striche

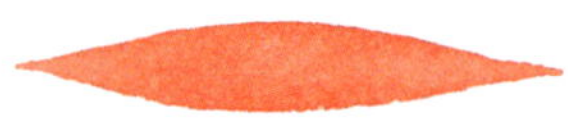

dünn-dick-dünn

1.

Man sollte nicht meinen, dass man mit einem spitzen Rundpinsel der Größe 8 feine Details malen kann. Versuchen Sie, damit einen dünnen Strich zu malen, und lassen Sie sich überraschen. Befeuchten Sie die Pinselspitze, nehmen Sie etwas Farbe auf und malen Sie die Linie nur mit der Pinselspitze. Wenn zu viel Farbe in der Pinselspitze ist, diese mit einer Drehbewegung auf der Palette abstreifen, um wieder eine nadelfeine Spitze zu erhalten.

2.

Tauchen Sie jetzt die Pinselhaare einmal kurz komplett in Wasser und malen Sie dann. Den Pinsel dabei so schräg halten, dass die Haare auf ganzer Länge Kontakt zum Papier haben. Ziehen Sie den Pinsel über das Blatt, um einen möglichst breiten Strich zu erhalten. Wie Sie merken, trocknet die Farbe recht schnell. Wenn Sie den Pinsel in sauberes Wasser tauchen und noch einmal über die Farbe fahren, wird sich der Strich deutlich verdichten und verlängern, ohne dass Sie neue Farbe aufgenommen haben.

3.

Die Kombination aus dünn und dick ist einer der drei wichtigen Pinselstriche. Setzen Sie die Pinselspitze auf und erhöhen den Druck allmählich, sodass die Haare auf ganzer Länge auf dem Papier liegen und einen breiten Strich erzeugen. Den Druck wieder verringern, bis nur noch die Pinselspitze das Blatt berührt. So erzeugen Sie eine Augenform. Probieren Sie, welche verschiedenen Formen Sie mit dieser Technik noch darstellen können. Im weiteren Verlauf des Buches wird dies als spitz zulaufender Strich bezeichnet.

C-Kurven

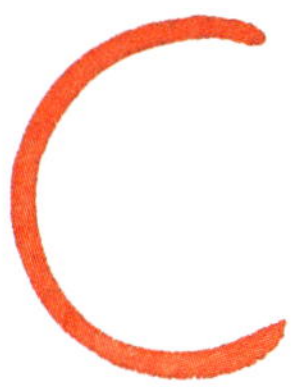

1.
Sobald Sie gerade Striche beherrschen, geht es weiter mit gekrümmten. Malen Sie mit der Pinselspitze eine Kurve, die an den Buchstaben »C« erinnert. Die Strichstärke soll möglichst gleichmäßig ausfallen.

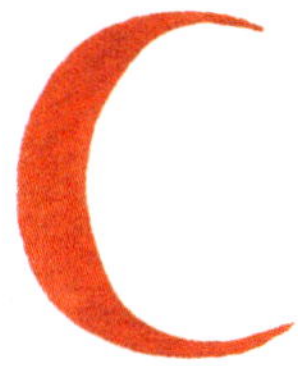

2.
Hier geht es um dünne Enden und einen möglichst dicken Mittelteil, der zuvor spitz zulaufende Strich wird jetzt in C-Form gebracht. Zuerst nur die Pinselspitze aufsetzen, dann in der Rundung so stark aufdrücken, dass die Haare in ganzer Länge Kontakt zum Papier haben, und kontrolliert den Druck wieder zum Ende der C-Form verringern.

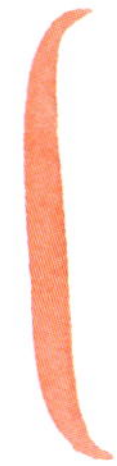

3.
Auch wenn die Form kaum noch an ein C erinnert, gilt die gleiche Vorgehensweise. Ziehen Sie einen länglichen Strich, der mit einer Krümmung beginnt und endet.

S-Kurven

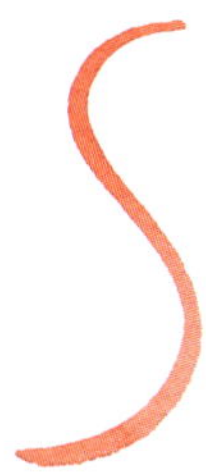

1.
Die S-Kurve ist die dritte Art Strich, die in diesem Buch häufig vorkommt. Malen Sie mit der Pinselspitze ein längliches »S« mit möglichst gleichmäßiger Strichstärke.

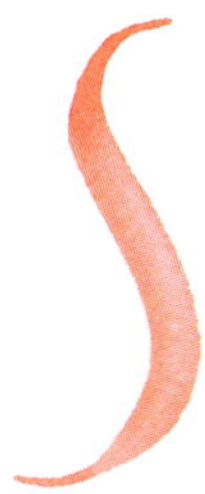

2.
Beginnen Sie das »S« mit der Pinselspitze und drücken im mittleren Teil fester auf. Zum Ende hin allmählich weniger Druck auf den Pinsel geben, sodass die Haare wieder zusammenkommen. Die Ausrichtung des Pinsels soll stets der Kurvenführung folgen.

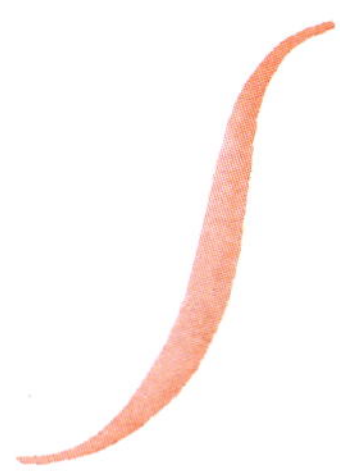

3.
Auch wenn diese Kurve kaum noch wie ein »S« aussieht, gilt die gleiche Vorgehensweise. Diese Art Strich wird oft für Blätter verwendet. Den Pinsel im rechten Winkel zur Kurve halten und eine S-Kurve malen. Anfangs aufrecht, dann für den breiten Teil den Pinsel näher ans Papier führen, für den schmalen Ausläufer den Pinsel wieder in Richtung Senkrechte anheben.

BLÄTTER

In diesem Buch werden Blätter und Blüten in vielen Größen und Formen gemalt. Als Faustregel gilt, den größtmöglichen Pinsel zu nehmen, den man gut handhaben kann, denn je weniger Striche erforderlich sind, umso natürlicher wirkt das Blatt.

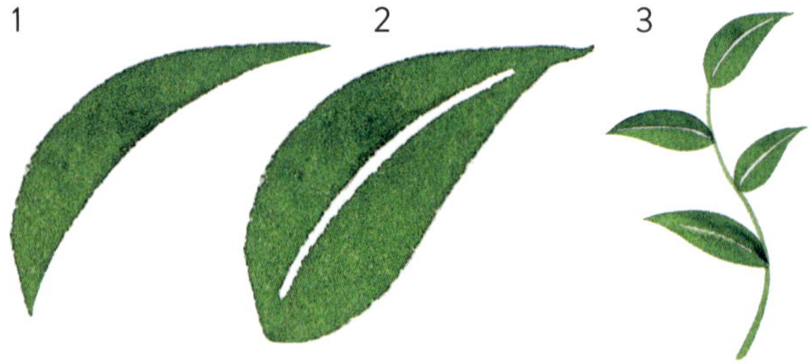

Ganzrandige Blätter
Beispielprojekt: Bärlauch
(siehe Seite 30)

1.
Zeichnen Sie mit Bleistift eine Kurve, die als Orientierungslinie für das Blatt dient. Nehmen Sie mit dem nassen Pinsel etwas Saftgrün auf. Falls sich zu viel Wasser an der Spitze befindet, streifen Sie diese an der Palette ab, damit die Pinselspitze wieder sehr spitz wird. Beginnen Sie an einem Ende Ihrer Hilfslinie mit einem feinen Strich und legen Sie den Pinsel in zunehmend flacherem Winkel aufs Papier für einen breiten Strich, je weiter Sie der Bleistiftlinie folgen. Zum Ende hin den Pinsel wieder sanft anheben, sodass hier erneut nur die Pinselspitze das Papier berührt. Falls sich in dem Blatt eine kleine Farbpfütze bildet, den Pinsel reinigen und gut ausdrücken, dann die Pfütze damit aufsaugen.

2.
Nehmen Sie wieder Farbe auf. Setzen Sie an der Blattspitze an und erzeugen Sie eine spiegelsymmetrische Farbfläche, dabei in der Mitte einen winzigen Spalt frei lassen. Die Krümmungen sollten ähnlich sein. Üben Sie Blätter zu malen, die sich in verschiedene Richtungen neigen, bis Sie sich sicher genug fühlen, diese an einen Stängel zu malen.

3.
Lernende erkennen den Sinn der Übungsblätter meist erst, sobald sie Blätter an Stängeln malen. Zeichnen Sie mit Bleistift eine leicht geschwungene Kurve als Stiel und mehrere Kurven als Mittelrippen, die davon abzweigen. Malen Sie den Stiel mit einem Pinsel Nr. 0 und die Blätter mit einem Pinsel Nr. 4.

Blätter mit gesägtem Rand
Beispielprojekt: Schlehen
(siehe Seite 112)

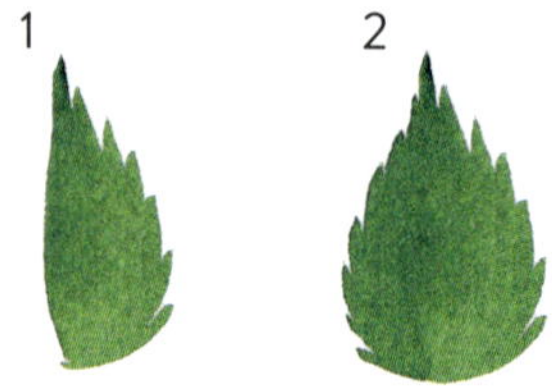

1.
Malen Sie mit Saftgrün spitz beginnend einen Strich (mittlere Blattader). Jetzt rechts daneben jeweils kürzere Linien anordnen, die oben ebenfalls spitz beginnen und am unteren Blattrand auslaufen, bis eine Blatthälfte fertig ist.

2.
Die linke Hälfte achsensymmetrisch (mit der mittleren Blattader als Achse) wiederholen.

Blätter mit gebuchtetem Rand
Beispielprojekt: Pfingst-Veilchen
(siehe Seite 54)

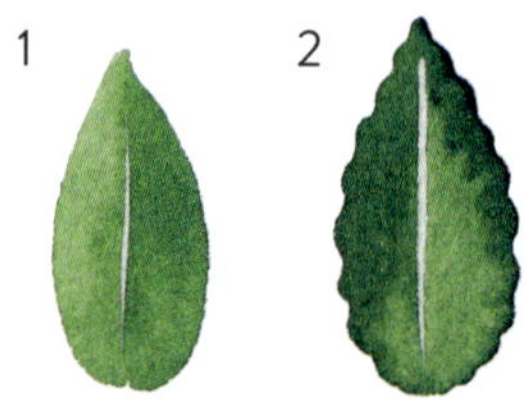

1.
Mit Saftgrün ein ganzrandiges Blatt malen.

2.
Solange die Farbe noch nass ist, mit Pinsel Nr. 0 und Saftgrün eine gewellte Linie über die Kontur des Blattes malen. Wenn Sie zügig arbeiten, verschmilzt die Umrandung mit der Blattfläche.

BLÜTENBLÄTTER

1

2

Einfarbige Blütenblätter mit glattem Rand
Beispielprojekt: Löwenzahn
(siehe Seite 56)

1.

Einen Vorrat an Farbe auf der Palette mischen, dann den Pinsel eintauchen. Eine zu nasse Pinselspitze vermeiden. Einen dünn-dick-dünnen Strich malen. Mit etwas Glück ergibt sich so bereits die gewünschte Blütenblattform.

2.

Ansonsten ergänzen Sie die Grundform durch flache C-Kurven an beiden Seiten. Nehmen Sie einen unbeabsichtigten Farbüberschuss behutsam mit der trockenen Pinselspitze auf, solange das Blütenblatt noch feucht ist.

1

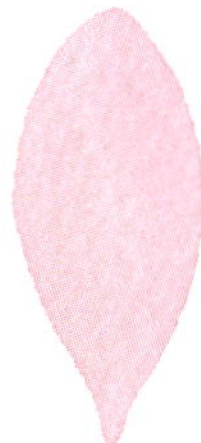

2

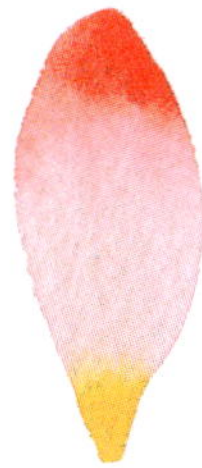

Blütenblätter mit glattem Rand und Farbverlauf
Beispielprojekt: Heckenrose
(siehe Seite 94)

1.

Malen Sie mit verdünnter Grundfarbe ein ganzrandiges Blütenblatt. Zuerst nur die Pinselspitze aufsetzen und im Verlauf aufdrücken, damit die Haare sich spreizen. Wasser und Farbe sollten bei diesem Schritt sehr ebenmäßig verteilt sein.

2.

Während das Blütenblatt noch nass ist, je einen Tupfen konzentrierte Farbe auf Blütenblattbasis und -spitze setzen.

1

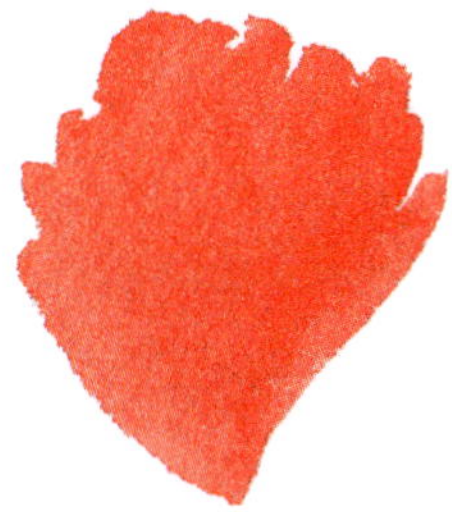

Blütenblätter mit gekerbtem oder gekräuseltem Rand
Beispielprojekt: Klatschmohn
(siehe Seite 88)

1.

Setzen Sie die Pinselspitze an der Blütenblattbasis an und geben Sie nach außen hin mehr Druck auf den Pinsel. Heben Sie den Pinsel eher abrupt ab, sodass die Kanten ungleichmäßig und rundlich oder gewellt sind. Jedes Blütenblatt erfordert mehrere Pinselstriche.

FARBEN MISCHEN

Das Mischen von Farben geht beim Malen in der freien Natur anders vonstatten als im gut ausgestatteten Atelier. Daheim habe ich diverse Paletten und viele Möglichkeiten für neue Farbkombinationen, während ich beim Pleinair den Ehrgeiz habe, mit einer kleinen Auswahl an Farben möglichst viele Nuancen zu erzeugen.

WIE MAN ZUSÄTZLICHE FARBTÖNE ERZEUGT

Sie brauchen einen dicken Pinsel. Die Farben in den Näpfchen mit Wasser besprühen oder mit dem Pinsel anfeuchten. Geben Sie etwas von der feuchten Farbe auf die Palette. Den Pinsel auswaschen und eine kleine Menge einer zweiten Farbe hinzugeben (es ist immer möglich, mehr Farbe hinzuzufügen, doch ein Zuviel lässt sich nicht gut korrigieren). Die Farben mischen und den neuen Farbton begutachten. Planen Sie möglichst genau, wie viel von diesem Farbton benötigt wird und ob der Farbton konzentriert oder verdünnt sein soll. Fügen Sie mehr Wasser oder Farbe hinzu, um eine ausreichende Menge zu erhalten.

Primärfarben mischen

Die drei Primärfarben sind die Basis in Sachen Farbmischungen. Wenn Sie Saftgrün hinzunehmen, vervielfacht sich die Bandbreite der möglichen Farben nochmals.

Kadmiumgelb

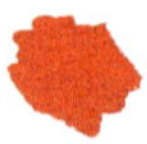

Kadmiumrot

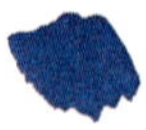

Französisch Ultramarin

Saftgrün

Mischen Sie aus Kadmiumgelb und Kadmiumrot eigene Orange- und Ockertöne.

Mischen Sie aus Französisch Ultramarin und Saftgrün Abstufungen von Blaugrün und Waldgrün.

Mischen Sie Kadmiumgelb und Saftgrün für Nuancen in Goldgrün.

Mischen Sie Kadmiumrot und Französisch Ultramarin, um Lila- und Burgundertöne herzustellen.

Mischen Sie Kadmiumgelb und Französisch Ultramarin, um Türkis- und Grünvarianten zu gewinnen.

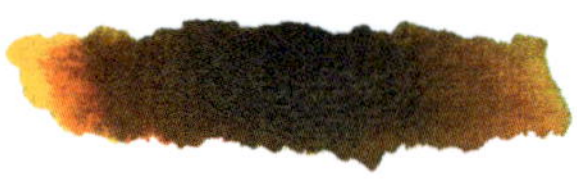

Mischen Sie Kadmiumgelb, Kadmiumrot und Französisch Ultramarin für nuancenreiche Brauntöne.

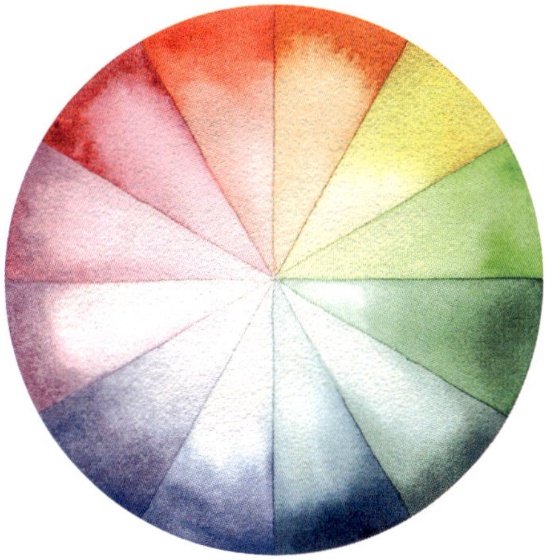

Komplementärfarben
Auf dem Farbkreis liegen die Komplementärfarben einander gegenüber. Wenn man sie zu gleichen Teilen mischt, entsteht ein Graubraunton, aber schon ein Hauch mehr von einer der Komplementärfarben führt zu einer wunderbar gedeckten Farbpalette, die sich sehr gut für Herbst- und Wintermotive eignet.

Komplementärfarbenpaare
Rot und Grün, Orange und Blau, Gelb und Violett

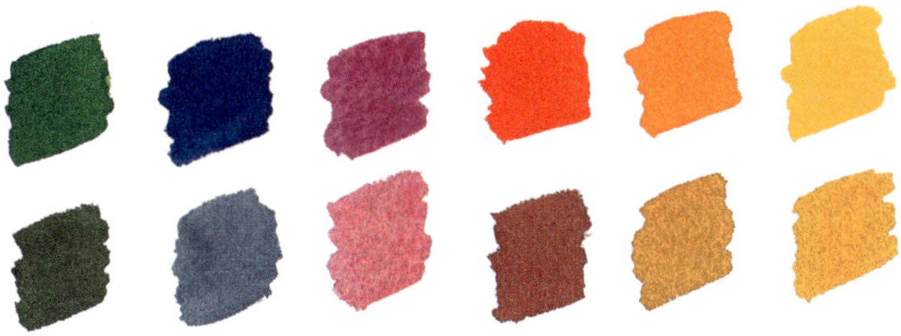

ungemischte Farben

plus jeweils eine winzige Menge der Komplementärfarbe

Verwendete Farben
In diesem Buch werden 20 gekaufte Farben verwendet, die sich in warme und kalte Farben sowie Erdtöne unterteilen lassen. Für jedes Projekt habe ich die von mir verwendeten Farben und Farbmischungen aufgelistet, aber mit etwas Übung können Sie viele Farbtöne auch selbst mischen, wenn Sie mit einer kleineren Farbpalette unterwegs sind.

Kalt
Paynesgrau
Phthaloblau
Preußischblau
Permanentrosa
Alizarin-Karmesin
Zitronengelb

Warm
Saftgrün
Goldgrün
Französisch Ultramarin
Kobaltblau
Kobaltblau dunkel
Kobalttürkis
Kadmiumrot
Kadmiumorange
Kadmiumgelb
Eisenoxidschwarz

Erdtöne
Lichter Ocker
Siena gebrannt
Umbra natur
Umbra gebrannt

Tonwerte (hell und dunkel)
Der Tonwert einer Farbe bezieht sich auf ihre relative Helligkeit oder Dunkelheit. Aquarellfarben werden mit zunehmender Wassermenge immer heller. Um mit den Tonwerten einer Farbe zu experimentieren, malt man einen Kreis mit konzentrierter Farbe. Reinigen Sie den Pinsel und malen Sie direkt daneben einen Wasserkreis (ohne Farbe), der den ersten Kreis leicht überlappt. Beobachten Sie, wie ein Teil der Farbe in den zweiten Kreis fließt. Wiederholen Sie diesen Schritt mehrmals, bis die Farbe fast vollständig verblasst.

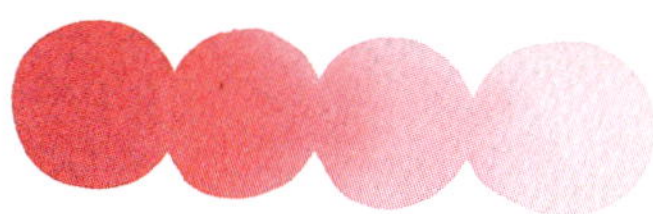

SCHAUBILDER

Wahrscheinlich sind Sie (noch) kein Naturexperte, darum sollen diese drei Schaubilder es mir und Ihnen leichter machen, das zu benennen, was wir gerade malen oder gemalt haben.

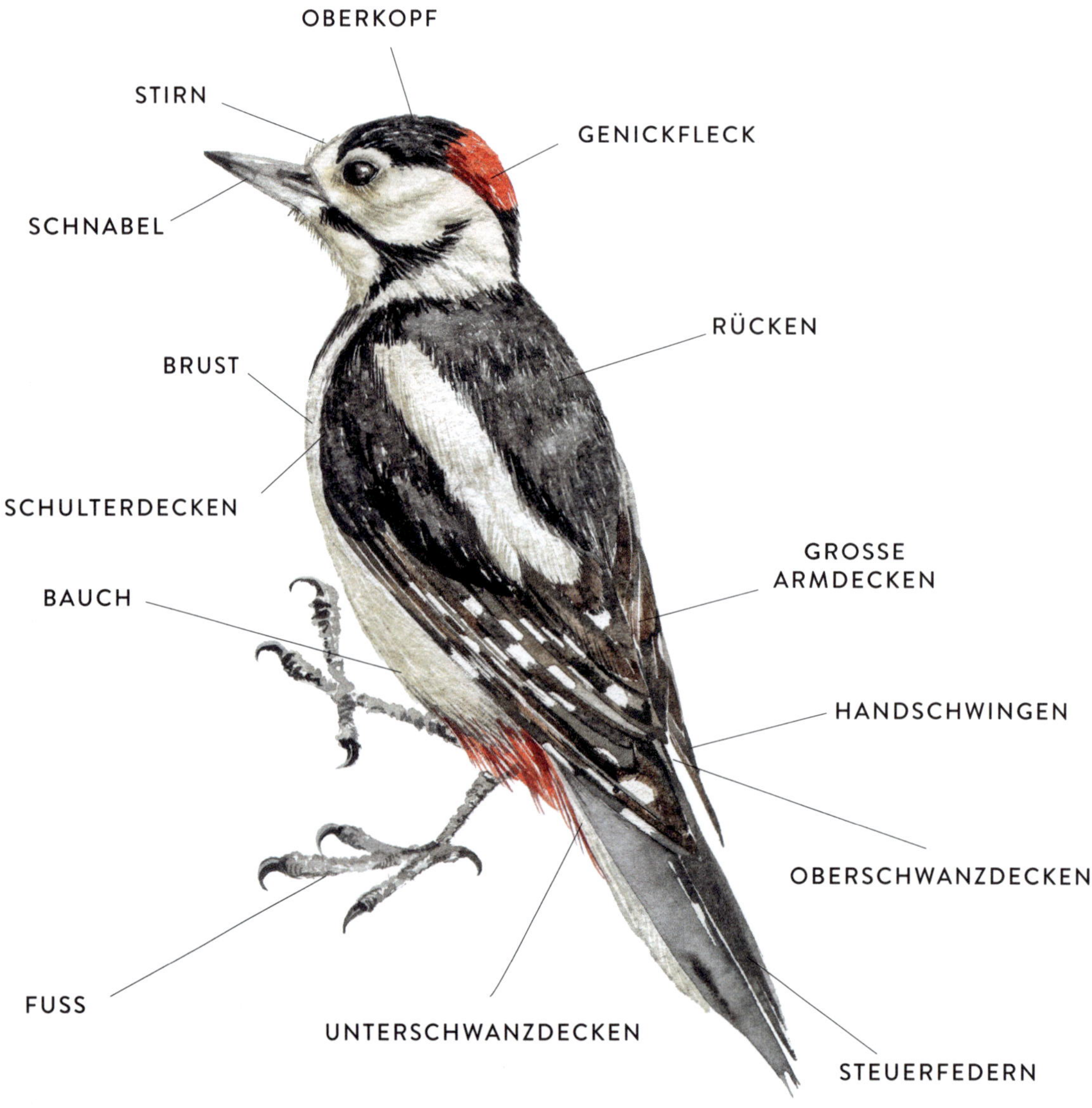

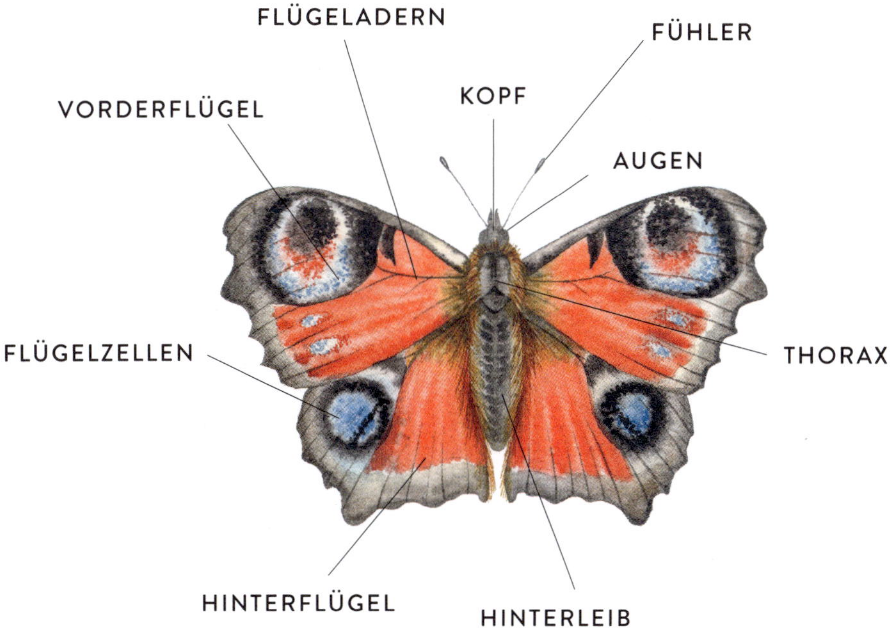
FLÜGELADERN
FÜHLER
KOPF
VORDERFLÜGEL
AUGEN
FLÜGELZELLEN
THORAX
HINTERFLÜGEL
HINTERLEIB

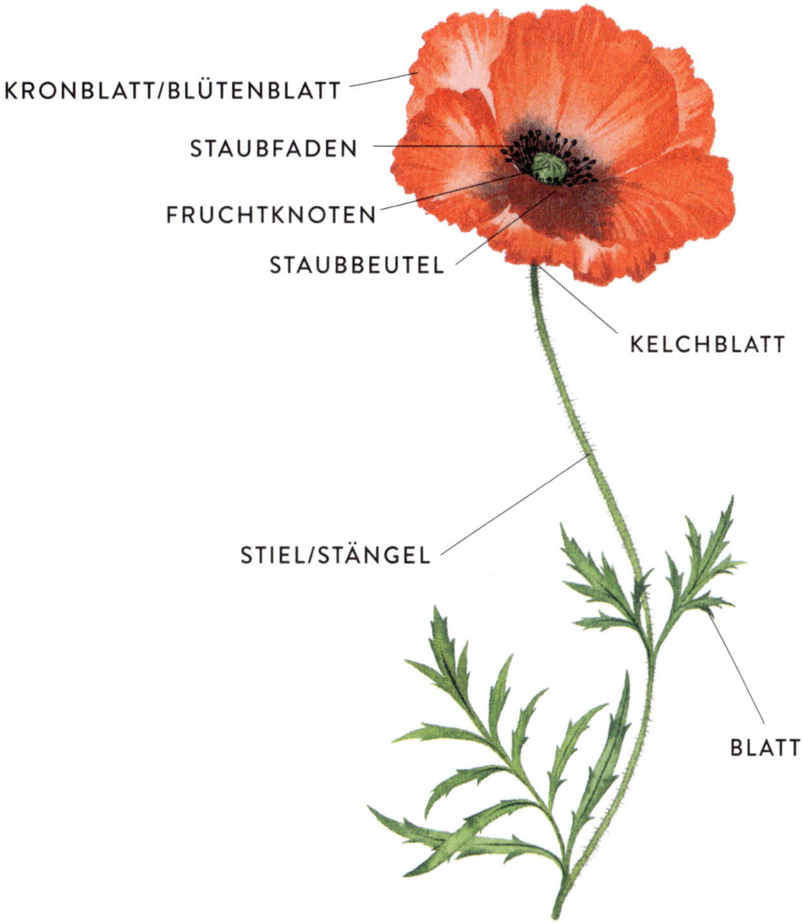
KRONBLATT/BLÜTENBLATT
STAUBFADEN
FRUCHTKNOTEN
STAUBBEUTEL
KELCHBLATT
STIEL/STÄNGEL
BLATT

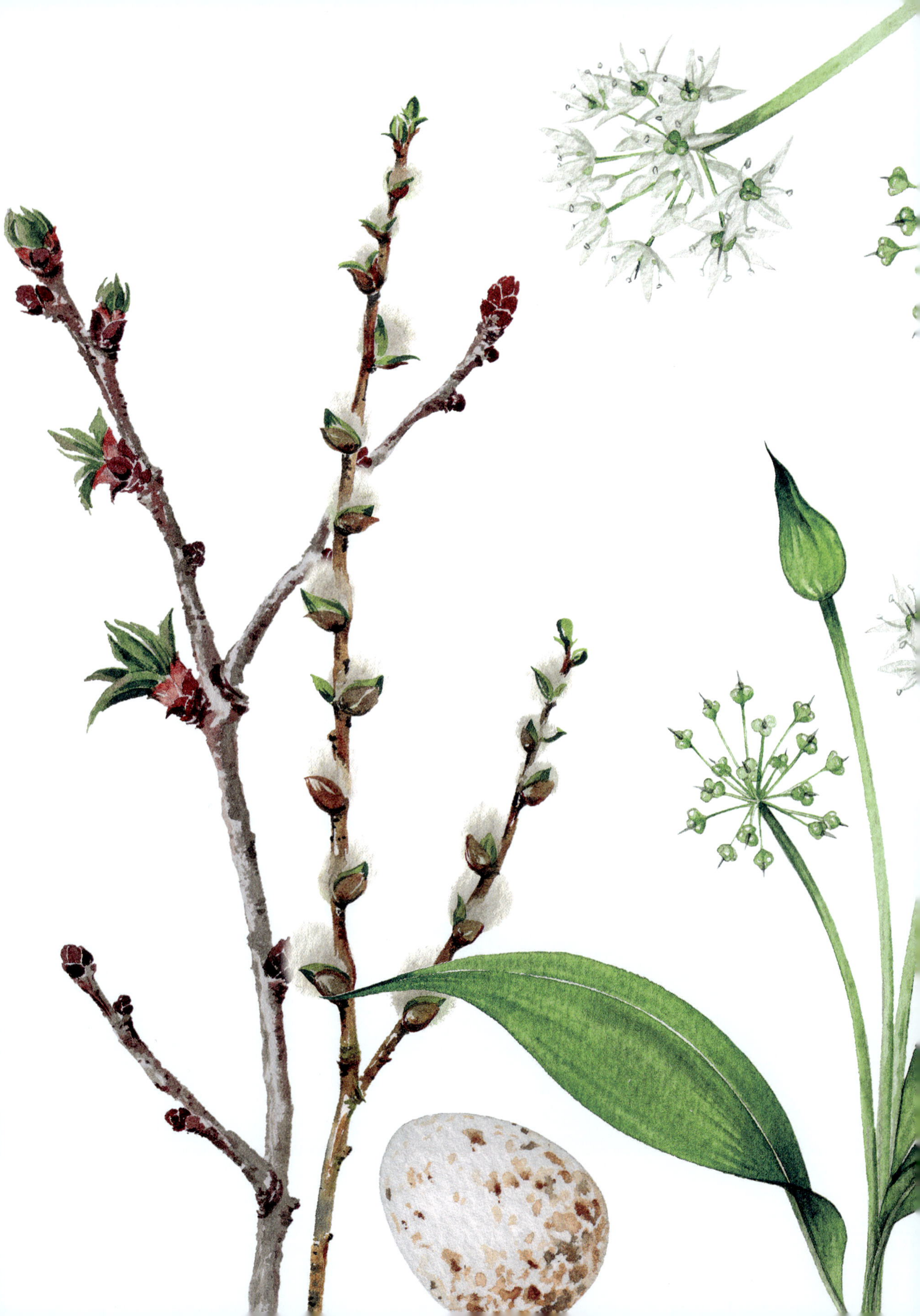

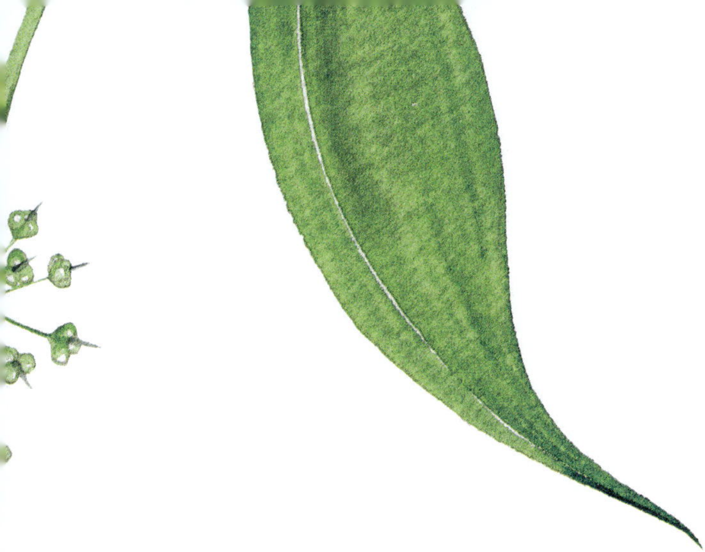

FRÜHLINGS-ERWACHEN

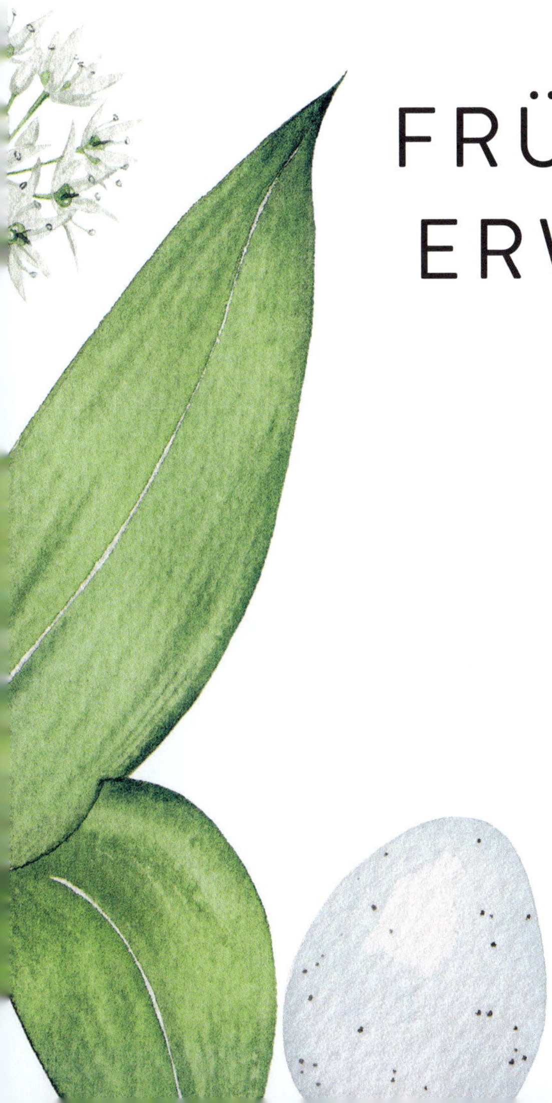

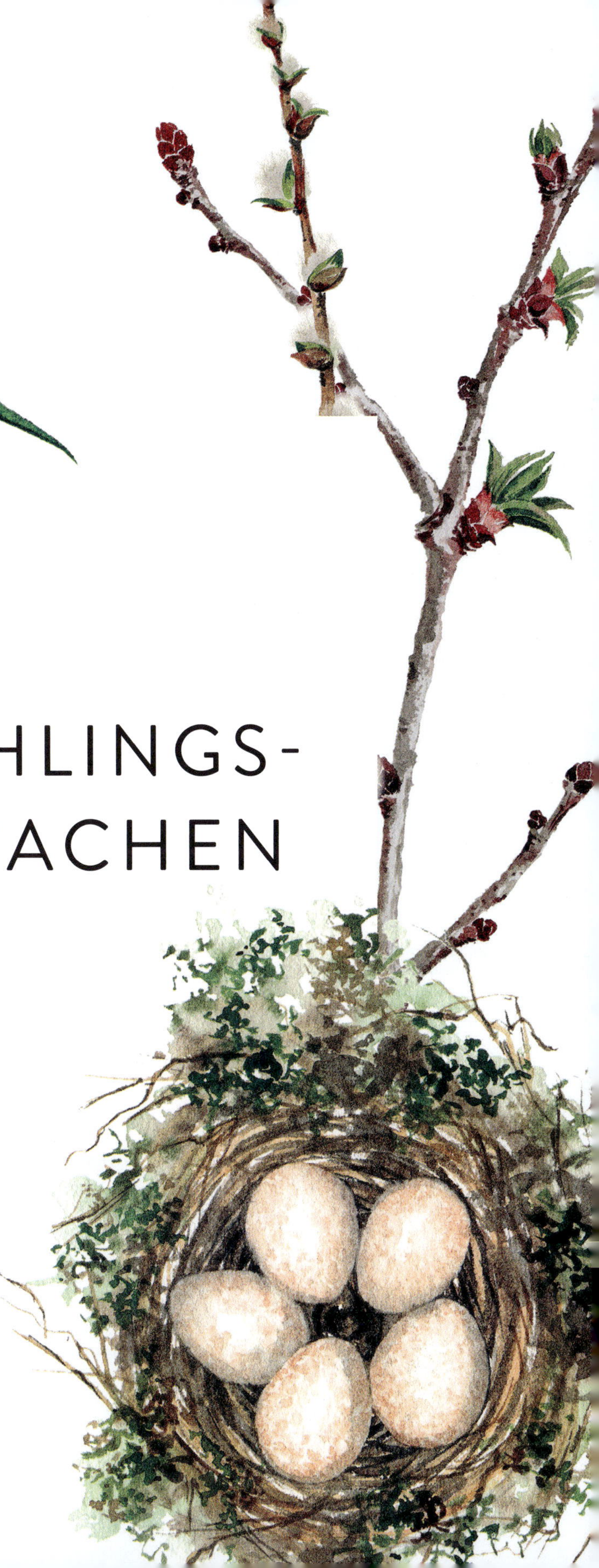

VOGELNEST MIT EIERN

Wenn die Äste der Bäume kahl sind, bietet sich Anfang des Frühjahrs die seltene Gelegenheit, Vogelnester aus dem Vorjahr zu entdecken. Jede Vogelart hat ihre eigene Nestbaumethode, sodass man von dem leeren Nest auf den ehemaligen Bewohner schließen kann. Vielleicht finden Sie sogar am Boden noch ein paar Eierschalen, die wunderbare Studienobjekte zum Zeichnen sind.

Vorsicht bei der Erforschung von Nestern! Vögel während der Brutzeit von Frühjahr bis zum Spätsommer zu stören, ist ein Tabu.

EIER

Pinsel
spitze Rundpinsel Nr. 2, 0, 4/0

Papier
kalt gepresstes Papier (mit Textur)

Meine Eibilder sind im Format 3 x 2,5 cm entstanden.

Farben für das Übungs-Ei (siehe nächste Seite für individuelle Eiertöne)

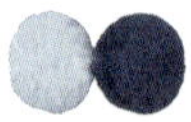
Paynesgrau

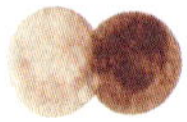
Siena gebrannt

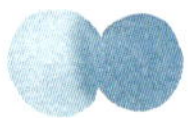
Kobalttürkis

Mischung

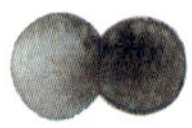
Schatten: Siena gebrannt und Paynesgrau

Wenn Sie den folgenden Ansatz beherrschen, versuchen Sie es mit verschiedenen Farb- und Musterkombinationen.

1.

Mir gelingt ein Ei ohne Bleistiftskizze sogar besser. Für dieses Beispiel-Ei habe ich eine verdünnte Mischung aus Kobalttürkis, Paynesgrau und Siena gebrannt verwendet. Tauchen Sie den Pinsel Nr. 2 in die Mischung und halten Sie ihn senkrecht. Versuchen Sie, die Ei-Form möglichst in einem Zug zu malen. Das erfordert zwar etwas Übung, aber meines Erachtens ist das Vorzeichnen mit dem Bleistift noch kniffliger.

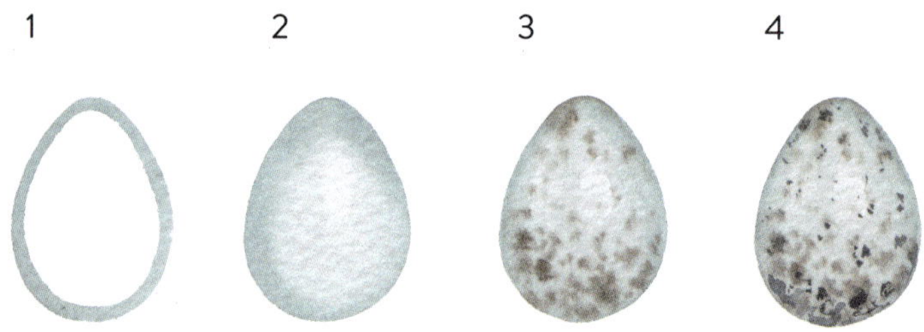

2.

Solange der Umriss noch nass ist, den Pinsel Nr. 2 reinigen und anfeuchten, um die Farbe vom Außenrand des Eis ins Innere zu verteilen. Die Farbe wird auf diese Weise weiter verdünnt und dadurch heller und zarter. Den Pinsel im sauberen Wasserglas wieder benetzen, wenn die Haare zu trocken werden. Sparen Sie mit der Farbe eine kleine Fläche aus, um direkten Lichteinfall (ein Glanzlicht) auf dem Ei anzudeuten.

3.

Manche gemusterte Vogeleier wirken, als habe hier ein himmlischer Schöpfer die Nass-in-nass-Technik angewendet. Solange das Ei noch feucht ist, mit der Schatten-Mischung und Pinsel Nr. 0 einige Tupfen Farbe aufbringen und beobachten, wie die Farbe verläuft.

4.

Wenn die Ei-Musterung mehrfarbig ist, die erste Farbschicht komplett trocknen lassen, bevor die konzentrierte Schatten-Mischung mit Pinsel Nr. 4/0 aufgebracht wird.

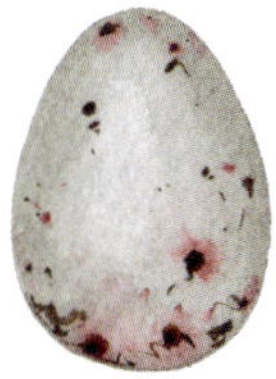

BUCHFINKEN-EI

Grundton: verdünnte Mischung aus Kobalttürkis, Paynesgrau, Siena gebrannt
Nass in nass: Alizarin-Karmesin
Nass auf trocken: konzentrierte Mischung aus Alizarin-Karmesin und Siena gebrannt

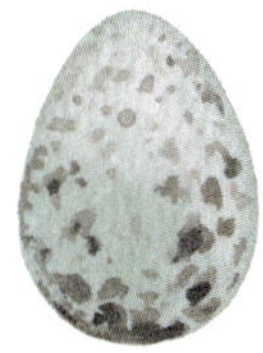

DOHLEN-EI

Grundton: verdünnte Mischung aus Kobalttürkis, Paynesgrau, Siena gebrannt
Nass auf trocken: eine Mischung aus Paynesgrau mit etwas Siena gebrannt. In zwei Schichten, die Farbkonzentration variieren.

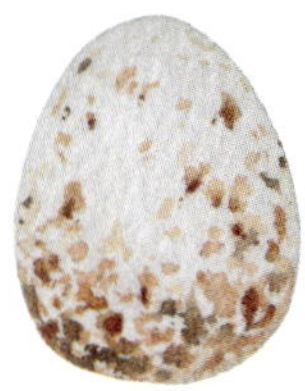

SPATZEN-EI

Grundton: verdünnte Mischung aus Paynesgrau, Siena gebrannt
Nass auf trocken: eine Mischung aus Paynesgrau mit Siena gebrannt. In zwei Schichten, die Farbkonzentration variieren

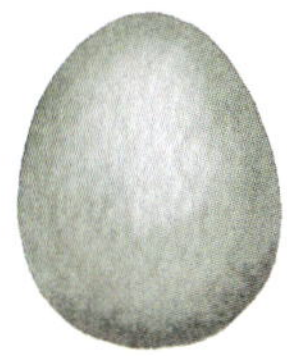

FASANEN-EI

Grundton: Mischung aus Kobalttürkis, Paynesgrau, Siena gebrannt

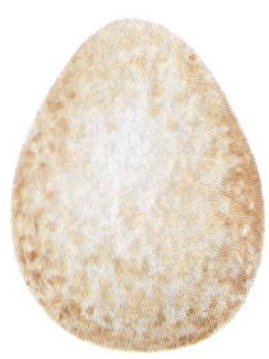

ROTKEHLCHEN-EI

Grundton: verdünnte Mischung aus Lichtem Ocker, Permanentrosa und Umbra natur
Nass in nass: Mischung aus Siena gebrannt und Umbra natur
Nass auf trocken: konzentrierte Mischung aus Siena gebrannt und Umbra natur

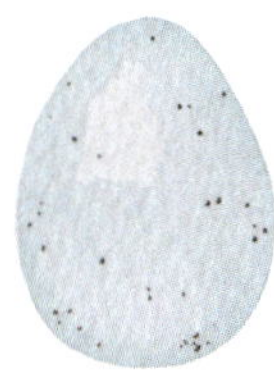

STAREN-EI

Grundton: verdünnte Mischung aus Kobalttürkis, Preußischblau
Nass auf trocken: feine Tupfen in Eisenoxidschwarz

ROTKEHLCHENNEST

Im Garten meiner Mutter hatte ein Rotkehlchen sein Nest gebaut. Wir beobachteten im Frühling, wie die Vogeleltern zur Nahrungsbeschaffung vom Nest wegflogen und wieder zurückkamen. Als im Herbst sowohl das Laub als auch die Vögel selbst verschwunden waren, konnte ich mir das Nest genauer ansehen.

Bei diesem Projekt empfehle ich ausnahmsweise die Verwendung von Maskierflüssigkeit. Das Maskieren der Ei-Formen hilft, die Nestrundungen schwungvoller zu malen. Es geht aber auch ohne.

SIE BRAUCHEN

Pinsel
spitze Rundpinsel Nr. 2, 0, 4/0
Schlepperpinsel Nr. 0

Papier
kalt gepresstes Papier (mit Textur)

Bleistift HB, Radierer, Maskierflüssigkeit, Zirkel

1

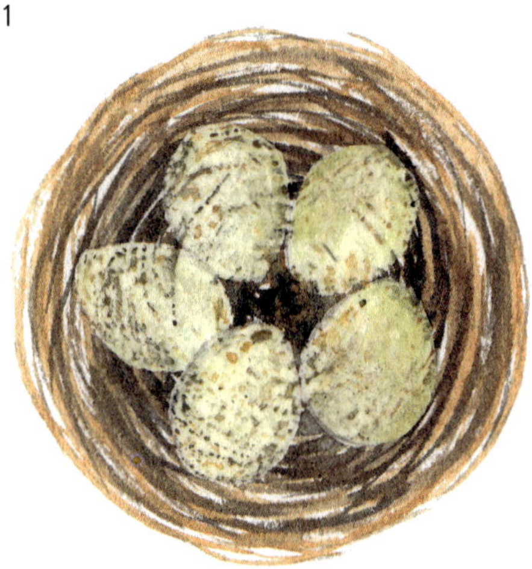

Farben (Nest)

- Lichter Ocker
- Saftgrün
- Paynesgrau
- Siena gebrannt
- Permanentrosa
- Umbra natur

Mischungen (Nest)

- **brauner Schatten:** viel Siena gebrannt mit etwas Paynesgrau
- **Schatten:** Siena gebrannt und Paynesgrau

Rotkehlchen-Ei
Grundton: verdünnte Mischung aus Lichtem Ocker, Permanentrosa und Umbra natur
Nass in nass: Mischung aus Siena gebrannt und Umbra natur
Nass auf trocken: konzentrierte Mischung aus Siena gebrannt und Umbra natur

Das Nestbild ist im Format 8 x 8 cm entstanden.

1.

Mit Bleistift einen Kreis und darin fünf Eier vorzeichnen. Jedes Ei mit Maskierflüssigkeit bestreichen und trocknen lassen. Versuchen Sie nicht, den Prozess mit einem Föhn zu beschleunigen. Geduld!

Mit der Spitze von Pinsel Nr. 2 in Kreisbewegungen ein Nest aus verschlungenen feinen Strichen malen; zuerst mit Lichtem Ocker, dann mit Siena gebrannt. Lassen Sie dabei absichtlich kleine Zwischenräume frei. Fügen Sie der Nestmitte einige Striche mit der Schatten-Mischung hinzu.

2

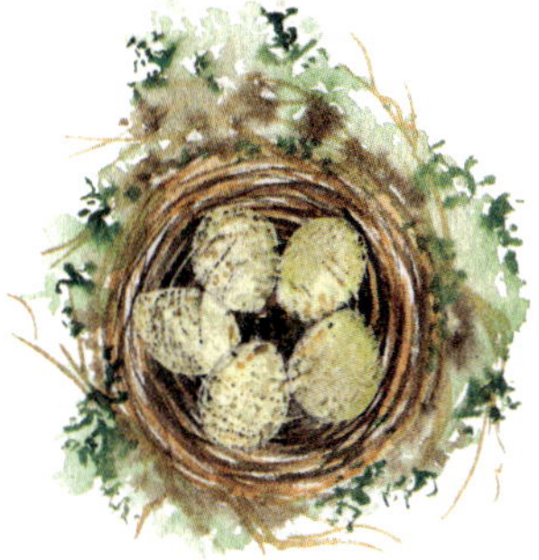

3

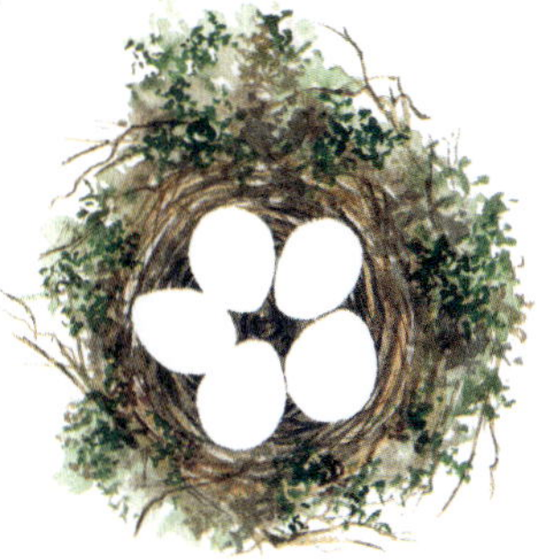

4

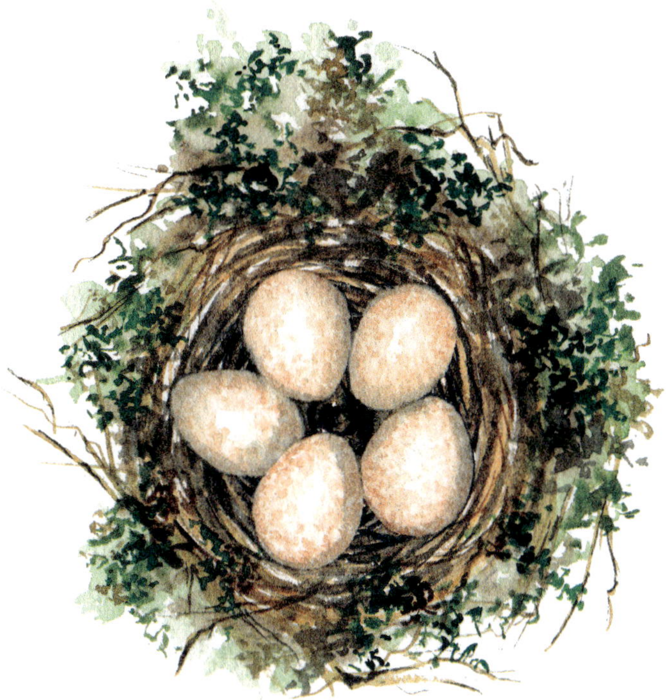

2.

Pinsel Nr. 2 und verdünntes Saftgrün verwenden, um mit einigen Tupfen um die Nestkanten herum Moos anzudeuten. Einige Tupfen verdünnten Lichten Ocker und Siena gebrannt hinzugeben. Wenn alles getrocknet ist, mit Querstrichen aus Lichtem Ocker Zweige und Stroh andeuten. Das Moos mit einigen Tupfen konzentriertem Saftgrün hervorheben. Alles trocknen lassen.

3.

Mit dem Schlepperpinsel und Siena gebrannt sowie beiden Schatten-Mischungen Zweige ergänzen, die kreuz und quer herausragen. Aus einer Schatten-Mischung mit Saftgrün einen dunklen Grünton erzeugen und das Moos damit weiter ausgestalten. Noch mehr Schatten-Mischung in die Nestmitte geben. Sobald alles trocken ist, die Maskierflüssigkeit mit den Fingerspitzen vorsichtig abrubbeln. Noch sichtbare Bleistiftstriche wegradieren.

4.

Mit den Rotkehlchenfarben die Eier bemalen. Die Außenkanten der Eier mit etwas Schatten-Mischung abdunkeln, um Dreidimensionalität anzudeuten.

HASENGLÖCKCHENWALD

Als ich in einem nahe gelegenen Wald einen Teppich aus blauen Blüten entdeckte, setzte die technicolorartige Farbflut nach einem kalten, langen Winter in mir einen Schub an Frühlingsgefühlen frei.

SIE BRAUCHEN

Pinsel
spitze Rundpinsel Nr. 8, 2, 2/0, 4/0
Schlepperpinsel Nr. 0

Papier
kalt gepresstes Papier (mit Textur)

Bleistift HB, Radierer
Maskierflüssigkeit
Washi-Tape

Mein Hasenglöckchenwald ist im Format 18 x 13 cm entstanden.

Farben

- Paynesgrau
- Siena gebrannt
- Goldgrün
- Kadmiumgelb
- Lichter Ocker
- Saftgrün
- Permanentrosa
- Kobaltblau dunkel

Mischungen

- **Blätter:** Saftgrün mit Goldgrün
- **Boden:** Goldgrün, Paynesgrau, Lichter Ocker
- **braune Schatten:** viel Siena gebrannt mit etwas Paynesgrau
- **Blumen:** Kobaltblau dunkel und Permanentrosa
- **Himmelstöne:** Kadmiumgelb, Paynesgrau, Lichter Ocker
- **Schatten:** Siena gebrannt mit Paynesgrau

1.

Wenn ich mit Grundierungen arbeite bzw. laviere, befestige ich das Papier vorab rundherum mit Washi-Tape. Das Bild erhält so eine Begrenzung, und das Papier wellt sich deutlich weniger. Bei der Gelegenheit bedecke ich auch die Fläche, die bei der Spritztechnik ausgespart werden soll, mit Maskierflüssigkeit.

Mit Bleistift den Horizont, den Weg und die Bäume im Vordergrund vorzeichnen. Die Baumstämme und den Bereich unterhalb des Horizontes mit Maskierflüssigkeit bestreichen und trocknen lassen. Mit der Mischung für Himmelstöne den Bereich oberhalb des Horizonts grundieren, dann mit der Schatten- und der Boden-Mischung Wolken und eine entfernte Waldfläche mit Pinsel Nr. 8 andeuten. Achten Sie darauf, dass Ihre Schatten-Mischung auch entlang der Horizontlinie verläuft. Während das Blatt langsam trocknet, mit dem Schlepperpinsel und der verdünnten Schatten-Mischung im hinteren Bildteil weit entfernte Bäume malen. Einige werden auf dem feuchten Papier leicht verschwimmen, andere behalten klare Umrisse. Diese Variationen erzeugen zusätzlich Perspektive. Alles gut trocken lassen. Die Maskierflüssigkeit noch im Bild belassen.

2.

Den Weg mit verdünntem Lichtem Ocker grundieren, dann kurvige Striche mit Siena gebrannt und der Schatten-Mischung mit Pinsel Nr. 2 einfügen.

Mit gleicher Pinselstärke und verdünnter Boden-Mischung und Blumen-Mischung im vorderen Bereich den Untergrund lasieren. Wenn alles trocken ist, vorsichtig die Maskierflüssigkeit abrubbeln.

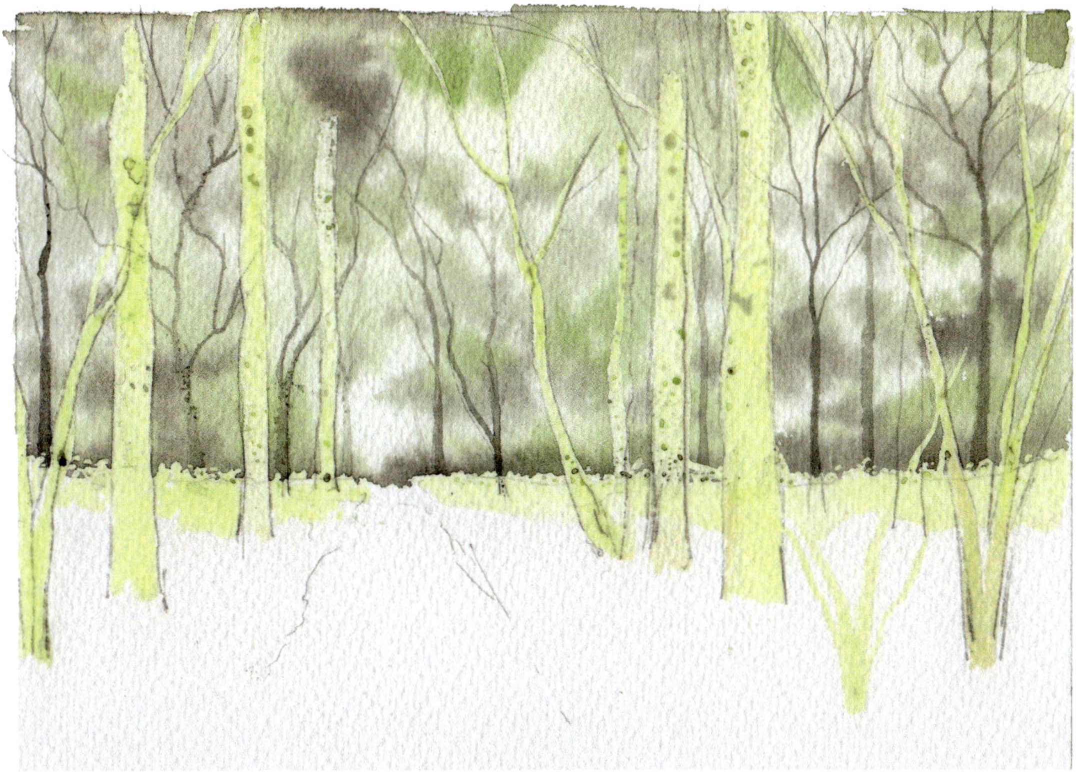

1

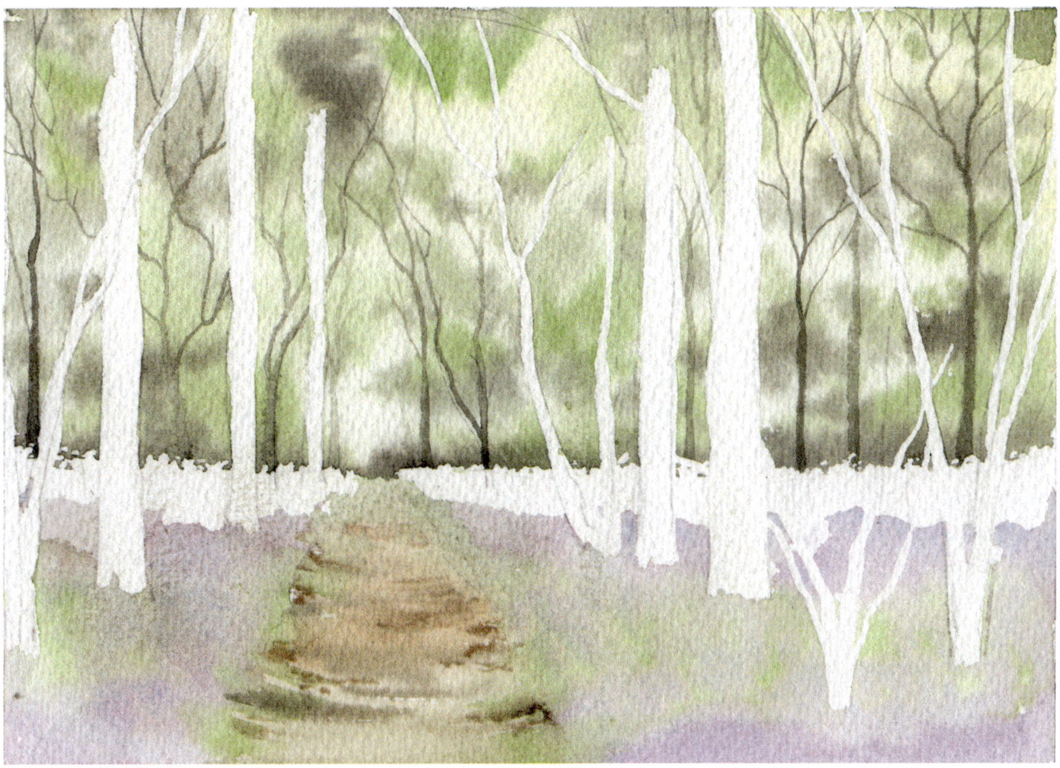

2

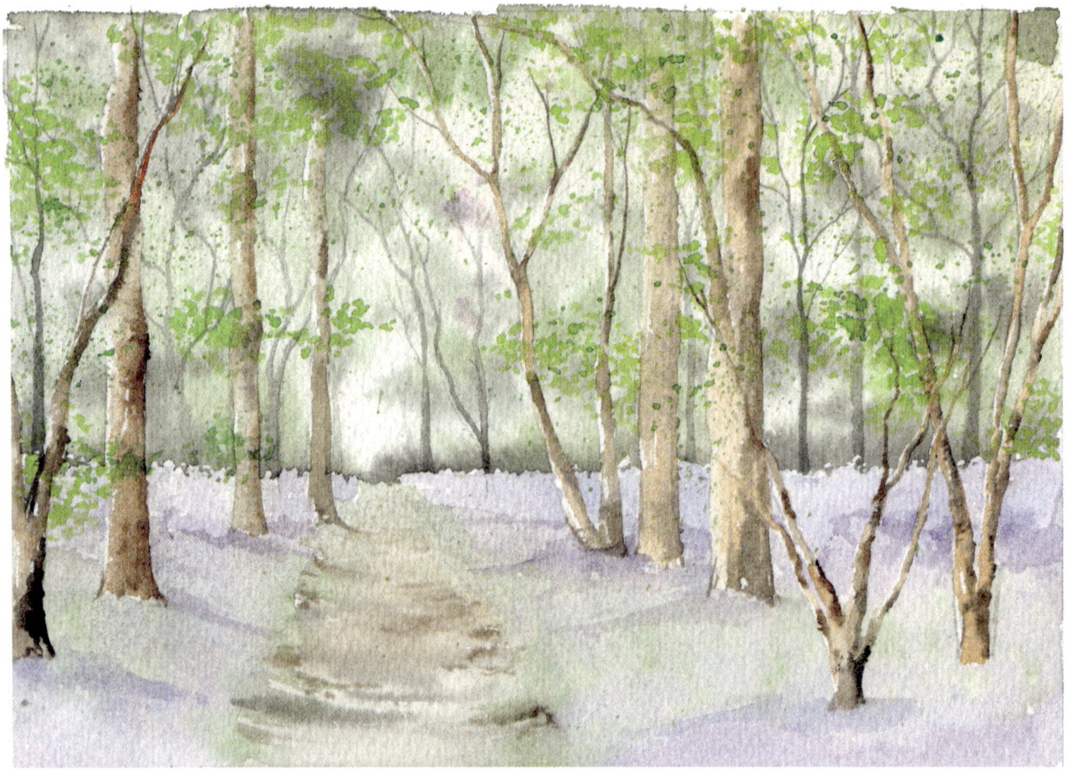

3

3.

Die Bäume mit einer verdünnten Mischung aus Siena gebrannt und der braunen Schatten-Mischung mit Pinsel Nr. 2 ausarbeiten, für die Verästelungen einen noch dünneren Pinsel nehmen. Entscheiden Sie, von wo das Sonnenlicht einfällt und welche Seiten der Bäume demnach im Schatten liegen. Die Schattenseiten mit der Schatten-Mischung dunkler gestalten, zunächst verdünnt, dann bei Bedarf weitere Schichten auftragen. Alles trocknen lassen. Die obere Bildhälfte mit der Blätter-Mischung und Pinsel Nr. 8 besprenkeln, dann mit dem Schlepperpinsel Nr. 0 dichtere Laubstellen auftupfen. Achten Sie darauf, vor dem Sprenkeln den unteren Bereich abzudecken. Unter allen Bäumen flächige Bereiche zum Weg hin mit der verdünnten Blumen-Mischung und Pinsel Nr. 2 bestreichen.

4.

Im hinteren Bildteil beginnend mit Pinsel Nr. 2/0 verdünnte Blumen-Mischung auftupfen, um die Blütenteppiche anzulegen. Rund um die Baumstämme eine konzentriertere Mischung verwenden. Sobald ein Farbfeld fertig ist, den Pinsel reinigen und mit den feuchten Haaren die Farbe tupfend nach außen verteilen.

Mit der braunen Schatten-Mischung und Pinsel Nr. 4/0 im Vordergrund weiteres Astwerk und dunkle Akzente hinzufügen. Das Bild vollständig trocknen lassen.

5.

Auf die helleren Bereiche am Boden verdünntes Saftgrün geben und noch mehr Blumen mit Pinsel Nr. 4/0 auftupfen. Denselben Pinsel danach für dunkle Akzente mit Saftgrün im Blattwerk im Vordergrund benutzen. Sobald diese Schicht getrocknet ist, mit Pinsel Nr. 2 die Basis der Baumstämme und Akzente auf dem Waldboden mit der Schatten-Mischung abdunkeln.

Zuletzt einige Grasbüschel um die Ansätze der Baumstämme herum und an beiden Seiten des Weges in Saftgrün mit dem Schlepperpinsel malen.

4

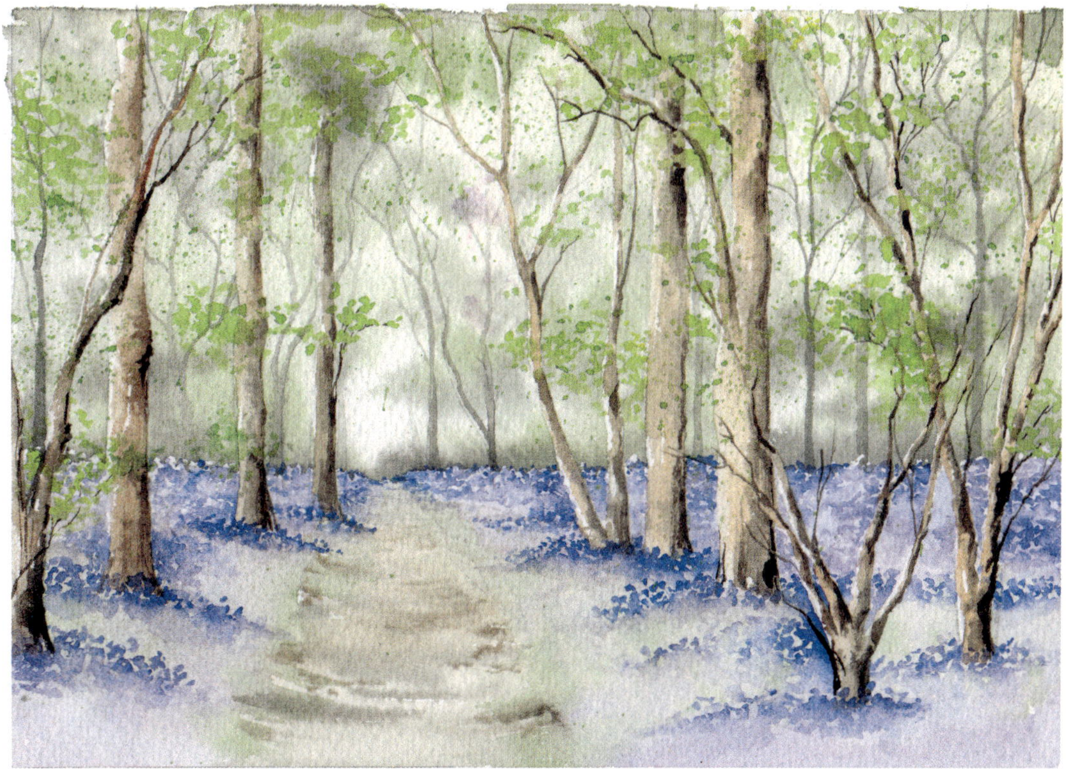

5

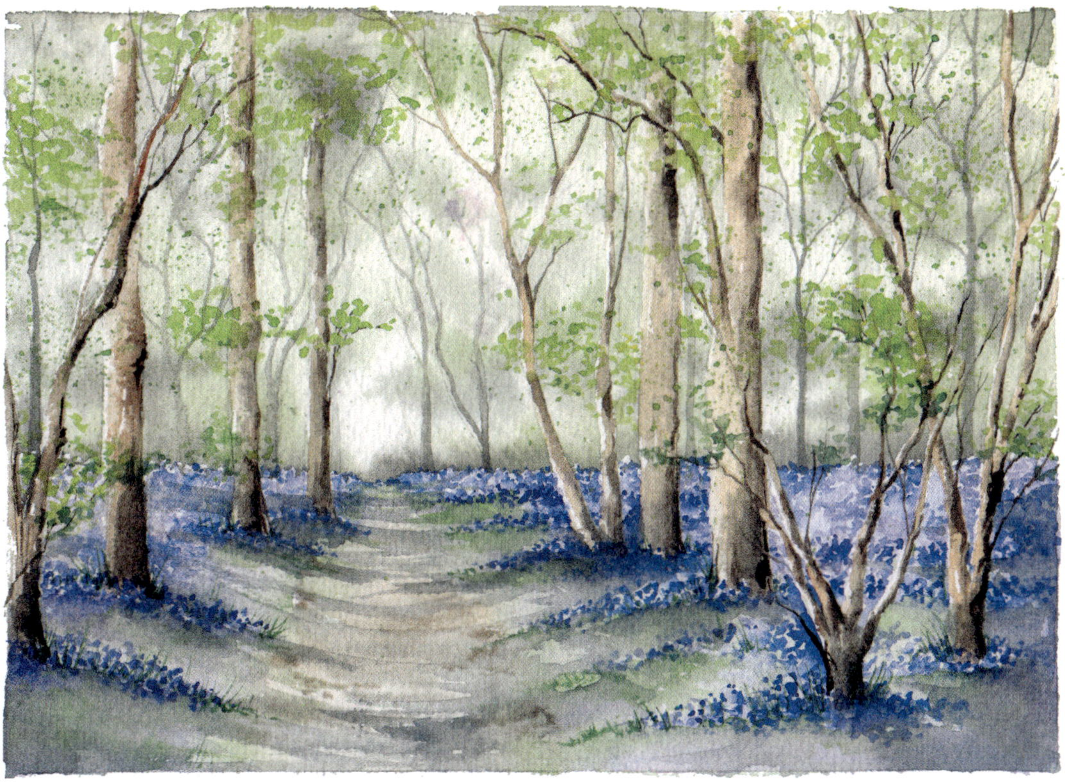

BÄRLAUCH

Im Wald sorgen die sternförmigen Dolden ab der Frühlingsmitte für einen hellen Blütenschleier. Der markante Geschmack der Blätter und die Größe der Blütensterne sorgen dafür, dass Amateure in Sachen Kräutersammeln wie ich sie leicht erkennen, denn nur die Blätter sind denen von (giftigen) Maiglöckchen zum Verwechseln ähnlich.

Auch wenn die Pflanze auf den ersten Blick einfach konstruiert wirkt, besitzt sie zahlreiche charakteristische Elemente: An jedem Stängel entstehen bis zu 20 Blütenstielchen. Zeichnen Sie alle Blüten und Knospen vor, das erleichtert die spätere Arbeit mit Farbe.

SIE BRAUCHEN

Pinsel
spitze Rundpinsel Nr. 8, 2, 0, 4/0
Schlepperpinsel Nr. 0

Papier
kalt gepresstes Papier
(mit Textur)

Bleistift HB, Radierer

Farben

Paynesgrau

Saftgrün

Goldgrün

Siena gebrannt

Lichter Ocker

Zitronengelb

Mischungen

Stängel: Goldgrün, Saftgrün, Zitronengelb

Schatten: Siena gebrannt und Paynesgrau

Blüten: Lichter Ocker, Goldgrün, Paynesgrau

1.

Von einem Basispunkt aus mit Bleistift drei leicht geneigte Stängel zeichnen und mit einem Kreis den Umriss der Blüten andeuten. Aus der Kreismitte gehen strahlenförmig in alle Richtungen die Blütenstiele ab. Orientieren Sie sich für die sechsblättrigen Einzelblüten und die winzigen Samenkapseln an der Skizze rechts. Die Knospe hat eine Tränenform. Für die Blätter je eine gewellte lange Mittelrippe zeichnen, die Sie mit weiteren geschwungenen Strichen zu Blättern ausgestalten.

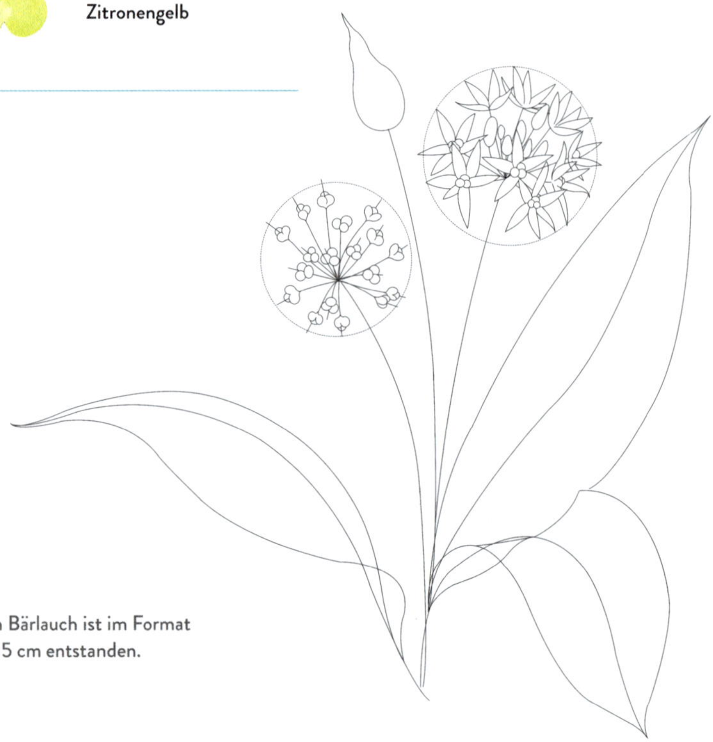

Mein Bärlauch ist im Format 14 x 15 cm entstanden.

2

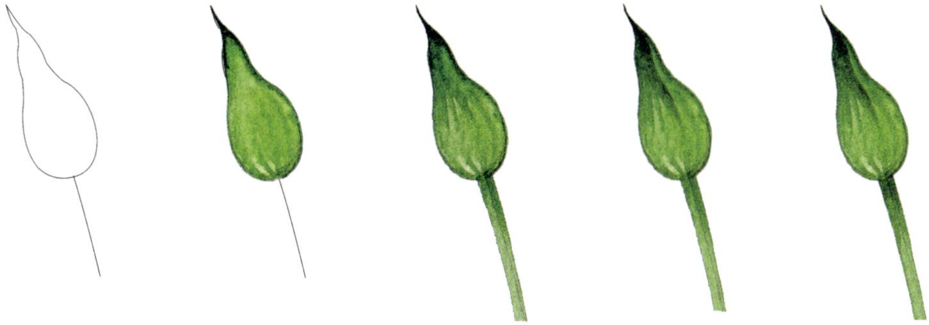

3

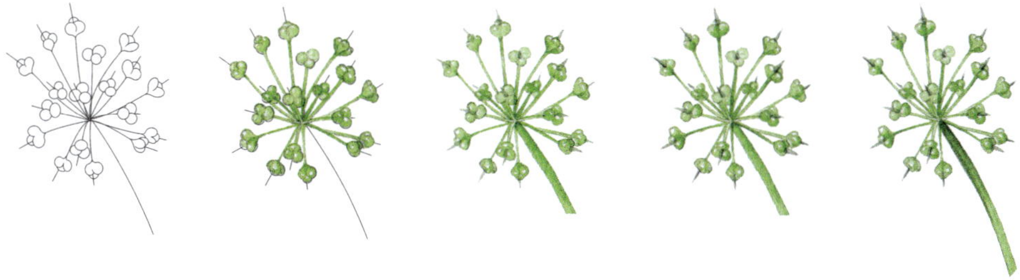

2.

Die Knospen mit Pinsel Nr. 2 und Goldgrün grundieren. Im noch feuchten Zustand mit der Stängel-Mischung die Knospe umranden und von unten nach oben mit leicht gerundeten Strichen die Wölbung hervorheben. Die Knospenspitze mit Saftgrün betonen.

Wenn die Knospe getrocknet ist, mit verdünntem Saftgrün von oben nach unten ziehen. Den Stängel mit Pinsel Nr. 2 und verdünnter Stängel-Mischung malen. Mit verdünntem Paynesgrau von der Knospenspitze nach unten einen Schatten auf den Stängel malen.

3.

Um die kleinen knubbeligen Brutzwiebeln (Bulbillen) zu malen, die rundlichen Formen mit Pinsel Nr. 4/0 und der Stängel-Mischung anlegen, wobei ein kleiner Bereich als Glanzlicht weiß bleiben soll. Dann mit feinen Strichen die Stielchen malen.

Mit der Schatten-Mischung ein winziges Staubblatt aus der Mitte jeder Bulbille heraus malen und den Stiel mit der Schatten-Mischung und Pinsel Nr. 2 konturieren.

Die Unterseiten und dünnen Stiele der Bulbillen mit Saftgrün und Pinsel Nr. 4/0 abdunkeln und mit der Schatten-Mischung den winzigen Ansatz der Staubfäden betonen.

4

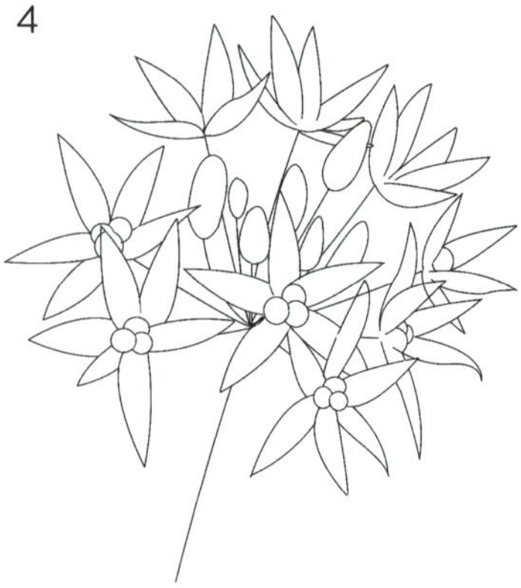

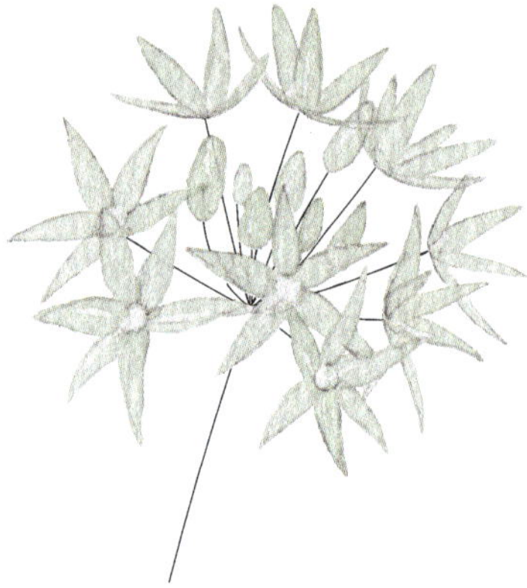

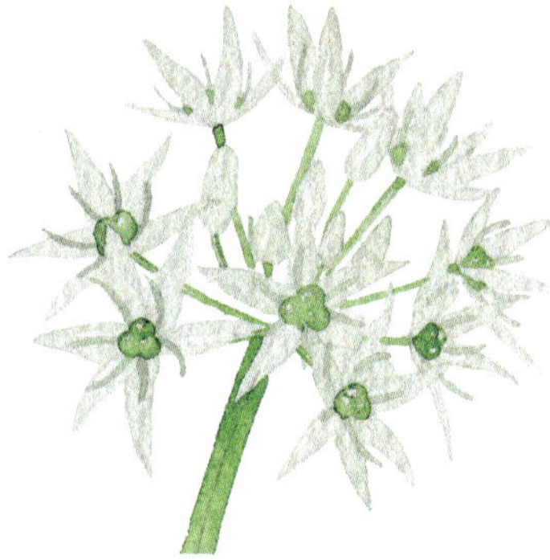

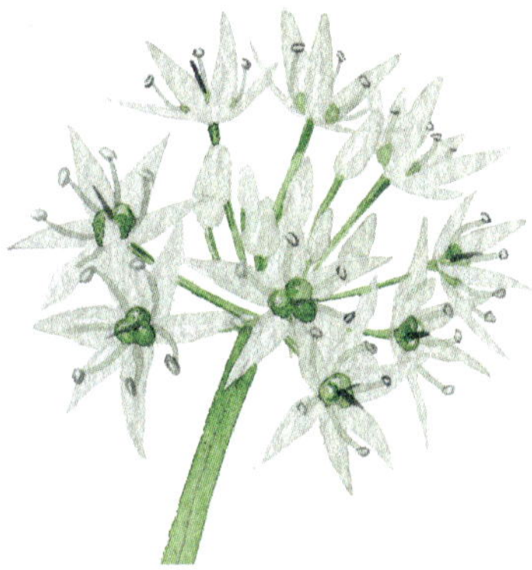

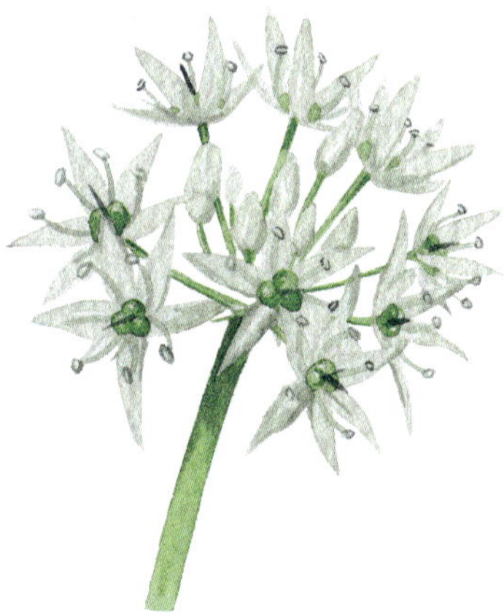

4.

Grundieren Sie die Blütenblätter mit verdünnter Blüten-Mischung und dem Pinsel Nr. 0. Die einzelnen Blütenblätter trocknen lassen, bevor benachbarte oder überlappende Flächen koloriert werden.

In der Mitte jeder Einzelblüte mit der Stängel-Mischung die Bulbillen mit Pinsel Nr. 4/0 anlegen. Dabei ein kleines Glanzlicht frei lassen. Wie in Schritt 3 dann feine Blütenstiele zum Stängel malen.

In jede Blüte mit Pinsel Nr. 4/0 sechs Staubfäden malen, auf denen mittig jeweils ein Staubblatt sitzt. Sobald der Zwischenschritt getrocknet ist, mit konzentrierter Schatten-Mischung winzige rundliche Staubbeutel ergänzen.

An die Unterseite einiger Bulbillen und Stiele dunklere Akzente in Saftgrün malen, danach mit der Schatten-Mischung einige Ränder der Blütenblätter konturieren.

5.

Wenn die Stängel mit Knospe, Blüte und/oder Bulbillen fertig sind, werden die Blätter gemalt. (In der Natur findet man natürlich fast nie alle drei Blütenformen zur gleichen Zeit an der Pflanze.) Den Pinsel Nr. 8 mit der Stängel-Mischung (Sie brauchen reichlich davon) befeuchten und als Grundierung auf die Blätter geben. Im noch nassen Zustand mit Pinsel Nr. 2 und Saftgrün parallele Adern einfügen, die der Kontur und der Biegung des Blattes folgen. Mit einem dünnen Pinsel und konzentriertem Saftgrün mehr Farbe auf alle Blattspitzen und Windungen geben. In der Mitte jedes Blattes einen winzigen Streifen ohne Farbe belassen. Schattieren Sie die Unterseiten der Blätter mit der Schatten-Mischung. Wenn alles trocken ist, die Blattstiele mit der verdünnten Stängel- und Schatten-Mischung ausarbeiten.

5

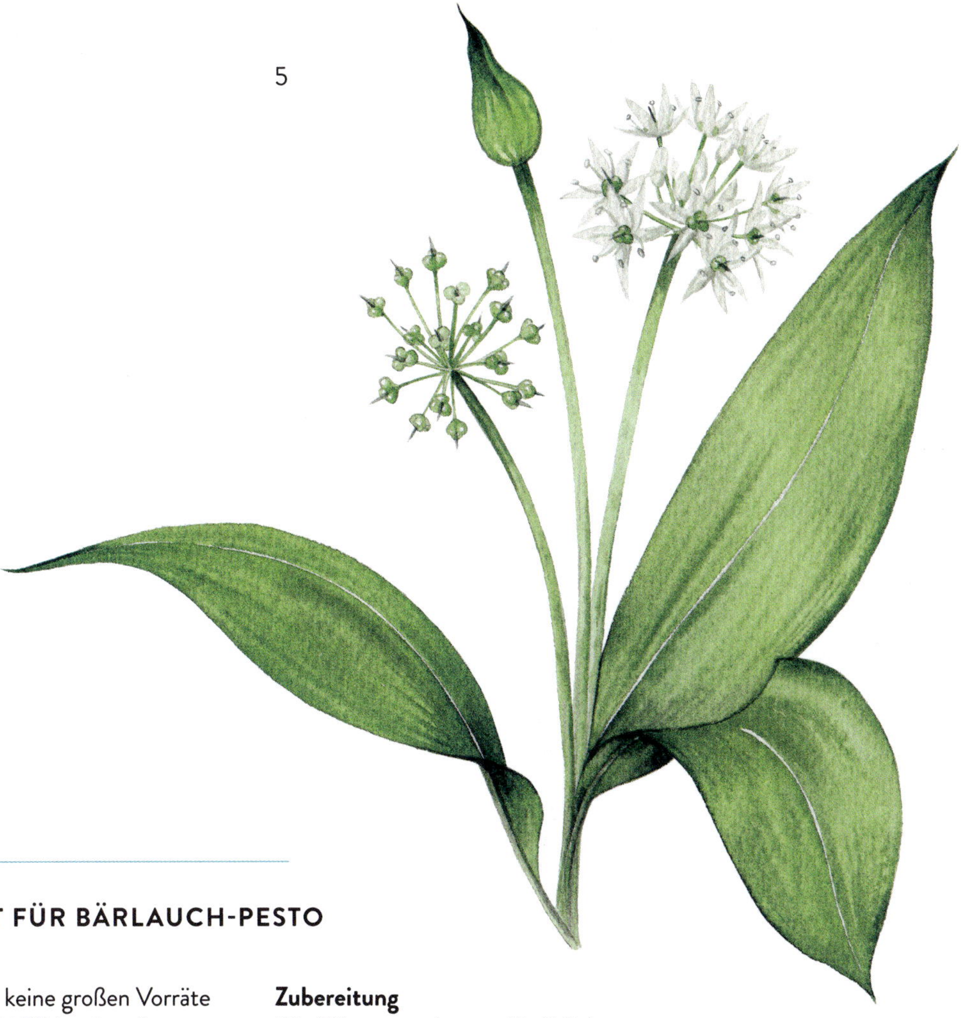

REZEPT FÜR BÄRLAUCH-PESTO

Legen Sie keine großen Vorräte an. Obwohl Bärlauch außerordentlich lecker ist, besitzt er einen so intensiven Eigengeschmack, dass selbst passionierte Liebhaber nach einer Weile vielleicht eine Pause einlegen möchten.

Zutaten
300 g Bärlauchblätter
100 g geriebener Parmesan
Saft einer Zitrone
2 Knoblauchzehen, zerdrückt
100 g Pinienkerne oder andere Nüsse/Samen
Salz und Pfeffer
300 ml Olivenöl

Zubereitung
Die Blätter waschen und in Stücke schneiden.

Blätter, Käse, Zitronensaft, Knoblauch und Pinienkerne im Mixer grob zerkleinern oder im Mörser zu einer Paste verarbeiten. Mit Salz und Pfeffer würzen.

Das Öl einrühren und nochmals abschmecken.

In ein sterilisiertes Einmachglas füllen. Im Kühlschrank hält sich das Pesto bis zu zwei Wochen.

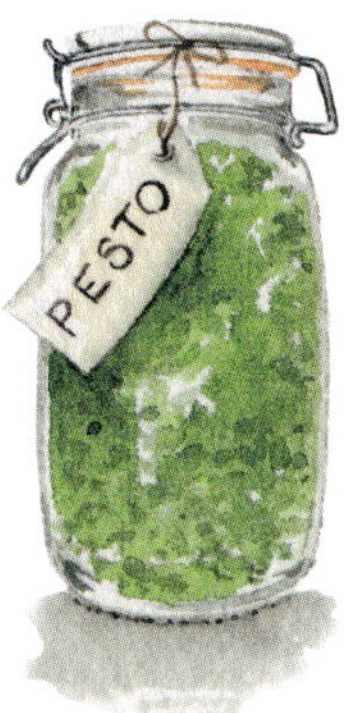

OSTERLÄMMER

In meiner Gegend leben mehr Schafe als Menschen. Im Frühling liegen die Schafe zahlenmäßig noch weiter vorn. Dann begrüßt uns auf den umliegenden Feldern eine Herde mit blökenden Lämmern. In den Hügeln von Dartmoor in Devon werden noch alte Schafrassen gehalten, deren Fell zur rauen, stürmischen Witterung passt. Ich habe beschlossen, eine typische, hiesige Langhaarrasse zu malen: das Greyface-Dartmoor.

SIE BRAUCHEN

Pinsel
spitze Rundpinsel Nr. 2, 0, 4/0
Schlepperpinsel Nr. 0

Papier
kalt gepresstes Papier (mit Textur)

Bleistift HB, Radierer

Farben

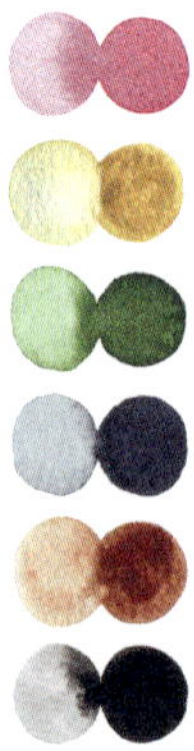

Permanentrosa

Lichter Ocker

Saftgrün

Paynesgrau

Siena gebrannt

Eisenoxidschwarz

Mischungen

helle Wolle: Lichter Ocker mit einem Klecks Siena gebrannt und Paynesgrau

grüne Schatten: zu gleichen Teilen Siena gebrannt, Saftgrün, Lichter Ocker, Paynesgrau

dunkle Wolle: zu gleichen Anteilen Lichter Ocker, Siena gebrannt, Paynesgrau

Schatten: Siena gebrannt mit Paynesgrau

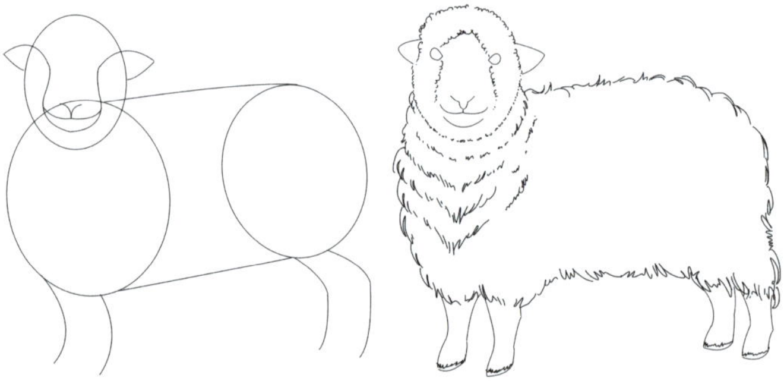

1

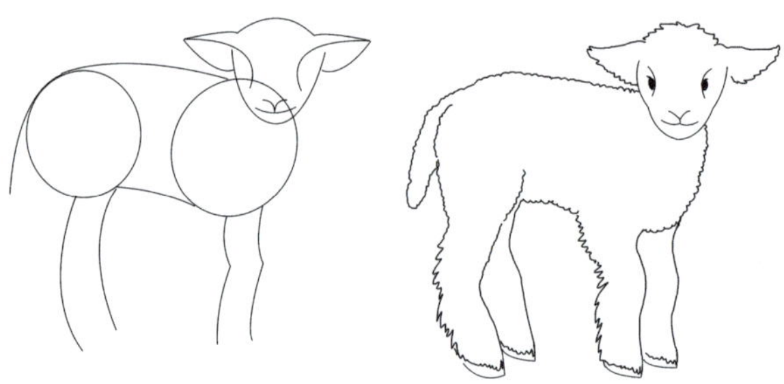

1.
Orientieren Sie sich an diesen Skizzen, um mit hauchdünnen Bleistiftlinien die Körperform von Mutterschaf und Lamm zu anzulegen. Zu dunkle Bleistiftlinien vorsichtig mit dem Radierer aufhellen.

Mein Bild von Mutterschaf und Lamm ist im Format 8 x 8 cm entstanden.

2

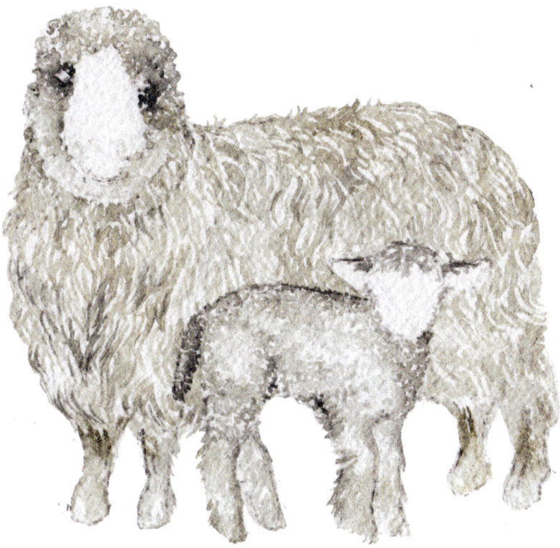

3

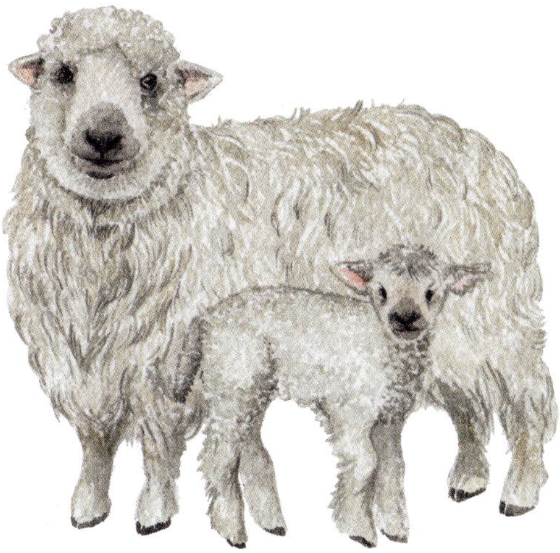

2.

In der Halsregion mit Pinsel Nr. 0 beginnend das Fell des Mutterschafs mit C- und S-Kurven in der hellen Woll-Mischung malen. Für mehr Struktur auch helle kleine Schlitze ohne Farbe frei lassen. Im noch nassen Zustand mit der dunklen Woll-Mischung die dunkleren Stellen am Rumpf und um die Beine herum strichelnd ergänzen. Alles trocknen lassen, dann mit winzigen Strichen Beine, Kopf und Ohren konturieren.

Für das Lammfell mit Pinsel Nr. 4/0 und der hellen Woll-Mischung winzige C-Kurven malen. Die Umrisse von Körper und Schwanz mit der dunklen Woll-Mischung betonen. Mit der hellen Woll-Mischung Löckchen auf dem Kopf des Mutterschafes malen, dann im noch nassen Zustand mit der dunklen Woll-Mischung den Augenbereich abdunkeln.

3.

Mit verdünntem Siena gebrannt das Augeninnere beider Tiere malen und die beiden rundlichen Schnauzen mit verdünntem Eisenoxidschwarz. Benutzen Sie für die Ohren stark verdünntes Permanentrosa und etwas Schatten-Mischung fürs Ohrinnere. Alles trocknen lassen. Mit dem dünnsten Pinsel die Bleistiftlinien von Nase und Mund mit konzentriertem Eisenoxidschwarz nachmalen. Die Augen mit Eisenoxidschwarz umranden und ein wenig mehr für die Pupillen ins Augeninnere geben. Ebenfalls mit Eisenoxidschwarz einen Streifen für jeden Huf malen, dann kleine, unregelmäßige Striche nach oben führen, um Fell über dem Hufbereich anzudeuten.

Geben Sie schließlich mit der dunklen Woll-Mischung noch einige wenige Extrastriche auf Rumpf, um die Ohren herum und auf die Beine.

4

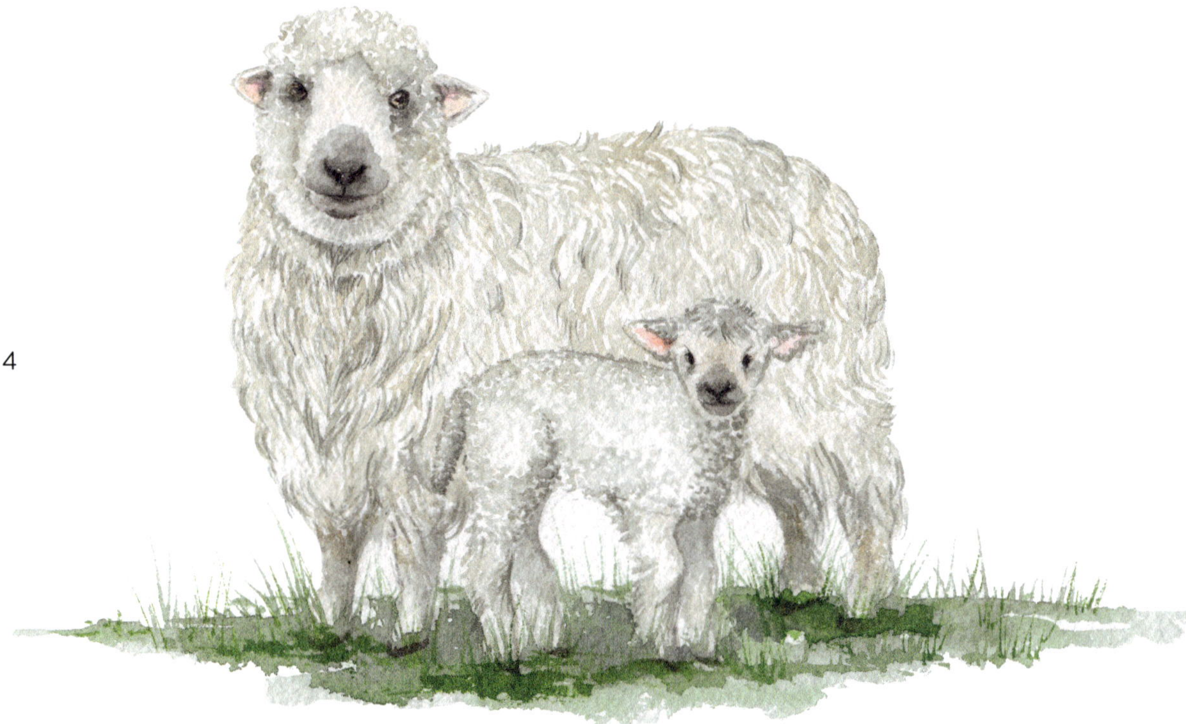

4.

Um die Schafe auf einer grünen Weide zu verorten mit Pinsel Nr. 2 und verdünnter grüner Schatten-Mischung um die Hufe herum eine Fläche lasieren (oft sieht man die Hufe im hohen Gras gar nicht).
Im noch nassen Zustand mit dem Schlepperpinsel in Saftgrün Halme von unten nach oben malen, außerdem kleine Grasflächen am Boden.

Zu guter Letzt mit Pinsel Nr. 2 und verdünnter Schatten-Mischung unter dem Bauch, an den hinteren Beinen und am Boden zwischen beiden Schafen Schatten andeuten. Wenn alles ganz trocken ist, mit dem Radierer letzte Bleistiftspuren beseitigen.

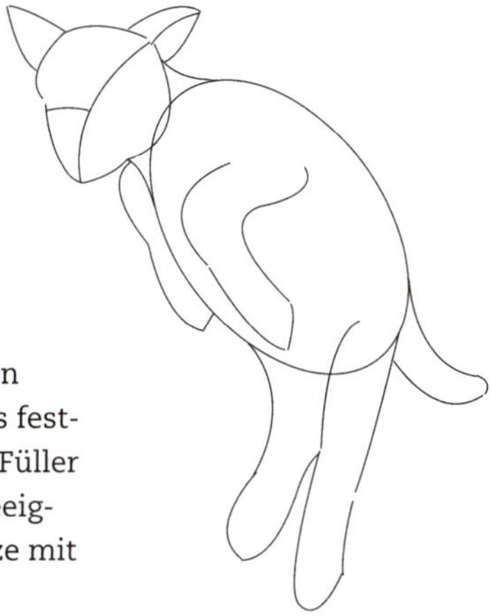

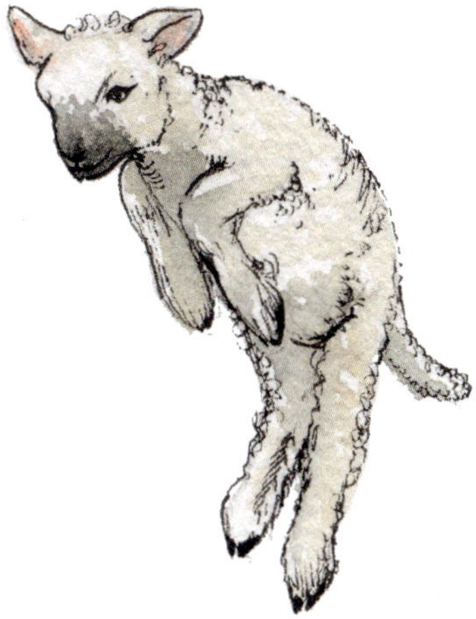

Um die noch unbeholfenen Bewegungen eines Lamms festzuhalten, sind am besten Füller und (wasserfeste) Tinte geeignet. Später kann das Ganze mit Aquarell ergänzt werden.

Erst als die Lämmer sich nach dem Herumtollen und Trinken wieder ruhig an das flauschige Muttertier kuschelten, hatte ich Zeit, mich um die Details zu kümmern.

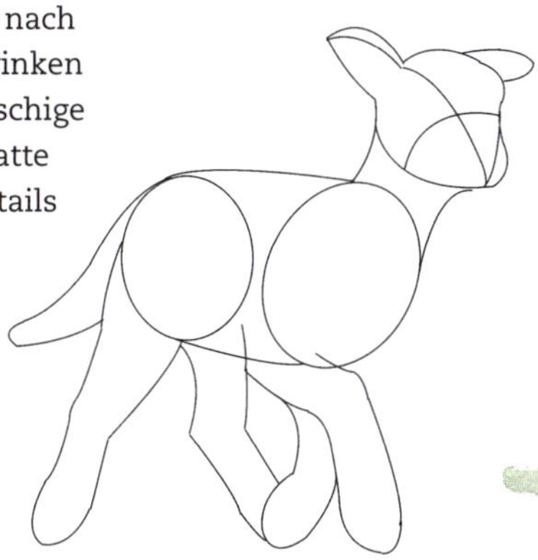

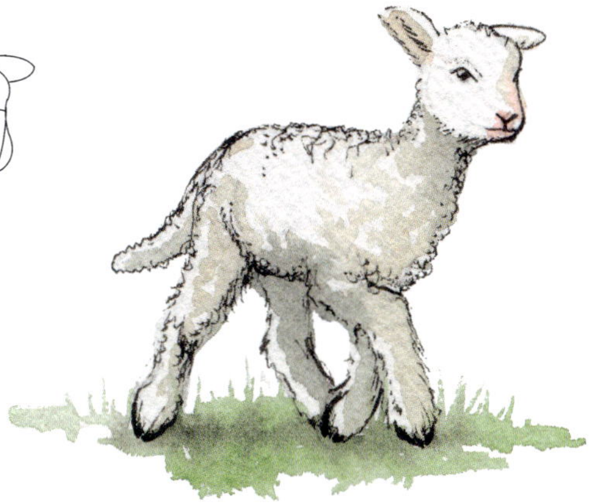

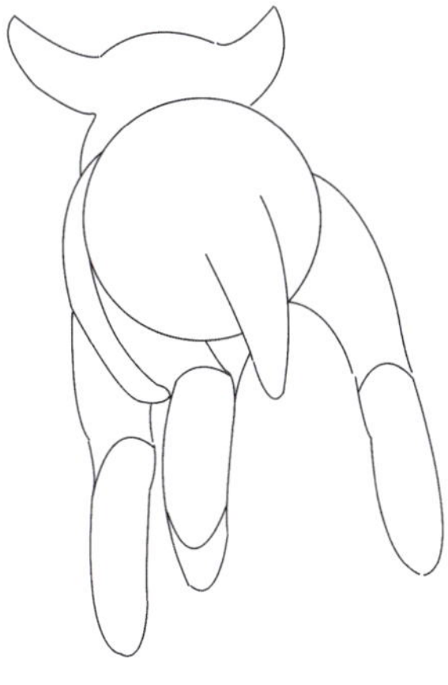

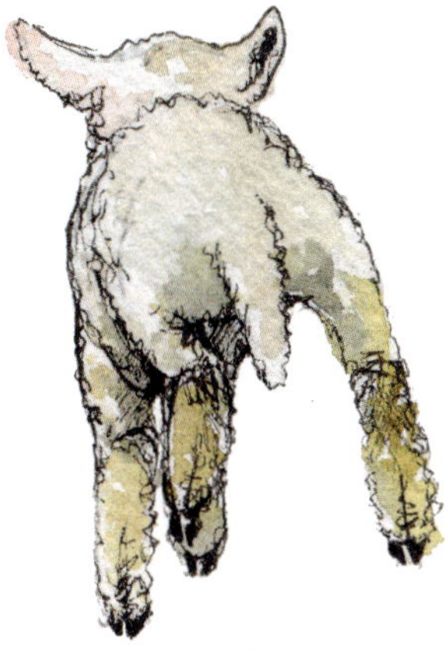

GOLDAMMER

Dieser auffällige Vogel besitzt unendlich viele Begabungen, hat über die Jahrhunderte Dichter*innen und Autor*innen inspiriert, sein Gesang soll gar Beethoven beflügelt haben. Ich war begeistert von der Zeichnung seiner Eier, die ihm im englischsprachigen Raum sogar den Spitznamen »Kritzel-Lerche« eingetragen haben.

SIE BRAUCHEN

Pinsel
spitze Rundpinsel Nr. 4, 2, 0, 4/0

Papier
kalt gepresstes Papier (mit Textur)

Bleistift HB, Radierer

Mein Goldammerbild ist im Format 8 x 8 cm entstanden.

Farben

- Lichter Ocker
- Kadmiumgelb
- Goldgrün
- Zitronengelb
- Paynesgrau
- Alizarin-Karmesin
- Siena gebrannt
- Eisenoxidschwarz

Mischungen

- **rote Federn:** Siena gebrannt und Alizarin-Karmesin
- **Schatten:** Siena gebrannt und Paynesgrau

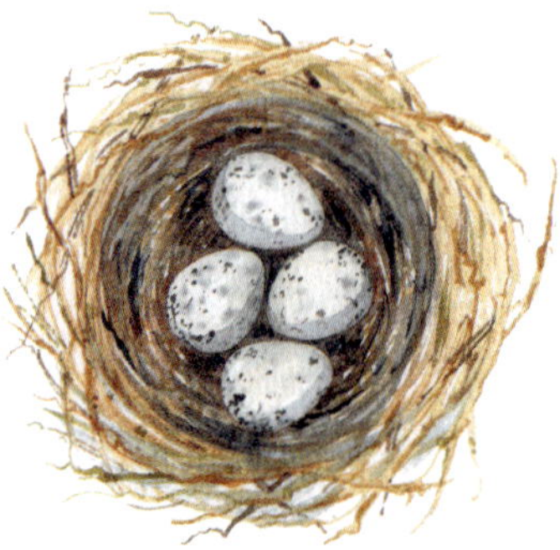

1.

Orientieren Sie sich für die Skizze an den geometrischen Hilfslinien.

2.

Mit Pinsel Nr. 2 und verdünntem Zitronengelb Kopf und Rumpf grundieren. Im noch feuchten Zustand mit kurzen Strichen und Pinsel Nr. 0 Federn in Kadmiumgelb und Goldgrün im Gesicht und am Hals ergänzen. Mit Kadmiumgelb und Siena gebrannt Federn auf den Körper stricheln, es bleibt ein gelbes Lätzchen. Der Gelbton zieht sich bis in die Schwanzfedern.

1

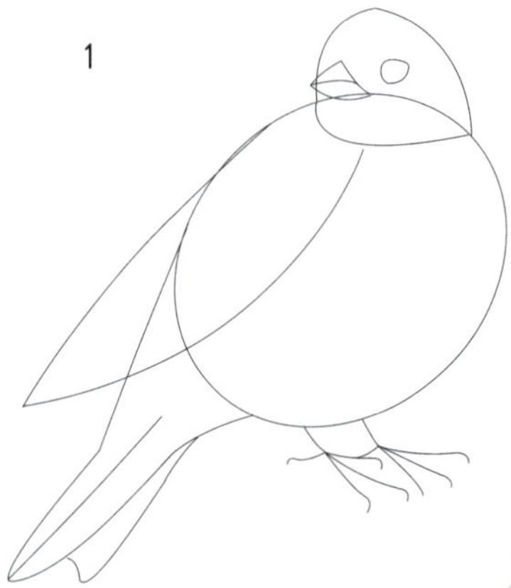

2

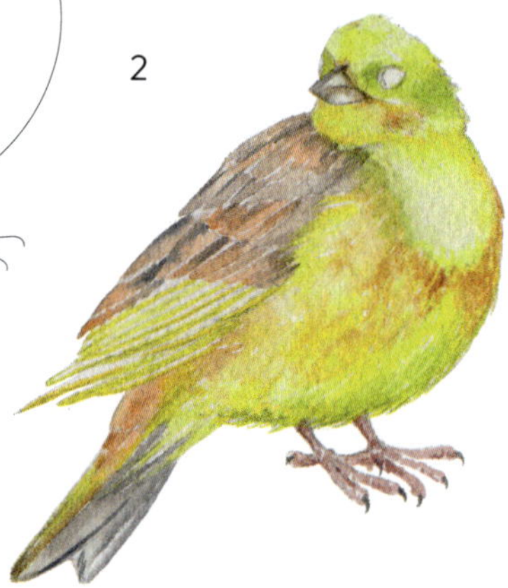

3

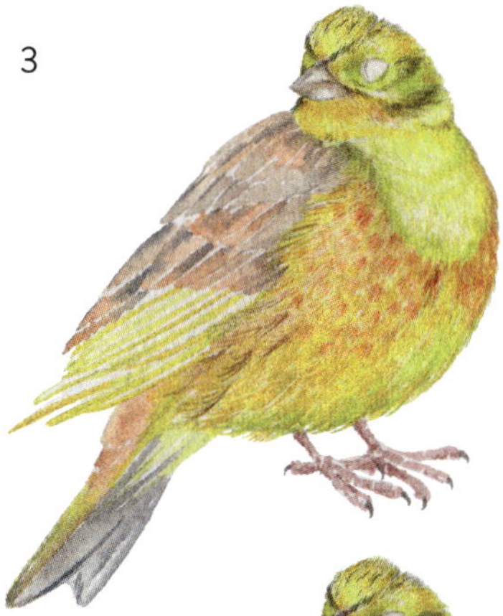

4

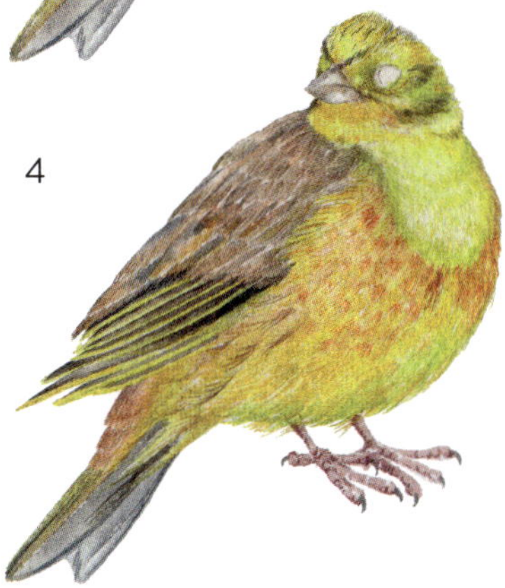

5

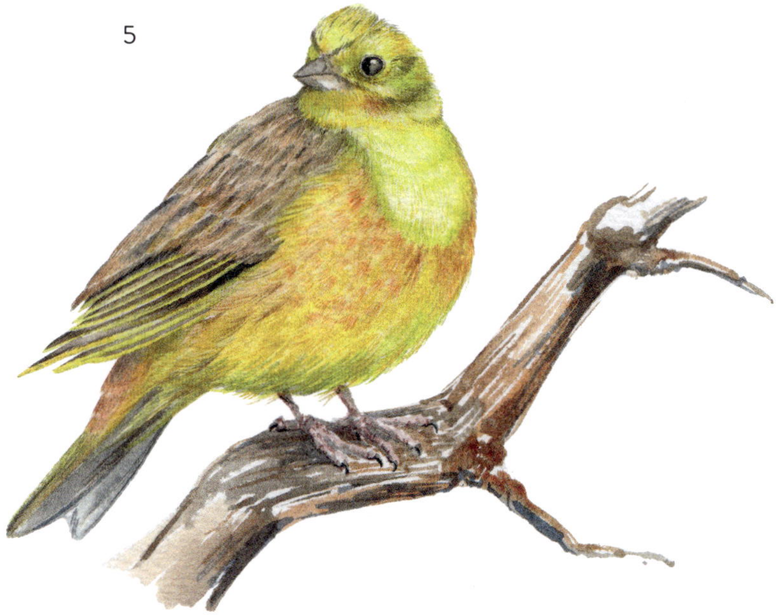

Mit der roten Feder-Mischung die Schulterdecke gestalten, dabei kleine Aussparungen ohne Farbe frei lassen und im noch feuchten Zustand mit der Schatten-Mischung ausfüllen. Mit langen Strichen in Kadmiumgelb die Armschwingen (die langen schmalen Federn unter der Schulterdecke) streifig anlegen. Die Unterseite der Schwanzfedern mit der Schatten-Mischung abdunkeln.

Beine und Zehen können mit verdünnter roter Feder-Mischung aufgetupft werden. Am Ende jeder Zehe mit der Schatten-Mischung die Krallen malen. Die Schatten-Mischung auch für die Schnabelkontur verwenden, dann mit einigen Strichen Siena gebrannt die Federn unter den »Bäckchen« andeuten. Alles trocknen lassen.

3.

Mit Pinsel Nr. 4/0 feine Federbüschel an Kopf und Rumpf einzeichnen. Zuerst mit konzentriertem Zitronengelb, dann mit der Schatten-Mischung Gesichtskonturen einbringen und Federspitzen mit Siena gebrannt unterhalb des Brustlätzchens malen. Diese verändern sich in Richtung der Beine zu Lichtem Ocker.

4.

Die Deckfedern mit Siena gebrannt gestalten. Die freien weißen Stellen auf den großen Armdecken mit konzentrierter Schatten-Mischung ausfüllen und die Schwanzfedern detaillierter ausarbeiten. Mit konzentrierter roter Feder-Mischung knubbelige Strukturen auf die Beine bringen. Den Augen mit Siena gebrannt Kontur geben. Nach dem Trocknen Bleistiftreste ausradieren.

5.

Mit Pinsel Nr. 4/0 und Eisenoxidschwarz den inneren Augenrand malen. Den Pinsel reinigen und mit den feuchten Haaren die Farbe zur Mitte ziehen, dabei eine Stelle als Glanzlicht frei lassen. Jetzt mehr verdünnte Schatten-Mischung auf die Unterseite der Schwanzfedern, auf die Flügel, den Rumpf und die Beine bringen. Den Zweig, auf dem der Vogel sitzt, mit lockeren Bleistiftstrichen skizzieren. Die Grundform mit Strichen in verdünntem Lichtem Ocker und Siena gebrannt (Pinsel Nr. 4) ausfüllen. Mit einem trockenem Pinsel fortfahren, das verstärkt die Rindentextur. Den Bereich unter dem Vogel mit verdünnter Schatten-Mischung abdunkeln. Wenn alles trocken ist, erneut mit allen drei Farbtönen und Pinsel Nr. 2 noch mehr Rindenstruktur erzeugen.

KAHLE ZWEIGE & ERSTE KNOSPEN

Während wir die Baumblüte erwarten, gibt es bei genauem Blick auf knospende Triebe auch im Vorfrühling viel Schönheit zu entdecken. Jetzt können wir die Veränderung der Bäume studieren und den Austrieb verfolgen, bevor später alles unter dichtem Laub verschwindet.

SIE BRAUCHEN

Pinsel
spitze Rundpinsel Nr. 4, 2, 0, 2/0, 4/0
Verwaschpinsel Nr. 6

Papier
kalt gepresstes Papier (mit Textur)

Bleistift HB
Radierer

Farben

- Lichter Ocker
- Saftgrün
- Paynesgrau
- Siena gebrannt
- Permanentrosa
- Alizarin-Karmesin
- Umbra natur
- Goldgrün

Mischungen

- **Zartrosatöne:** Permanentrosa und Lichter Ocker
- **Blätter:** Saftgrün und Goldgrün
- **braune Schatten:** viel Siena gebrannt mit einem Hauch Paynesgrau
- **Burgunderton:** Alizarin-Karmesin, Siena gebrannt, Paynesgrau
- **Schatten:** Siena gebrannt mit Paynesgrau
- **Weidenkätzchen:** Lichter Ocker und Paynesgrau

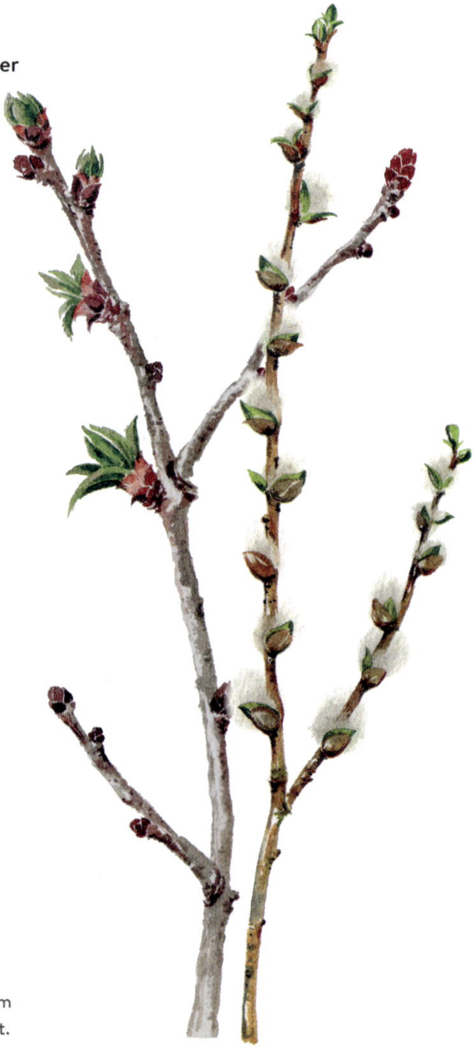

Diese Zweige habe ich im Format 19 x 5 cm gemalt.

WEIDENKÄTZCHEN

Die pelzigen Blütenkätzchen an Weiden haben schon immer mein Herz erfreut. Aquarell ist das perfekte Medium, um sie zu malen.

1

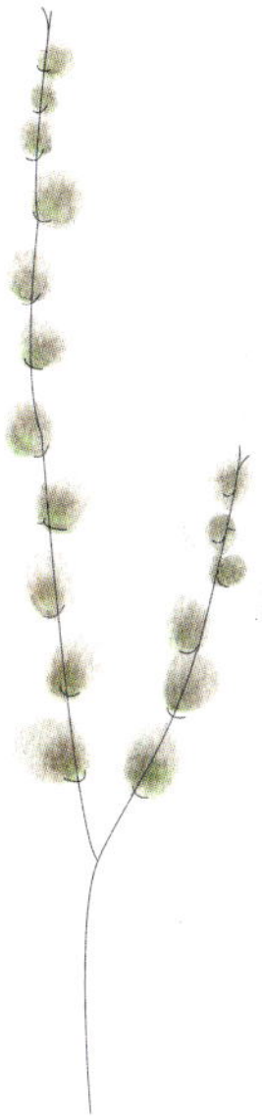

2

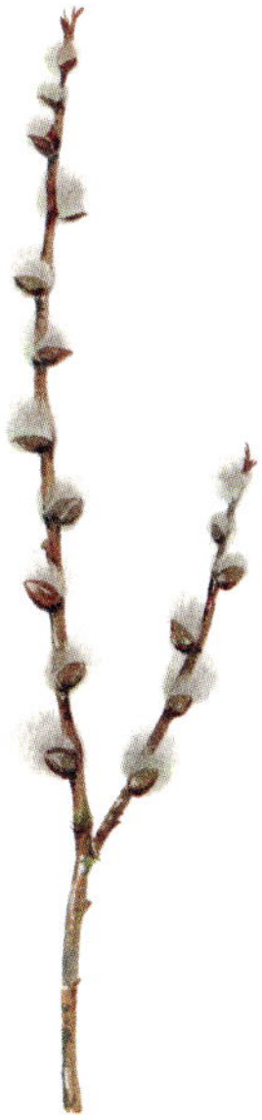

3

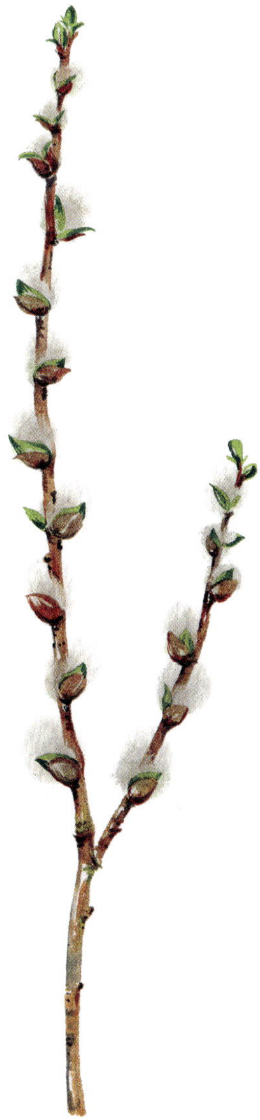

1.

Mit Bleistift einen gegabelten Zweig vorzeichnen, dann winzige, nach oben offene Bögen als Blütenkätzchenbasis zufügen. Mit dem Verwaschpinsel und klarem Wasser rechts und links entlang der Zweiglinie einen etwa 1 cm breiten nassen Streifen ziehen. Im nassen Zustand mit verdünnter Weidenkätzchen-Mischung einen Tupfen über jedem Bogen anbringen. Einige Male den Farbfleck ganz leicht mit der Pinselspitze antippen, damit die Farbe stärker nach außen verläuft. Widerstehen Sie dem Drang, zu formen und zu reiben. Falls der Tupfen zu transparent ist, den Prozess mit etwas konzentrierter Farbe wiederholen. Im feuchten Zustand einen Tupfen Blätter-Mischung hinzugeben. Alles trocknen lassen.

2.

Den Zweig von unten nach oben mit Pinsel Nr. 2 und Umbra natur malen. Den Pinsel schräg halten, um eine breitere Linie zu erzeugen. Dabei wird die Farbe schnell ausgehen, was jedoch einen Trockeneffekt erzeugt, der toll für Rindenstrukturen ist. Während der Pinselbewegung am Zweig entlang mit Siena gebrannt kleine Knoten anbringen. Einen Tupfen Goldgrün an der Gabelung und Schatten-Mischung auf einer Zweigseite hinzufügen. Über den Bögen zwei C-Kurven als Oval für die Knospen malen. Unter deren Ansatz etwas Siena gebrannt und Schatten-Mischung zufügen. Genug Platz für den pelzigen Teil der Blüte lassen. Wenn alles trocken ist, letzte Bleistiftspuren ausradieren.

3.

Mit Pinsel Nr. 0 und der Blätter-Mischung Kelchblätter über die Knospen malen sowie mehrere kleine Blättchen an die Zweigspitzen. Wenn alles trocken ist, mit Pinsel Nr. 4/0 noch einen Hauch Saftgrün auf jedes Blättchen auftragen, dann mit der Schatten-Mischung dem Zweig mehr Lebendigkeit geben.

WEISSDORN

Wer aufmerksam durch die Natur streift, bemerkt die vielen Rottöne an Zweigen und Knospen, lange bevor sich die Blüten des Weißdorns öffnen.

1

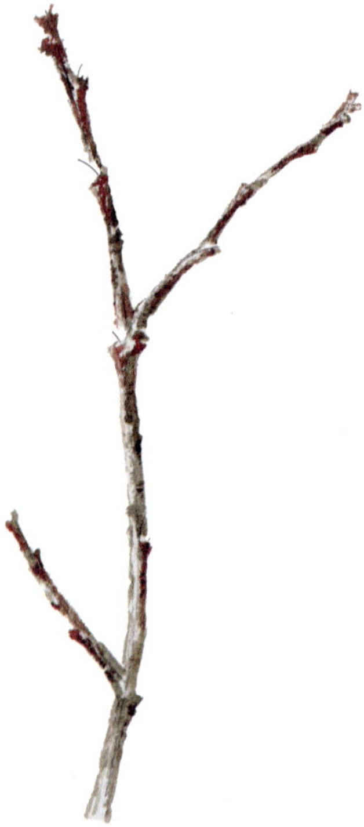

2

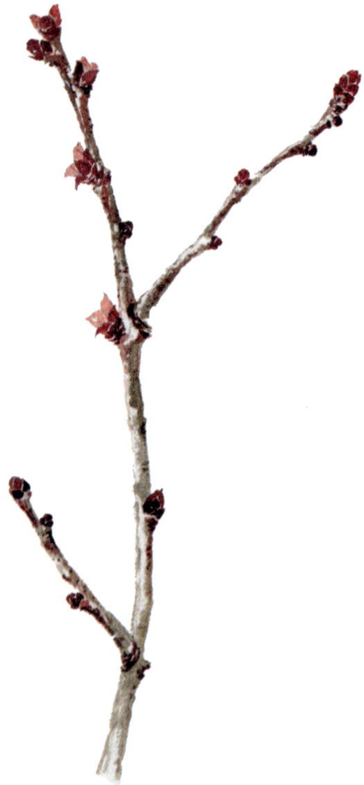

1.

Mit Bleistift hauchdünn einen Zweig mit Seitentrieben vorzeichnen. Die Stellen markieren, an denen die Knospen sitzen. Weißdornzweige haben sogar noch mehr Textur als Weiden, daher die Haare von Pinsel Nr. 2 schräg ansetzen und den Zweig mit verdünnter brauner Schatten-Mischung anlegen. Die jüngsten Zweige sind am dunkelsten. Ein zwischendurch trockener Pinsel gibt der Rinde noch mehr Struktur. Wenn der Zweig grundiert wurde, mit Siena gebrannt und dem Burgunderton dunklere Akzente setzen.

2.

Mit Pinsel Nr. 2/0 und dem Burgunderton mit C-Kurven die schichtweise verbundenen Knospen mit Krönchen anlegen. Auf den weiter geöffneten Knospen eine zweite Schicht C-Kurven und nach außen strebende S-Kurven in der Zartrosa-Mischung malen. Die Basis der Knospen mit der Schatten-Mischung abdunkeln. Wenn alles trocken ist, letzte Bleistiftspuren entfernen.

3.

Mit Pinsel Nr. 2 und der Blätter-Mischung C-Kurven und S-Kurven malen, die den größeren, geöffneten Knospen entspringen. Wenn alles trocken ist, mit Saftgrün dunklere Streifen einziehen. Dem Zweig mit der Schatten-Mischung mit einigen Tupfen und Strichen den letzten Schliff geben.

3

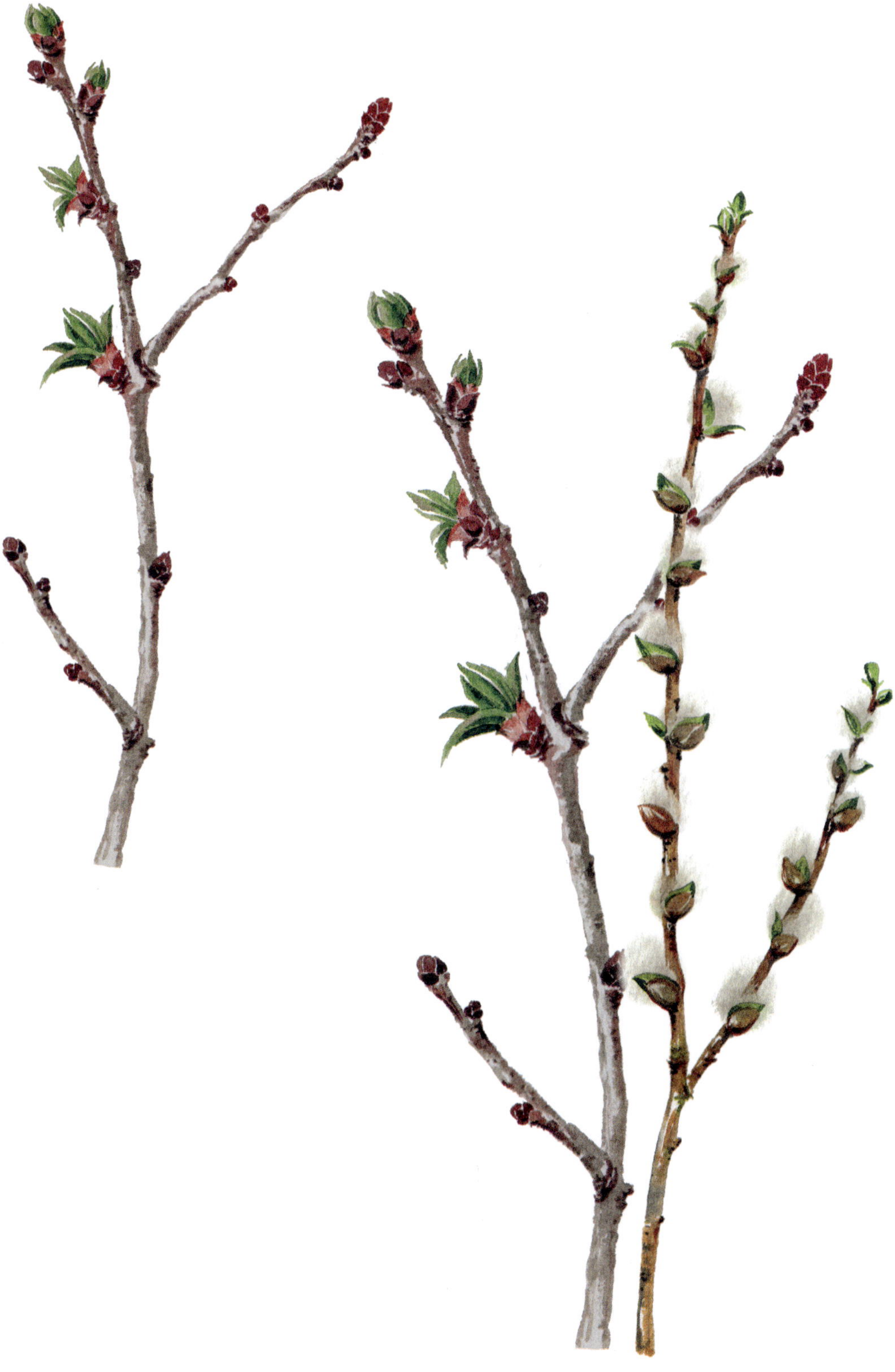

EISVOGEL UND REFLEXION

Der Anblick eines Eisvogels ist schon ein Highlight, noch spektakulärer ist es, wenn sein leicht verschwommenes Abbild sich auf der Wasseroberfläche spiegelt, während er auf Fische wartet.

SIE BRAUCHEN

Pinsel
spitze Rundpinsel Nr. 8, 4, 2, 4/0

Papier
kalt gepresstes Papier (mit Textur)

Bleistift HB, Radierer

Farben

- Lichter Ocker
- Kadmiumorange
- Kadmiumrot
- Saftgrün
- Goldgrün
- Paynesgrau
- Siena gebrannt
- Eisenoxidschwarz
- Phthaloblau
- Kobaltblau

Mischungen

- **grünes Wasser:** Goldgrün und Paynesgrau
- **Federn:** Phthaloblau und Paynesgrau
- **Wasserschattierungen:** Goldgrün, Lichter Ocker, Siena gebrannt, Paynesgrau
- **Schatten:** Siena gebrannt und Paynesgrau

Das Bild vom »doppelten« Eisvogel entstand im Format 17 x 12 cm.

1.

Eine gestrichelte horizontale Linie an der Stelle zeichnen, an der gespiegelt wird. Etwas darüber die Uferlinie andeuten. Den Eisvogel mit einem Oval für den Körper und einem quer liegenden Oval für den Kopf vorzeichnen, dann Federn und Schnabel. Jetzt folgt die gespiegelte Version, dafür ein Lineal zur Hilfe nehmen, um die jeweiligen Abstände zur Spiegellinie zu übertragen. Achtung: Die gespiegelte Version ist insgesamt etwas gestaucht. Den Ast oben einzeichnen und dann ebenfalls spiegeln.

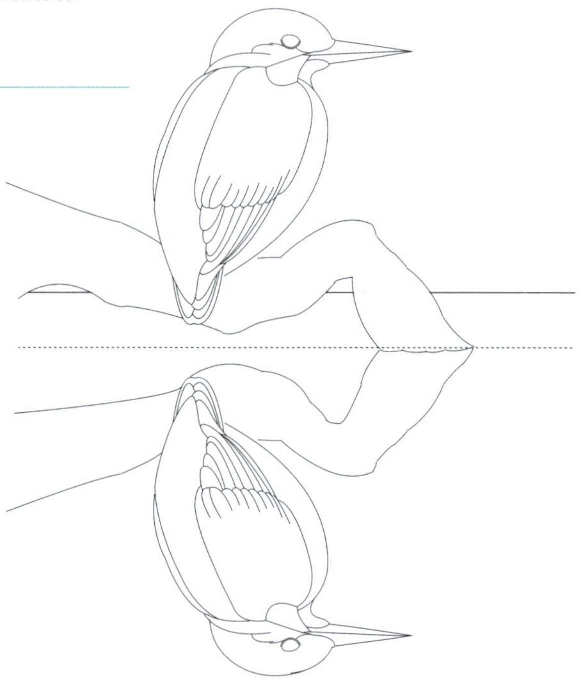

2

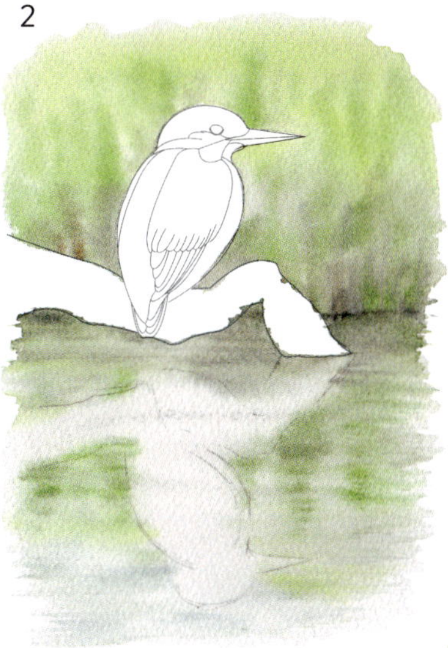

3

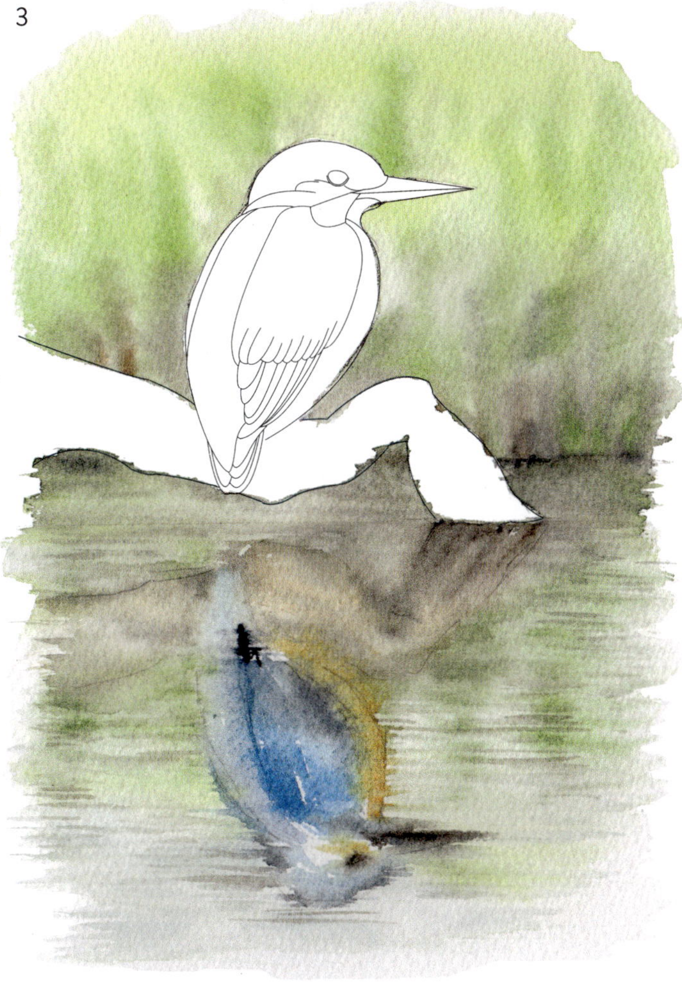

2.

Den oberen Bereich rund um den Vogel bis zur Uferlinie mit Pinsel Nr. 8 und klarem Wasser befeuchten. Mit Goldgrün grundieren und Flecken in Saftgrün hinzufügen. Den unteren Teil, knapp über der Uferlinie, mit Schatten-Mischung bearbeiten, dann Flecken in Saftgrün und Siena gebrannt aufbringen. Die gesamte Wasserfläche einschließlich dem gespiegelten Vogel benetzen. Hier mit kurzen Querstreifen die Farben aus dem oberen Bereich als Reflexionen wiederholen, allerdings etwas gedämpfter und stärker verdünnt.

3.

Während der Wasserbereich trocknet, den gespiegelten Ast mit Siena gebrannt grundieren, dann mit Pinsel Nr. 4 und verdünnter Schatten-Mischung lebendiger gestalten. Im Spiegelbild die Brust und den Bereich um das Auge mit Pinsel Nr. 2 und Kadmiumorange grundieren. Für den Flügel Kobaltblau dunkel verwenden, für Kopf und Rücken bis zum Schwanz Phthaloblau. An die Flügelspitzen, an den Schnabel und als Auge Paynesgrau auftragen. Die Farbe soll hier sanft beim Trocknen des Papiers verlaufen. Den Pinsel reinigen und damit in Abständen von links nach rechts und umgekehrt sanft über die äußeren Umrisse des gespiegelten Vogels fahren. Auf diese Weise ziehen Sie etwas Farbe aus der Kontur, die in Wellen mit dem Wasser verschmilzt.
Mit verdünnter grüner Wasser-Mischung breite Streifen über die gesamte Wasserregion malen.

4

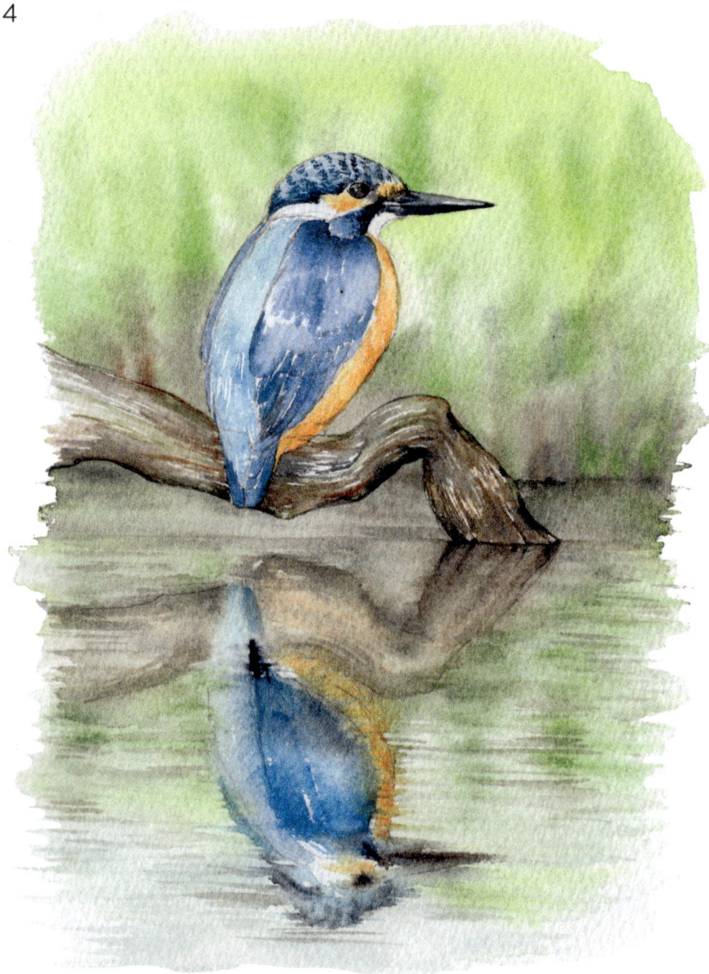

4.

Die Farbgebung des gespiegelten Vogels nun für den oberen Vogel wieder verwenden. Eisenoxidschwarz zusätzlich ins Auge geben, dabei ein kleines Glanzlicht frei lassen. Mit Pinsel Nr. 4/0 konzentrierte Feder-Mischung quer auf den Kopf und unteren Halsbereich stricheln, dann Paynesgrau auf die Schnabelunterseite tupfen. Da das Papier trocken ist, wird nichts verlaufen. Den Ast mit dünnen Streifen parallel zur Krümmung mit Siena gebrannt, Lichtem Ocker und der Schatten-Mischung bemalen, um ihm Struktur zu geben. Einige Streifen dieser Farben verdünnt auf die Reflexion geben.

5.

Mit Pinsel Nr. 4/0 feine Federchen auf dem Körper verteilen. Dazu für die orangfarbenen Stellen etwas Kadmiumrot mit Kadmiumorange vermischen. Den Bereich der Flügel und Schwanzfedern mit der Feder-Mischung gestalten. Am Rücken Phthaloblau verwenden. Einige dieser Details auch in der Spiegelung des Eisvogels ergänzen. Trocknen lassen, dann mehr Wellen auf das Wasser (einschließlich dem gespiegelten Vogel und Ast) bringen. Dazu die Mischung für Wasserschattierungen verwenden. Dem »echten« Ast, vor allem an der Stelle unter dem Vogel, mit etwas Schatten-Mischung noch mehr Tiefe verleihen.

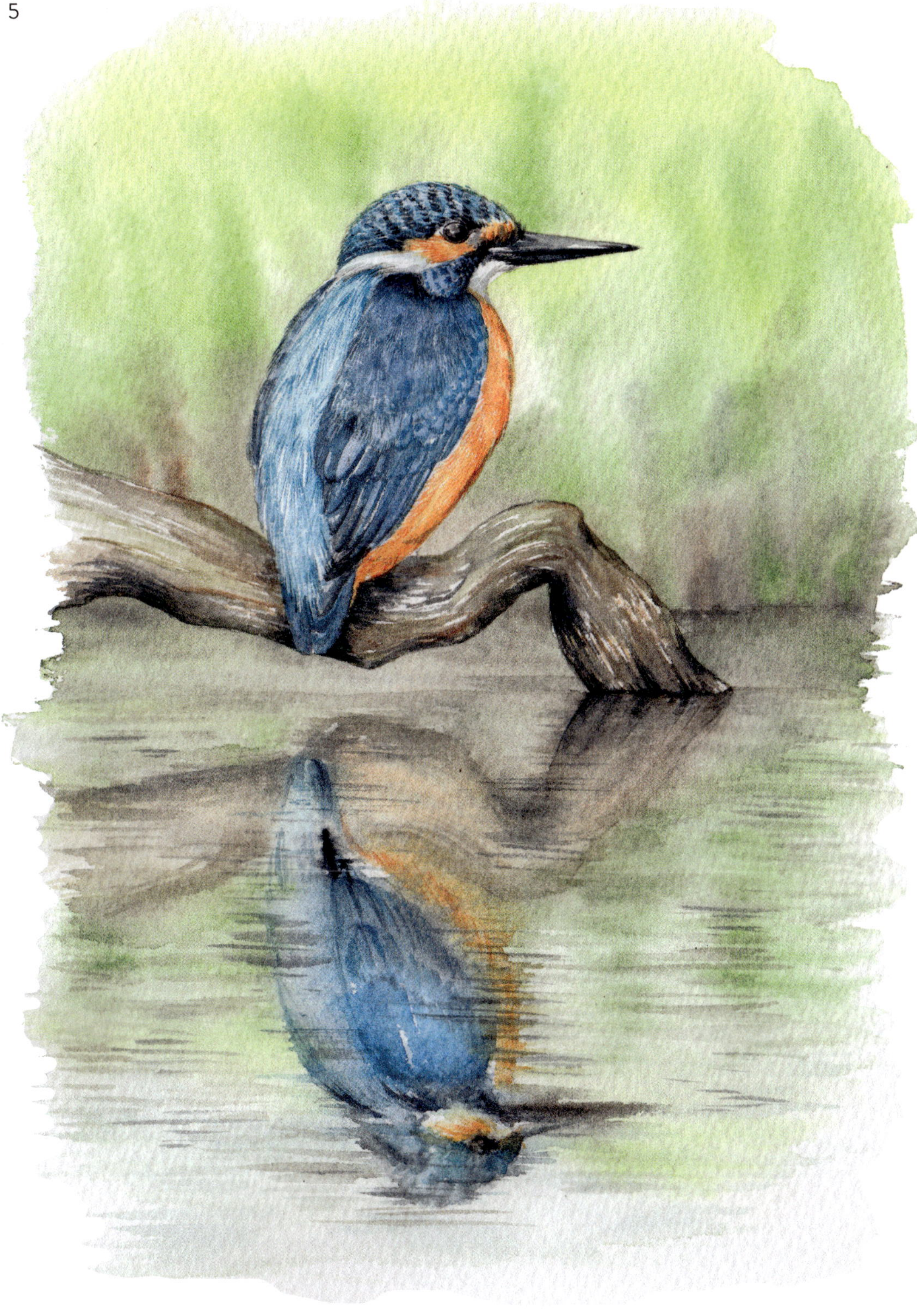

47 EISVOGEL UND REFLEXION

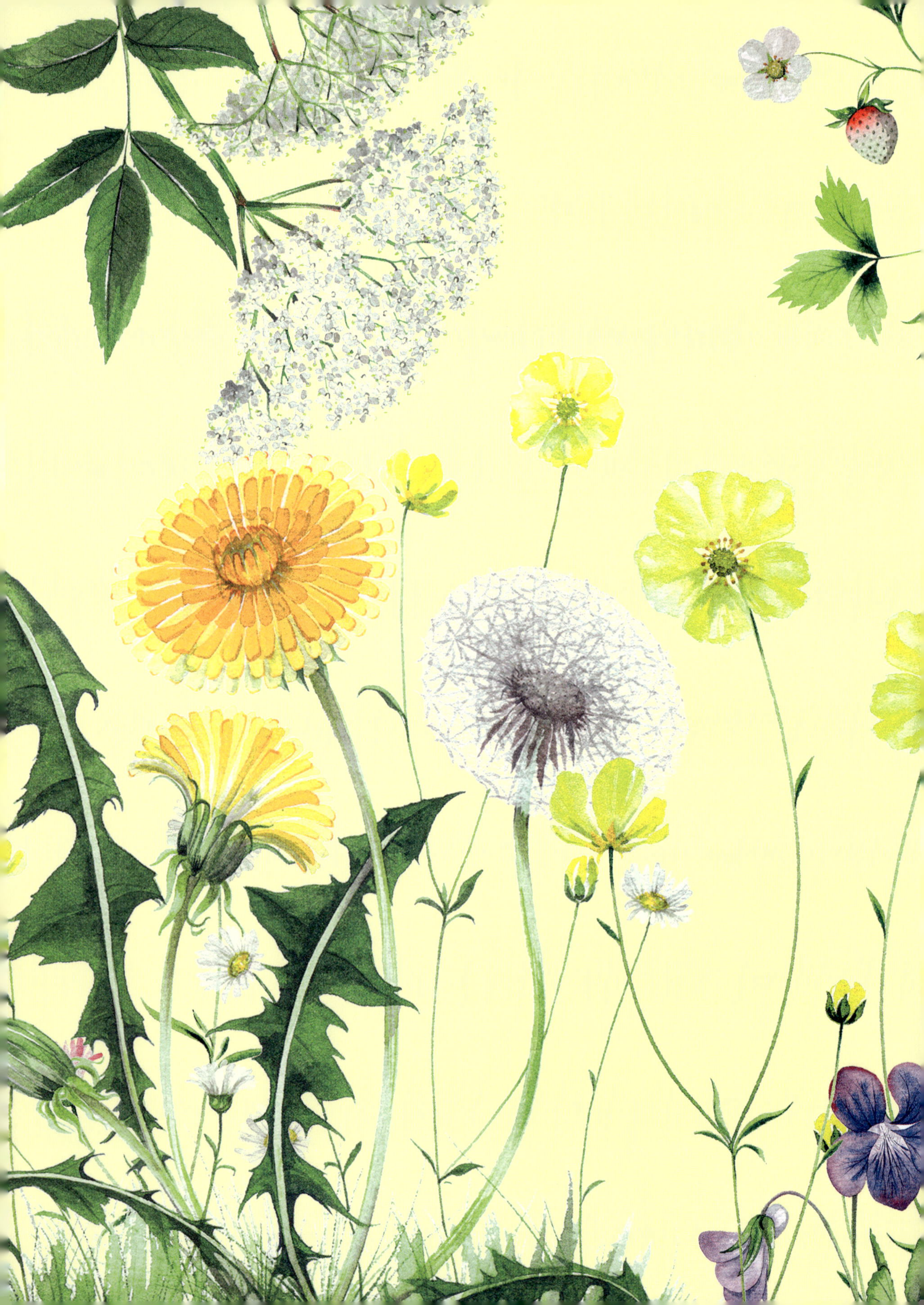

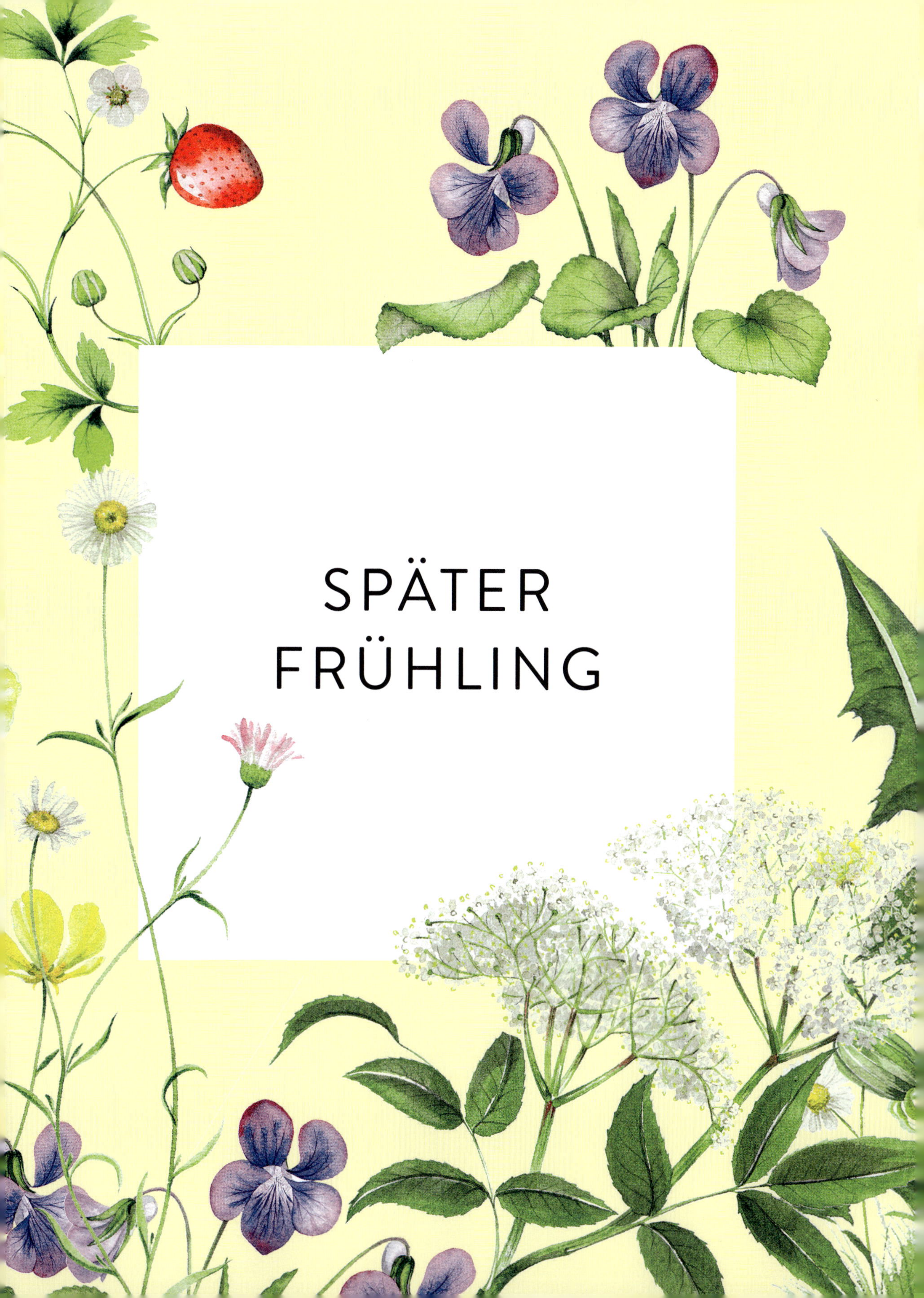

SPÄTER FRÜHLING

HOLUNDERBLÜTEN

Irgendwann bemerkte ich riesige Mengen zarter weißer Holunderblüten in meiner Nähe. Sie zu pflücken und zu Sirup zu verarbeiten, gehört zu meinen glücklichsten Erinnerungen.

Dieses filigrane Motiv ist schon recht aufwendig, aber genießen Sie den Prozess und nehmen Sie sich die Zeit, die nötig ist.

SIE BRAUCHEN

Pinsel
spitze Rundpinsel Größe 8, 4, 0, 4/0
Schlepperpinsel Größe 0

Papier
kalt gepresstes Papier (mit Textur)

Bleistift HB, Radierer

Farben

- Paynesgrau
- Saftgrün
- Goldgrün
- Siena gebrannt
- Lichter Ocker
- Kadmiumgelb
- Zitronengelb
- Alizarin-Karmesin

Die Holunderblüten habe ich im Format 19 x 17 cm gezeichnet.

Mischungen

Stängel: Goldgrün, Saftgrün, Zitronengelb

Schatten: Siena gebrannt und Paynesgrau

Blüten: Lichter Ocker, Goldgrün, Paynesgrau

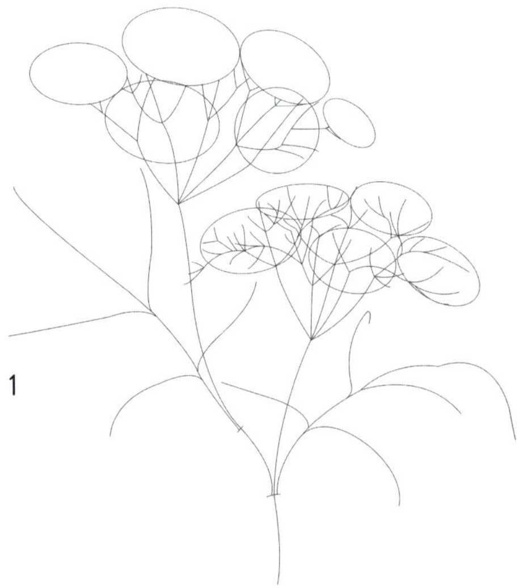

1

1.

Die unpaarig gefiederten Blätter stehen meist zu fünft am Stiel. Zeichnen Sie einen Bogen für den Hauptstiel und eine Abzweigung, auf denen die Blüten sitzen. Außerdem zwei Stiele für die je fünf Blätter. Für jeden Blütenstand gabelt sich der Hauptstiel in fünf kurze, die sich ganz oben mehrfach verzweigen. Darüber eine Reihe von Ovalen zeichnen. Die Skizze rechts oben stellt zwei schirmtraubige Blütenstände dar: den rechten von unten, den linken eher von schräg oben; entsprechend sind die Ästchen mal zu sehen, mal nicht.

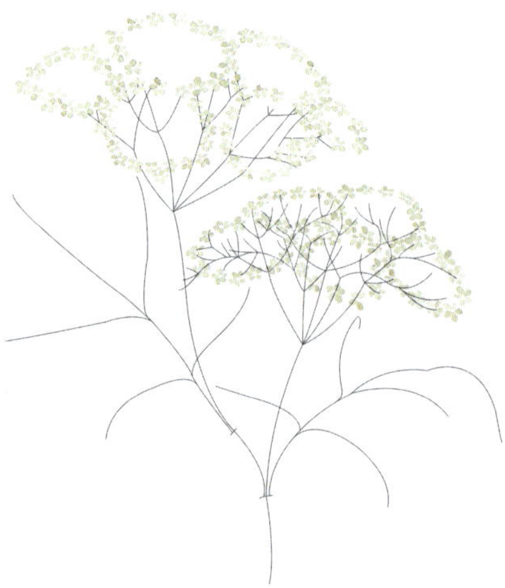

2

2.

Mit Pinsel Nr. 0 und stark verdünnter Blüten-Mischung jede Miniblüte aus fünf Blütenblättern entlang der Ovale gestalten. Zwischen den Fünferblütchen muss etwas Abstand bleiben. Vollständig trocknen lassen.

3

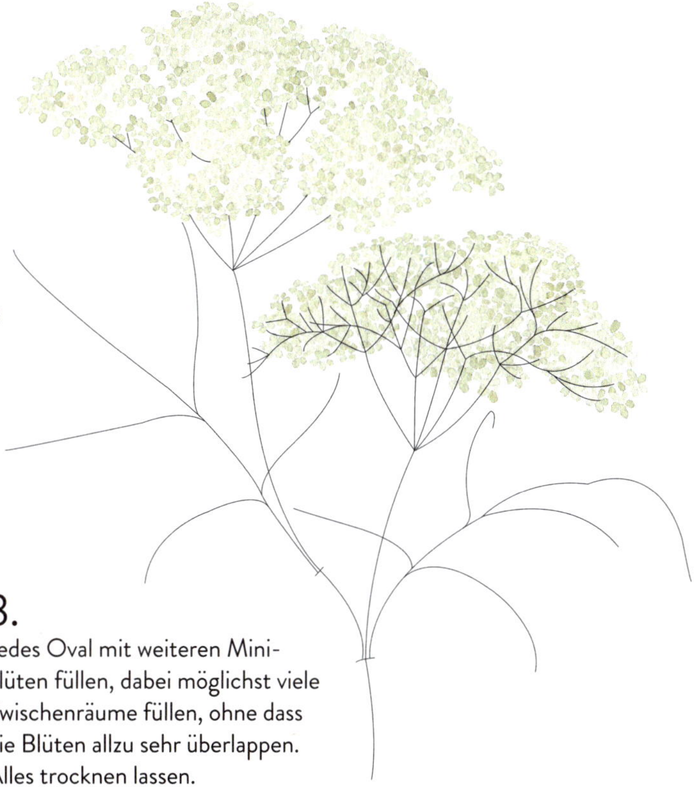

3.

Jedes Oval mit weiteren Miniblüten füllen, dabei möglichst viele Zwischenräume füllen, ohne dass die Blüten allzu sehr überlappen. Alles trocknen lassen.

4

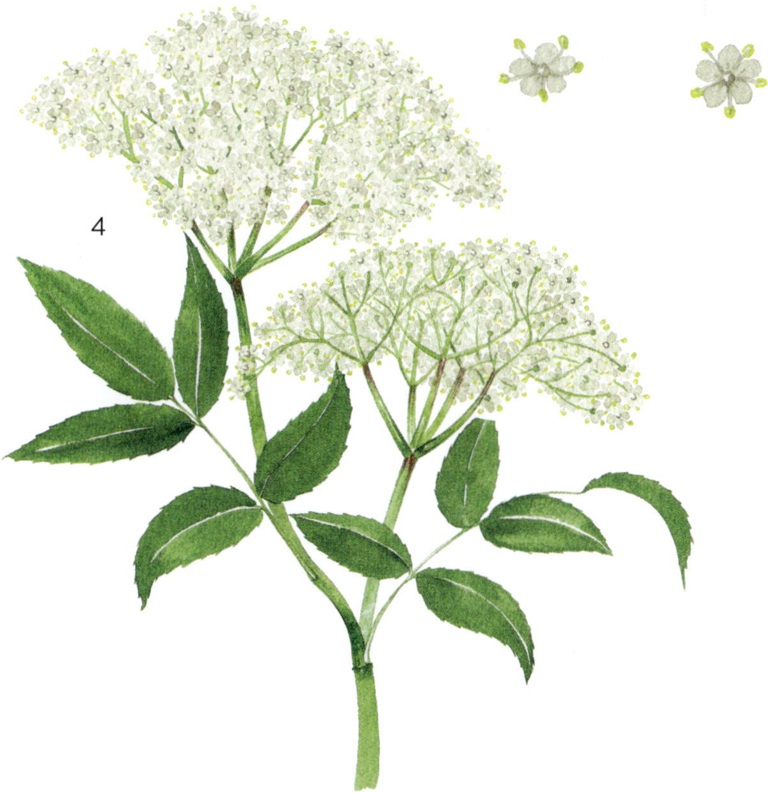

4.

Mit Pinsel Nr. 4 und der Stängel-Mischung den Stängel von unten nach oben malen. Er wird dabei immer dünner. Zu Pinsel Nr. 0 wechseln und unterbrochene Bögen ziehen, sodass sie zwischen den Blüten hervorblitzen. Ganz oben mit Pinsel Nr. 4/0 arbeiten. An Stellen, wo die Unterseite der Blüte(n) sichtbar ist, den Stiel in ein Kelchblatt auslaufen lassen. Die Stiele für die Blätter nach dem gleichen Prinzip mit dem Schlepperpinsel malen, dabei winzige Splitter weiß lassen.

Stellen Sie sicher, dass Pinsel Nr. 8 mit feiner Spitze malt; dazu die nassen Haare auf der Palette drehen. Komplett in nasse Stängel-Mischung tauchen und die Blätter mit zwei gespiegelten C- oder S-Kurven malen, die mittlere Blattader weiß lassen. Im noch nassen Zustand mit Pinsel Nr. 0 den gesägtem Rand wie auf Seite 14 beschrieben ergänzen.

Streifen in Alizarin-Karmesin unter jede Stielgabelung bis in die Blütenstände aufbringen.

Die Blüten erhalten noch je fünf winzige Staubfäden in der Blüten-Mischung und Staubbeutel in Kadmiumgelb. Diese mit dem Pinsel Nr. 4/0 malen und am Ende mit verdünnter Schatten-Mischung den Kreis im Zentrum umranden (siehe Blütendetail). Auf diese Weise möglichst alle Blüten im Randbereich ausarbeiten und diejenigen, die in der Mitte deutlich sichtbar sind. Nicht jede Miniblüte muss alle Details aufweisen.

Wenn alles trocken ist, letzte Bleistiftspuren ausradieren.

5.

Mit Pinsel Nr. 0 und Saftgrün parallel zur Stielkrümmung Steifen hochziehen. Die Schatten-Mischung verdünnen und mit Pinsel Nr. 4 einige Bereiche der Blätter abdunkeln und im unteren Teil der Blüten Schatten auftupfen. Im unteren Bereich der rechten Blütenrispe, in der die Stiele sichtbar sind, den Großteil dieser Fläche ebenfalls mit der verdünnter Schatten-Mischung abdunkeln. Der äußere Blütenkranz bleibt hell. Trocknen lassen.

Mit Paynesgrau und dem Schlepperpinsel zarte Adern auf die Blätter malen. Mit Pinsel Nr. 4/0 einige dünne Streifen Paynesgrau an die Unterkanten der dünneren Stiele unter den Blütenwolken malen.

5

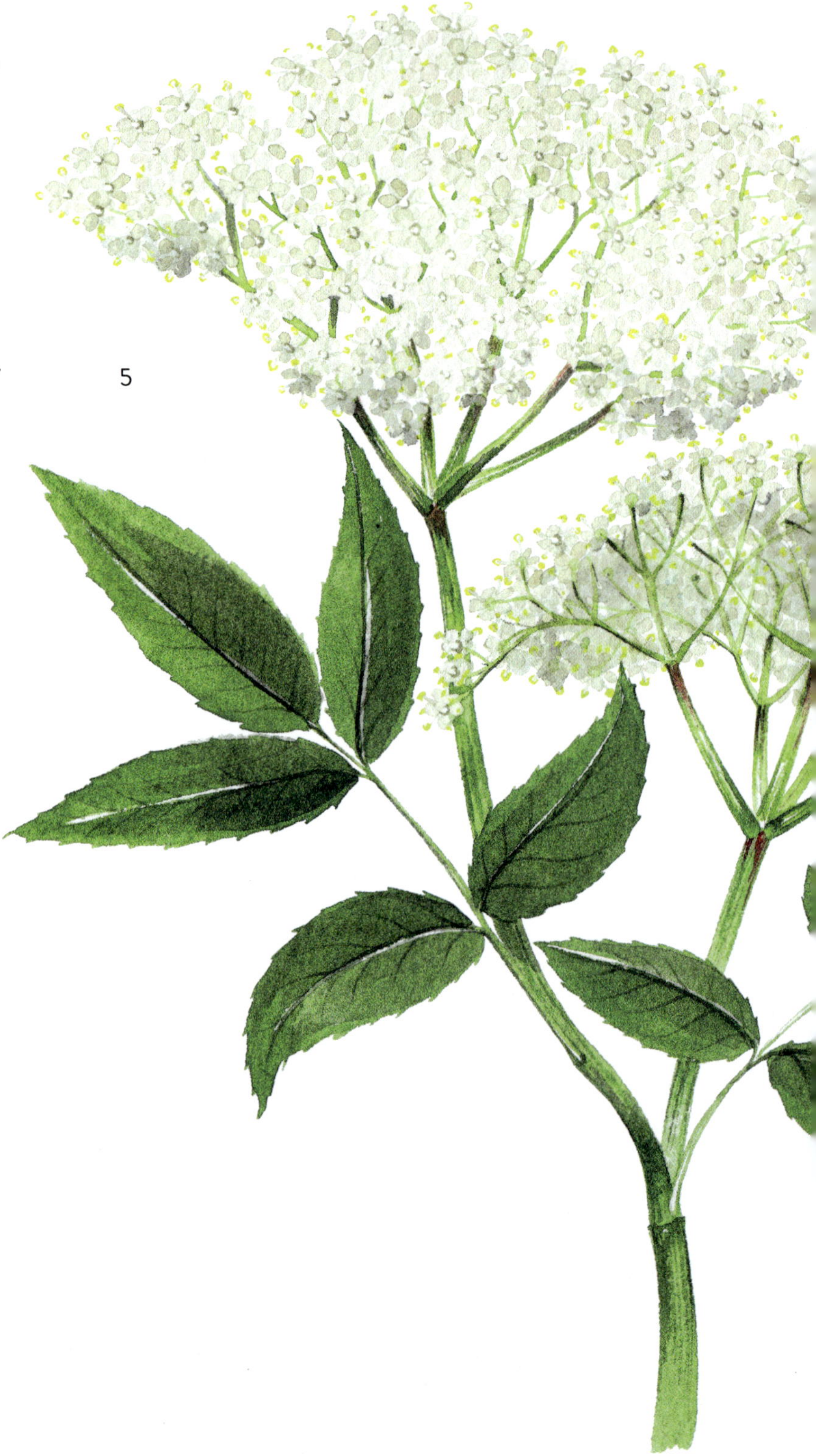

REZEPT FÜR HOLUNDERBLÜTENSIRUP

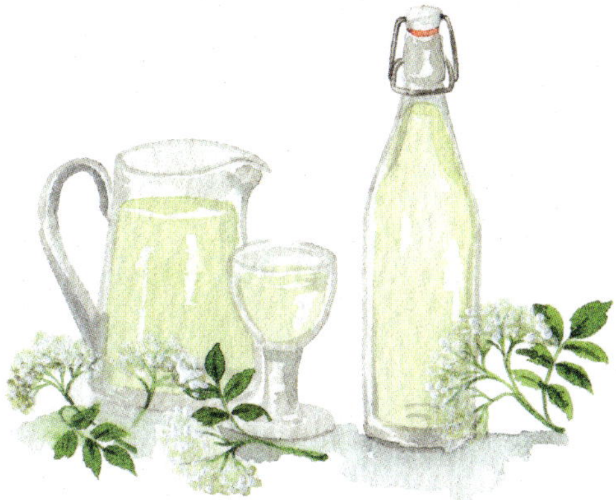

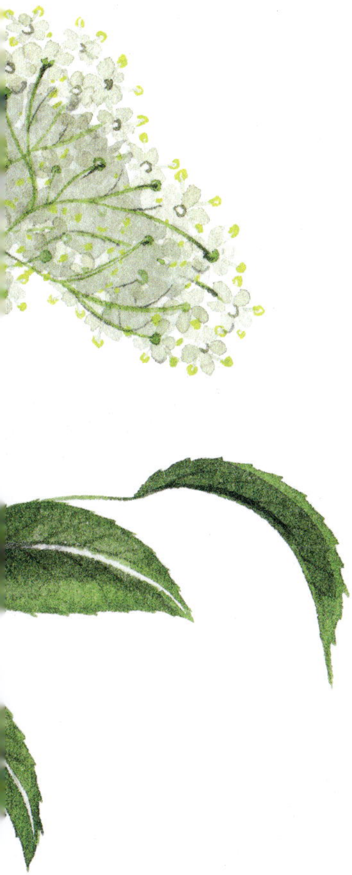

Zutaten
15 Holunderblütenköpfe, Blütenstiele abgeschnitten
1 kg Zucker
2 unbehandelte Zitronen, Schale abgerieben und die Früchte in Scheiben geschnitten
50 g Zitronensäure

Zubereitung
Schütteln Sie die Blumen vorsichtig, um Schmutz und Tierchen zu entfernen.

Den Zucker mit 1 Liter Wasser in einem Topf zu Läuterzucker kochen. Rühren, bis der Zucker sich aufgelöst hat.

Die Hitze reduzieren und den Läuterzucker ein wenig abkühlen lassen. Die Blüten, Zitronenschale und -scheiben sowie die Zitronensäure hineingeben und umrühren. Einen Deckel auflegen und die Mischung 24 Stunden ziehen lassen.

Ein Sieb oder einen Durchschlag mit einem sauberen Geschirrtuch oder Küchenpapier auslegen und über eine Schüssel hängen. Die Blütenmischung portionsweise absieben.

Mit einem Trichter in saubere Flaschen füllen, die sich luftdicht verschließen lassen. Der Sirup ist sofort trinkbar und hält sich im Kühlschrank etwa sechs Wochen.

PFINGST-VEILCHEN

Diese sehr robuste Wildpflanze wird für Düfte, als essbare Blüte sowie in der Medizin verwendet. An Veilchen scheiden sich die Geister: Die einen betrachten sie als hübsche Blumen, andere als lästiges Unkraut. Aber ich freue mich stets über ihren Anblick.

SIE BRAUCHEN

Pinsel
spitze Rundpinsel Nr. 4, 2, 0, 4/0
Schlepperpinsel Nr. 0

Papier
kalt gepresstes Papier (mit Textur)

Bleistift HB, Radierer

Farben

- Goldgrün
- Saftgrün
- Paynesgrau
- Siena gebrannt
- Französisch Ultramarin
- Kobaltblau dunkel
- Permanentrosa

Mischungen

- **Pflanze:** Saftgrün und Goldgrün
- **dunkle Lilatöne:** viel Permanentrosa mit etwas Kobaltblau dunkel
- **helle Violetttöne:** viel Kobaltblau dunkel und ein wenig Permanentrosa
- **dunkle Violetttöne:** Permanentrosa und Französisch Ultramarin
- **Schatten:** Siena gebrannt und Paynesgrau

1

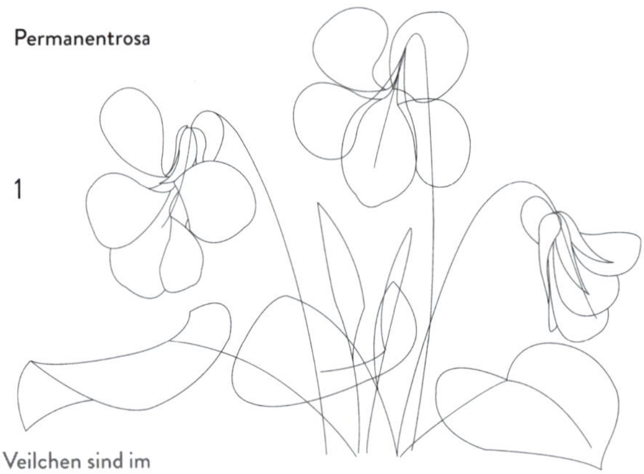

Meine wilden Veilchen sind im Format 15 x 14 cm entstanden.

1.

Mit Bleistift Stängel zeichnen, die oben zunächst eine Haarnadelkurve bilden und dann in fünf rundliche Blütenblätter auslaufen. Im unteren Bereich der Stängel herzförmige Blätter aus unterschiedlichen Blickwinkeln hinzufügen.

2.

Jede der Blüten neigt sich in eine andere Richtung. Für die Grundierung des mittleren Veilchens mit Pinsel Nr. 2 die Blütenblätter nur innerhalb der Hilfslinien befeuchten. In den mittleren Bereich die helle Violett-Mischung geben, die dunkle Lila-Mischung auf die Blütenblattspitzen. Bleibt das Blütenblatt zur Blütenmitte hin leer, wandert der Violettton verblassend dorthin. Im noch nassen Zustand mit Kobaltblau dunkel Streifen in die hellen Violetttöne malen und mit Permanentrosa eine Kontur um die Blütenblätter ziehen.

Zunächst nur die Blütenblätter gestalten, die einander nicht berühren, damit die Farben nicht dazwischen verlaufen. Die fast geschlossene Blüte (rechts) wird komplett eingefärbt, hier bleibt kein Bereich weiß. Die Blüte anfeuchten und mit der hellen Violett-Mischung ausmalen. Trocknen lassen.

2

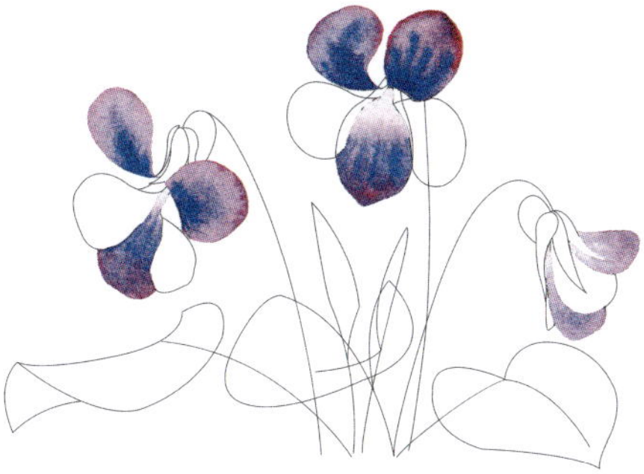

3

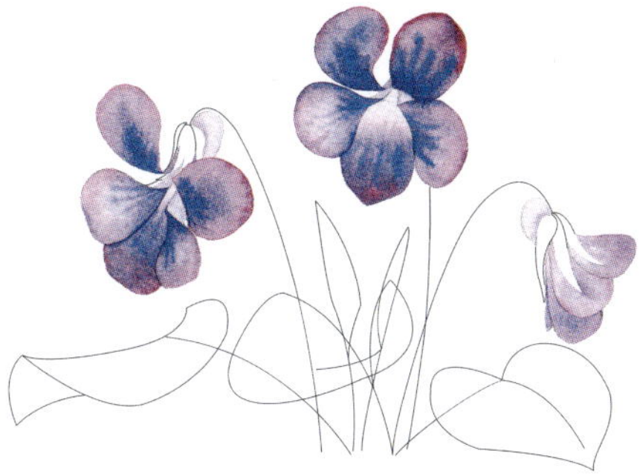

4

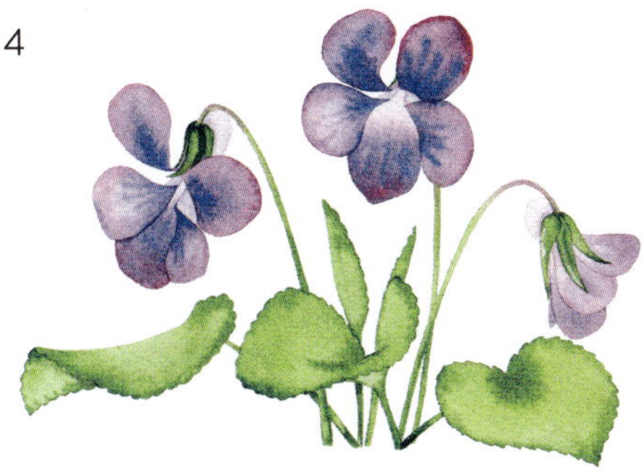

5

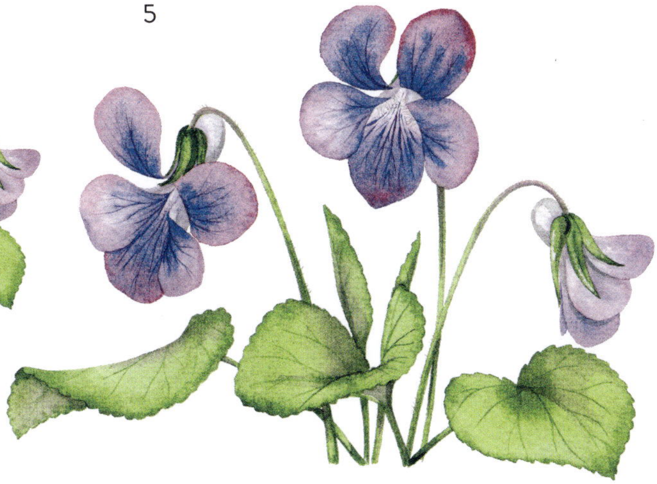

3.

Schritt 2 bei allen verbleibenden Blütenblättern wiederholen. Danach verdünnte helle Violett-Mischung auf den bauchigen Sporn auftragen (die Verdickung am Übergang zum Stängel) und auf die Blütenblattrückseiten.

4.

Mit Pinsel Nr. 4 ein ausgerolltes Blatt mit nasser Pflanzen-Mischung bemalen. Etwas Saftgrün im noch feuchten Zustand auf den Blattansatz tupfen. Mit Pinsel Nr. 0 eine gewellte Kante mit nassem Saftgrün gestalten (siehe Seite 14). Zügig arbeiten, damit die beiden Grüntöne noch verlaufen können. Wie bei den Blütenblättern auch hier jeden Bereich trocknen lassen, bevor überlappende Blätter bemalt werden. Mit der Pflanzen-Mischung und Pinsel Nr. 0 die Stängel malen, in der Haarnadelkurve etwas helle Violett-Mischung ergänzen. Die Kelchblätter ebenfalls mit der Pflanzen-Mischung malen – jeweils trocknen lassen, bevor das nächste gemalt wird. Mit Saftgrün dunkel akzentuieren.

5.

Mit Pinsel Nr. 4/0 und verdünnter Schatten-Mischung an den beiden untersten Blütenblättern (Unterkante) feine Härchen (die wie spitze Zähnchen aussehen) malen. Auch an einige Stängelstellen feinste Haare mit der Schatten-Mischung malen. Mit dem Schlepperpinsel und Saftgrün Blattadern ergänzen. Dann den Schlepperpinsel oder Pinsel Nr. 4/0 (welcher sich besser kontrollieren lässt) verwenden, um mit der dunklen Violett-Mischung Adern auf die Blütenblätter zu malen: von der Blütenmitte aus nach außen.

Wenn alles trocken ist, letzte Bleistiftspuren ausradieren. Zuletzt mit Pinsel Nr. 2 und verdünnter Schatten-Mischung die Unterseiten der Blütenblätter, Kelchblätter und Blätter etwas abdunkeln.

LÖWENZAHN, HAHNENFUSS & GÄNSEBLÜMCHEN

Wenn ich in den letzten Frühlings- und ersten Sommermonaten nach strahlenden Farben suche, genügt ein Blick auf unseren ungemähten Rasen. Löwenzahn, Hahnenfuß und Gänseblümchen gehören zu den ersten Blumen, deren Namen wir als Kind lernen – da sie direkt vor unserer Nase wachsen –, und ihr Charme begleitet uns ein Leben lang.

SIE BRAUCHEN

Pinsel
spitze Rundpinsel Nr. 6, 4, 2, 0, 2/0, 4/0
Schlepperpinsel Nr. 0

Papier
kalt gepresstes Papier (mit Textur)

Bleistift HB, Radierer

Farben

- Paynesgrau
- Saftgrün
- Goldgrün
- Siena gebrannt
- Lichter Ocker
- Kadmiumgelb
- Zitronengelb
- Kobalttürkis
- Kadmiumorange
- Permanentrosa

Das Löwenzahnbild ist im Format 15 x 13 cm entstanden.

Mischungen

- **Stängel:** Goldgrün, Saftgrün, Kobalttürkis
- **Schatten:** Siena gebrannt und Paynesgrau
- **braune Schatten:** viel Siena gebrannt mit etwas Paynesgrau
- **Blüten:** Zitronengelb und Kadmiumgelb

LÖWENZAHN ZEICHNEN

Mit Bleistift einige leicht gebogene Linien für Stängel und Blätter zeichnen. Für weit geöffnete Blüten ein kleines Oval als Blütenmitte ans Stängelende zeichnen, dann ein deutlich größeres Oval für die Kontur der Blüte. Für die Knospe (unten links) und die Blüte in Seitenansicht etwa 1 cm vor dem Stängelende einen kleinen Bogen einzeichnen. Alle Stängel mit Pinsel Nr. 2 und verdünnter Stängel-Mischung nachfahren. Vor dem Knospenbogen stoppen.

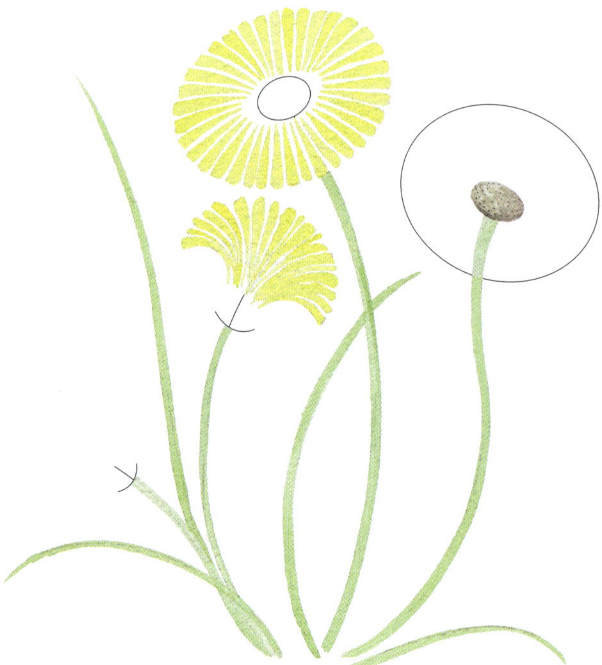

1

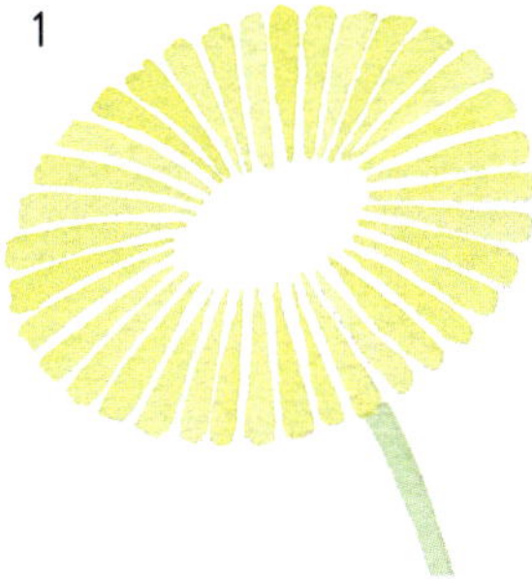

2

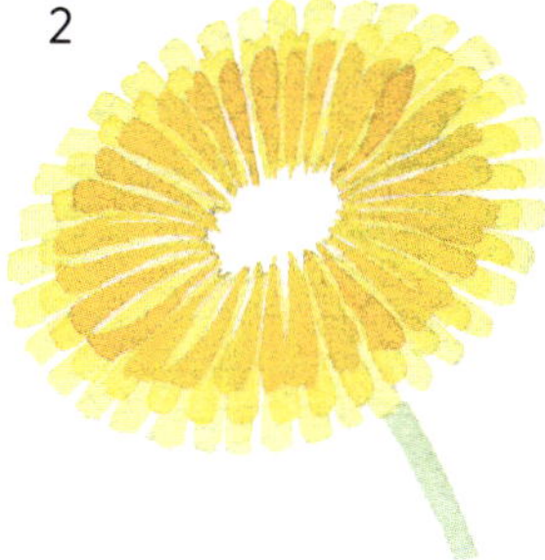

3

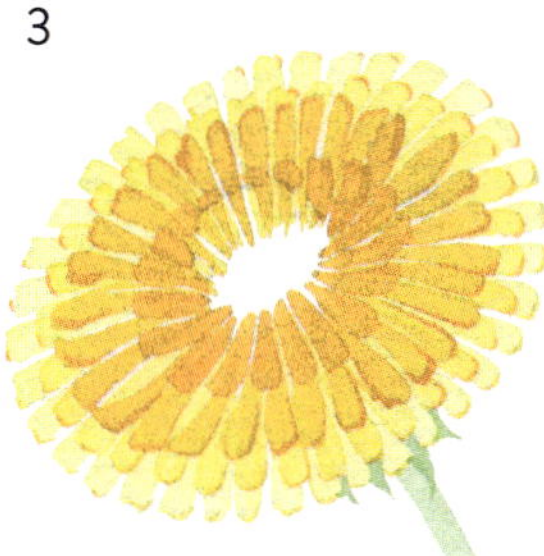

4

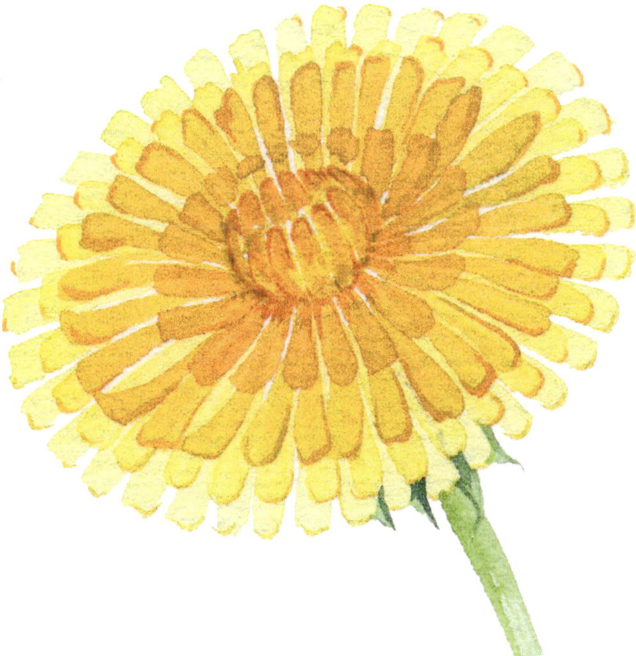

GEÖFFNETE BLÜTE

1.

Mit Pinsel Nr. 0 zur Mitte hin spitz zulaufende Striche mit verdünnter Blüten-Mischung nebeneinander malen, dabei zwischen den beiden Ovalen bleiben. Trocknen lassen.

2.

Die nächste Lage kürzerer Blütenblätter mit etwas stärker konzentrierter Blüten-Mischung malen. Der Mischung etwas Kadmiumorange beigeben und eine weitere Schicht noch kürzerer Blütenblätter darübermalen.

3.

Mehr Kadmiumorange zugeben und eine weitere Lage malen. Die Blütenblätter im hinteren Teil kürzer halten, um Platz für die Blütenmitte freizuhalten. Mit Pinsel Nr. 4/0 und der letzten orangen Blüten-Mischung die helleren Blütenblätter konturieren. Mit der Stängel-Mischung die Zipfel der Kelchblätter malen.

4.

In Trockenmalerei mit Pinsel Nr. 0 und Goldgrün einige Streifen auf dem Stängel auftragen. Der Blüten-Mischung noch mehr Orange hinzufügen und die aufgerichteten Blütenblätter in der Bütenmitte malen. Wenn alles getrocknet ist, mit Pinsel Nr. 4/0 und konzentriertem Kadmiumorange die Blättchen der inneren Blüte umranden. Die Kelchblätter stellenweise mit Saftgrün abdunkeln.

Mit Pinsel Nr. 0 und verdünnter Schatten-Mischung kleine Akzente in der Blütenmitte und darum herum sowie auf dem Stängel setzen.

BLÜTE VON DER SEITE

1.
Mit Pinsel Nr. 0 einen Fächer aus von außen nach innen spitz zulaufenden Strichen mit stark verdünnter Blüten-Mischung malen.

2.
Eine weitere Lage mit etwas konzentrierterer Blüten-Mischung anlegen. Dann der Mischung etwas Kadmiumorange hinzufügen und noch eine weitere Lage Blütenblätter malen, aber nicht mehr so viele.

3.
Mit Pinsel Nr. 0 und der Stängel-Mischung die aufragenden Kelchblätter von dem Bleistiftbogen aus als C- und S-Kurven malen. Trocknen lassen, dann die herabhängenden Kelchblätter malen. Der Blüten-Mischung mehr Kadmiumorange hinzufügen und damit einige der helleren Blütenblätter mit Pinsel Nr. 4/0 teilweise umranden, aber nicht komplett.

4.
Mit Pinsel Nr. 0 und Goldgrün in Trockenmalerei dem Stängel und den herabhängenden Kelchblättern mit einigen Strichen mehr Textur geben. Die aufragenden Kelchblätter mit Saftgrün und Pinsel Nr. 4/0 an der Basis und an den Spitzen akzentuieren.

5.
Mit verdünnter Schatten-Mischung das Blüteninnere und den Stängel abdunkeln.

1

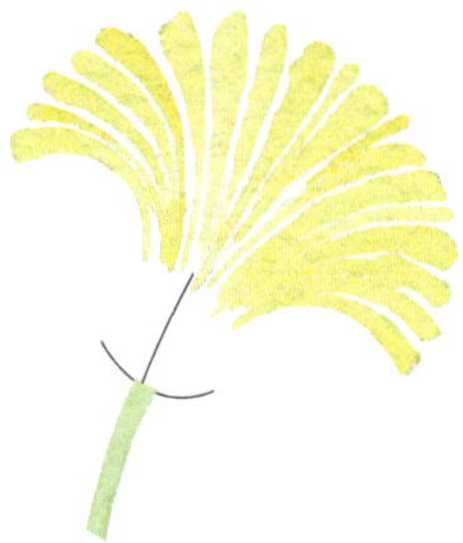

2

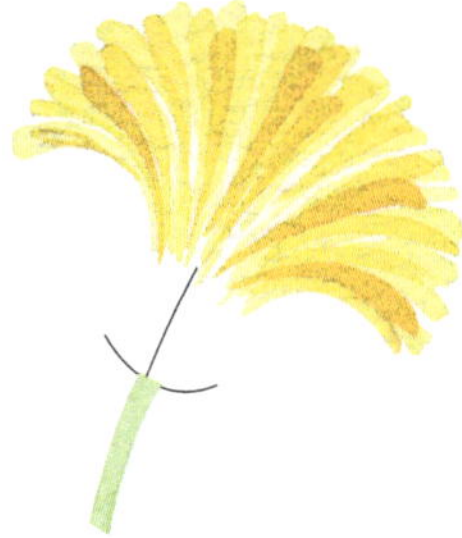

3

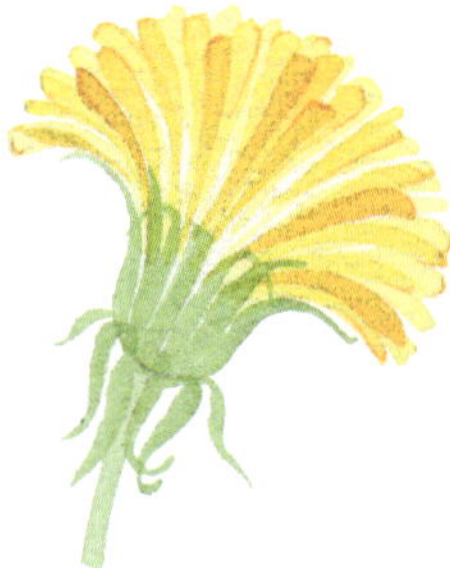

4

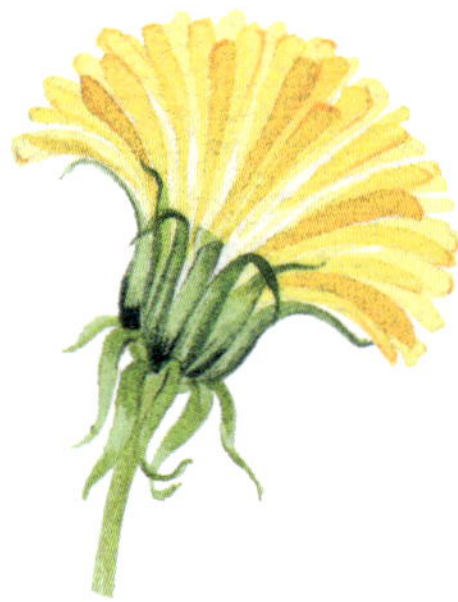

5

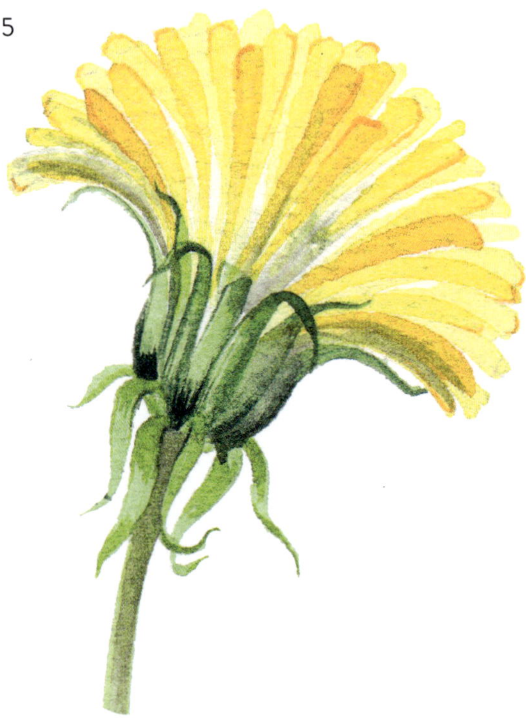

PUSTEBLUME

1.

Die braune Schatten-Mischung so stark verdünnen, dass sie fast ohne Pigment ist. Mit Pinsel Nr. 0 das kleine Oval am Stängel ausmalen. Die untere Hälfte mit einer weiteren Schicht Schatten-Mischung abdunkeln. Alles weitgehend trocknen lassen, dann mit konzentrierter Schatten-Mischung Pünktchen in die Fläche geben. Alles trocknen lassen.

2.

Jede abgeblühte Löwenzahnblüte verfügt über etwa hundert fedrige Haarkelche. Mit Pinsel Nr. 0 und brauner Schatten-Mischung vertrocknete, herabhängende Kelchblätter unter das innere Oval malen, diese stellenweise im noch feuchten Zustand schattieren. Der verdünnten braunen Schatten-Mischung etwas Lichten Ocker zufügen und mit Pinsel Nr. 4/0 feine Striche vom äußeren Oval zum inneren ziehen, aber kurz vor Erreichen stoppen. An die äußeren Enden dieser Striche nach außen geöffnete Schirmchen setzen.

3.

In kleiner werdenden konzentrischen Kreisen wiederholen, bis der Innenbereich gefüllt ist. Trocknen lassen.

4.

Mit nassem Pinsel Nr. 6 einmal über das ganze Oval fahren, um eine Grundierung zu erzeugen. Diese soll die Schirmchen leicht verwischen, sodass man zwar einige Details erkennt, aber alles verbunden wirkt. Mit Trockenmalerei und Pinsel Nr. 0 einige Streifen Goldgrün am Stängel hinabziehen.

5.

Den Stängel mit verdünnter Schatten-Mischung stärker akzentuieren.

1

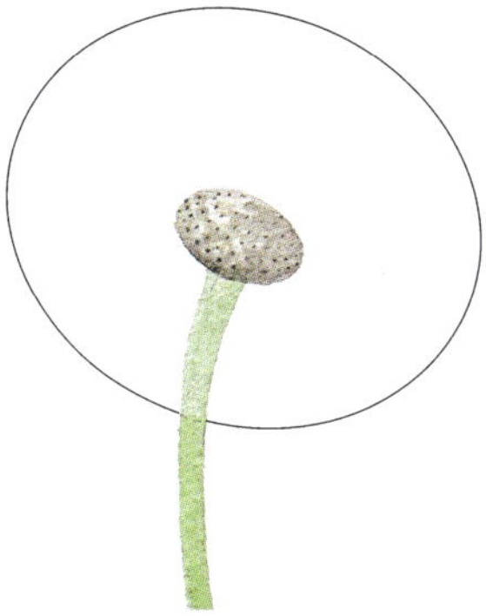

2

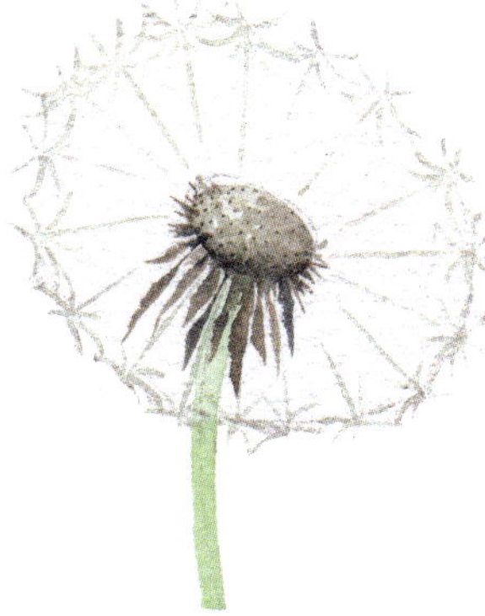

3

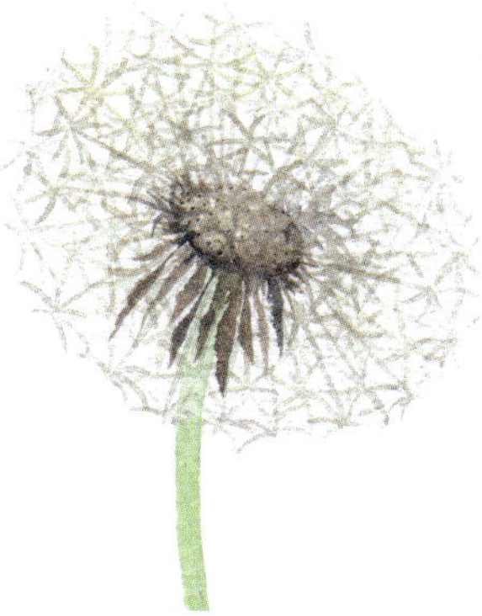

4

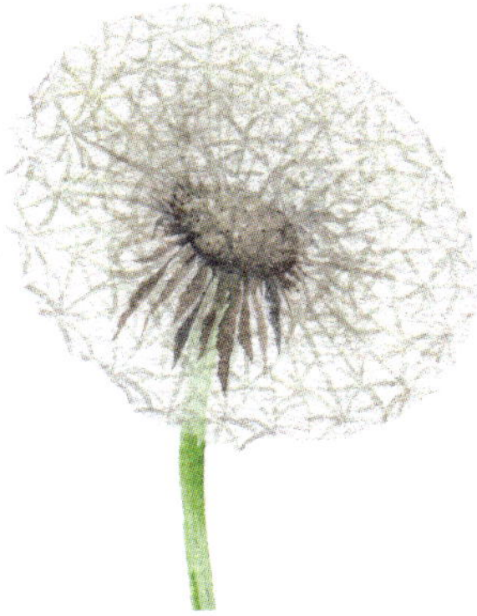

5

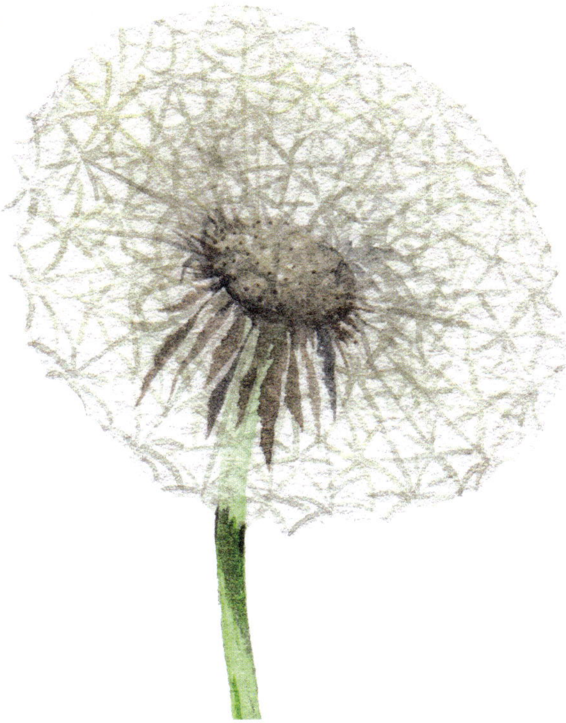

BLÄTTER UND KNOSPE

1 2 3

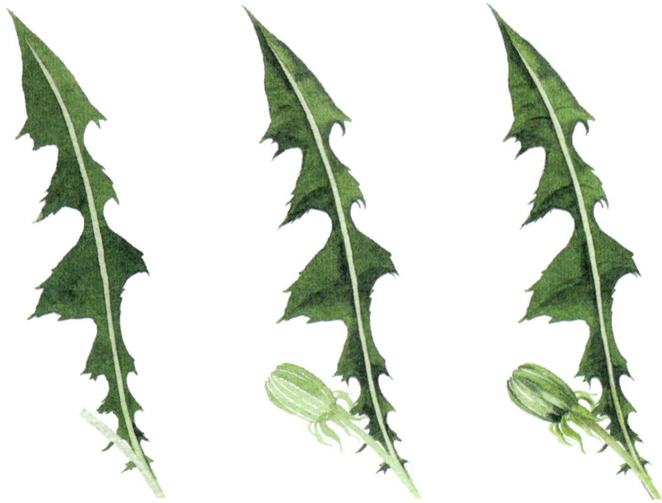

1.

Erzeugen Sie mit der Spitze von Pinsel Nr. 4 und nassem Saftgrün von oben nach unten dreieckige Blattstrukturen für eine Blatthälfte. Die Mittelrippe aussparen. Zügig arbeiten, damit sich keine unerwünschten Ränder bilden.

2.

Die Knospe mit der Stängel-Mischung und C-Kurven mit kleinen weißen Zwischenräumen malen. Herabhängende Kelchblätter hinzufügen. Paynesgrau und Saftgrün vermischen. Mit Pinsel Nr. 2 an einer Seite der Mittelrippe entlang eine Linie ziehen. Dann mit einem nassen Pinsel die Farbe quer nach außen ziehen. Diesen Farbton auch verwenden, um den unteren Teil jeder Blattkurve zu akzentuieren.

3.

Mit fast trockenem Pinsel etwas Goldgrün auf den Knospenstängel und die herabhängenden Kelchblätter geben. Mit Saftgrün und Pinsel Nr. 4/0 dunkle Akzente an der Knospe ergänzen. Mit Schlepperpinsel und Paynesgrau Blattadern malen.

UND ZUM SCHLUSS

An allen Stellen der Pflanze verdünnte Schatten-Mischung hinzufügen, wo etwa ein Blatt oder die geöffnete Blüte andere Teile verschattet.

Wie wäre es, wenn Sie dem Löwenzahn noch Hahnenfuß und Gänseblümchen an die Seite stellen würden?

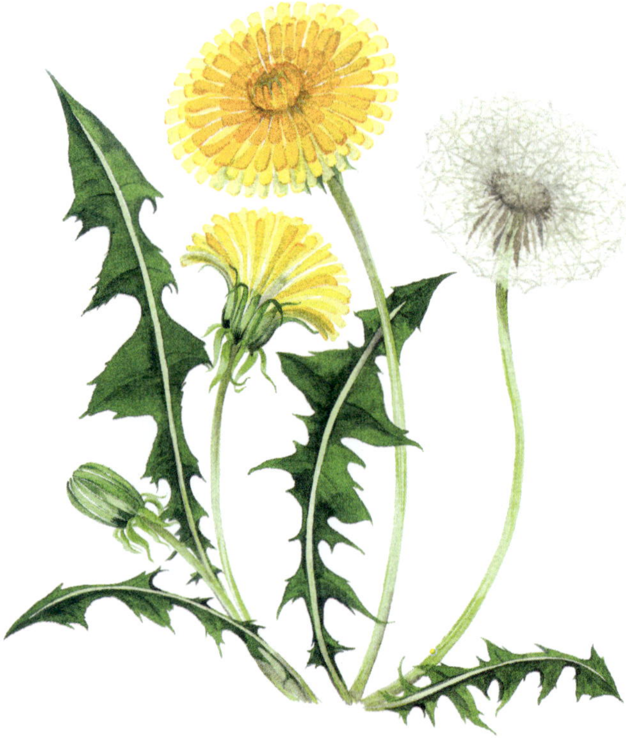

HAHNENFUSS

1.

Mit Bleistift hauchdünn einen schlanken Stängel mit einer Gabelung zeichnen. Diesen mit dem Schlepperpinsel und der Stängel-Mischung nachfahren, dann mit Pinsel Nr. 0 wenige zarte Blättchen malen. Die Blüte beginnt mit einem Tropfen nasses Zitronengelb. Den Pinsel Nr. 0 anfeuchten und mit der Spitze aus dem Tropfen eine feine Farblinie ziehen, die Pinselhaare spreizen, um ein breites nasses Blütenblatt zu gestalten. Aus dem Tropfen fünf Blütenblätter auf diese Weise herausziehen. Für die Blüte in Seitenansicht mit Pinsel Nr. 2 vom Stängelende aus C-Kurven malen: die Spitze ansetzen, die Haare dann stärker aufdrücken. Für Knospen einige Tupfen mit der Blüten-Mischung setzen, trocknen lassen, dann mit der Stängel-Mischung drei Kelchblätter an die Basis malen.

2.

Mit Streifen aus konzentrierter Blüten-Mischung auf den Blüten mehr Intensität und Textur erzeugen. Den Blättern (und Kelchblättern) mit Pinsel Nr. 4/0 und Saftgrün dunkle Akzente geben. In die Mitte der geöffneten Blüte goldgrüne Tupfen geben, mit Kadmiumgelb feine Staubfäden rundherum ergänzen, mit Staubbeuteln in Kadmiumorange. Für die Blüte in Seitenansicht an der Blütenbasis mit Kadmiumgelb Kelchblätter malen und eine winzige Menge Goldgrün zwischen die Blütenblätter geben. Wenn alles trocken ist, etwas stark verdünnte Schatten-Mischung auf die untere Hälfte der offenen Blüten und unter die Blüte in Seitenansicht geben.

GÄNSEBLÜMCHEN

1.

Mit Bleistift einen langen verzweigten Stängel zeichnen, dann einen Kreis für die geöffnete und ein Oval für die nickende Blüte. Mit dem Schlepperpinsel und der Stängel-Mischung den Stängel nachfahren. Mit Pinsel Nr. 0 winzige Blätter und eine Becherform für die halb geschlossene Blüte hinzufügen. Mit der Mischung für die Pusteblumen-Schirmchen und Pinsel Nr. 2/0 Blütenblätter strahlenförmig um den Kreis und fächerförmig um das Oval malen. Mit Permanentrosa akzentuieren.

2.

Wenn alles trocken ist, weitere Blütenblätter zwischen die vorhandenen malen. Den Blättern und den Kelchblättern mit Saftgrün und Pinsel Nr. 4/0 dunkle Konturen geben. Wenn die Blüten trocken sind, konzentriertes Kadmiumgelb in die Mitte der geöffneten Blüten geben, mit etwas Goldgrün und Siena gebrannt ausarbeiten, solange alles noch feucht ist. Trocknen lassen, dann stark verdünnte Schatten-Mischung auf die untere Hälfte der geöffneten Blüten geben.

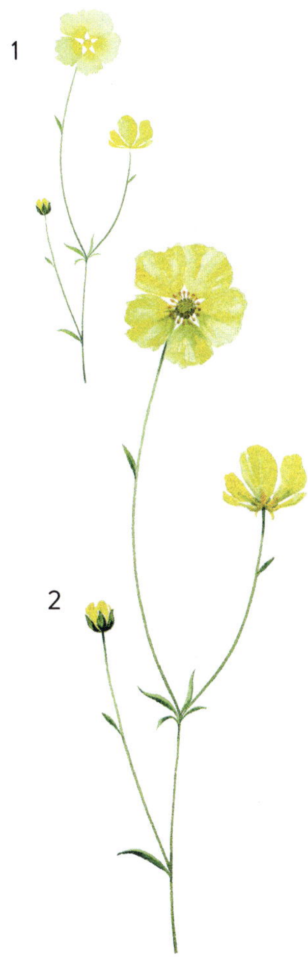

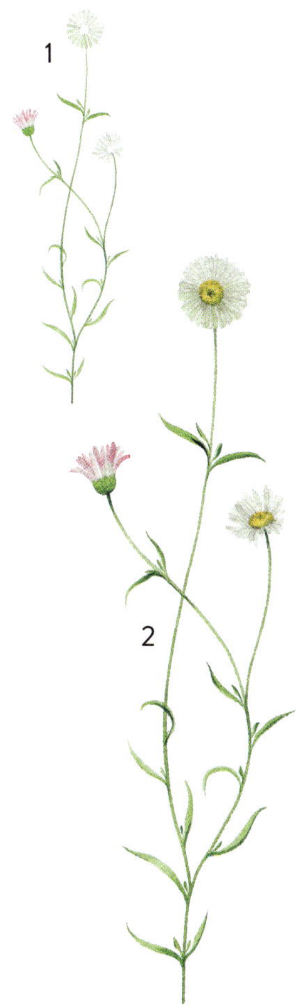

ERDBEEREN & ERDBEERDIEBE

Bislang hatte ich kaum Gelegenheit, unsere selbst gepflanzten Erdbeeren zu naschen, denn die Vögel waren immer schneller. Gegen das vermeintliche »Problem« haben wir nie etwas unternommen. Mein Mann ist so vernarrt in die Vögel in unserem Garten, dass er ihnen die Früchte von ganzem Herzen gönnt.

Wir sind keine erfahrenen Gärtner, sondern wenden meist das Versuch-und-Irrtum-Prinzip an. Eine versehentliche Rasur der Erdbeerpflanzen mit dem Rasenmäher führte im Folgejahr zu einer Rekordernte. Die Amseln wussten es sehr zu schätzen.

SIE BRAUCHEN

Pinsel
spitze Rundpinsel Nr. 4, 2, 0, 4/0
Schlepperpinsel Nr. 0

Papier
kalt gepresstes Papier (mit Textur)

Bleistift HB, Radierer

Die Erdbeerpflanze ist im Format 14 x 16 cm entstanden.

Farben

- Lichter Ocker
- Saftgrün
- Paynesgrau
- Siena gebrannt
- Kadmiumgelb
- Kadmiumorange
- Kadmiumrot
- Alizarin-Karmesin
- Permanentrosa

Mischungen

Pflanzen: Saftgrün und Kadmiumgelb

Beeren: Kadmiumrot und Permanentrosa

Blüten: Lichter Ocker, Siena gebrannt, Paynesgrau, Kadmiumgelb

Samen: Alizarin-Karmesin und Lichter Ocker

Schatten: Siena gebrannt und Paynesgrau

1

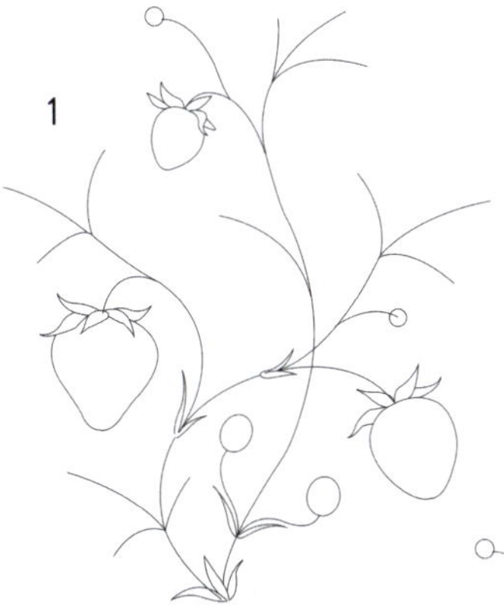

2

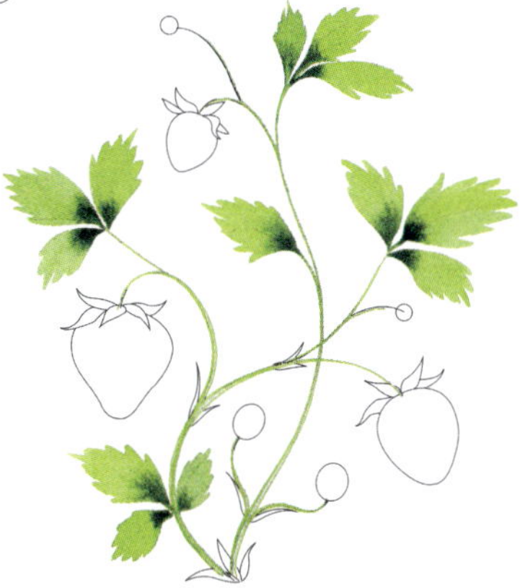

3

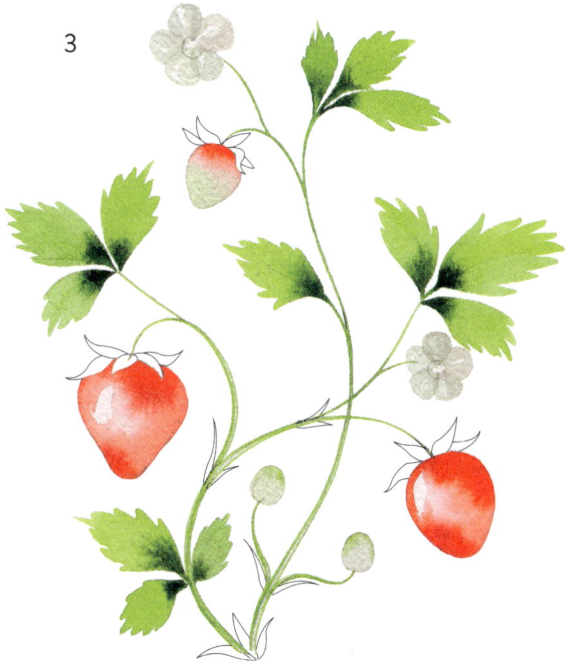

1.

Orientieren sie sich an der Skizze oben.

2.

Erdbeerblätter sind meist dreiteilig. Mit Pinsel Nr. 4 und der Pflanzen-Mischung jedes Blatt mit einem gesägten Rand malen, dabei der Anleitung auf Seite 14 folgen. Im noch nassen Zustand einige Tropfen Saftgrün auf den Ansatz der Blätter geben, sodass es in den Grundton verläuft. Mit der Pflanzen-Mischung und dem Schlepperpinsel die Stängel malen, dabei diese nach oben hin dünner werden lassen.

3.

Die Blüten-Mischung sehr stark verdünnen, sie wird trotzdem noch deutlich zu sehen sein. Die Erdbeerblüte hat fünf Blütenblätter. Mit Pinsel Nr. 0 zwei rundliche Blätter um jede Blütenmitte herum malen. Trocknen lassen, dann die drei übrigen Blütenblätter ergänzen. Die Blüten-Mischung auch für die kleinen unreifen Erdbeeren benutzen; ans Ende jeder Beere einen Tupfen Pflanzen-Mischung geben. Die halbreife Beere mit Blüten-Mischung in der unteren Hälfte einfärben, im noch nassen Zustand in den oberen Teil verdünnte Beeren-Mischung geben. Den Pinsel reinigen und mit feuchtem Pinsel den Farbverlauf in Gang bringen, dann die Farbe fließen lassen.

Reife Beeren mit Pinsel Nr. 2 und stark verdünnter Beeren-Mischung malen, dabei ein Glanzlicht frei lassen. Im nassen Zustand die Kanten mit konzentrierter Beeren-Mischung entlangfahren. Mit dem Pinsel antippen, damit mehr Farbe ins Innere fließt. Für mehr Farbintensität konzentriertes Kadmiumrot oder Alizarin-Karmesin zugeben.

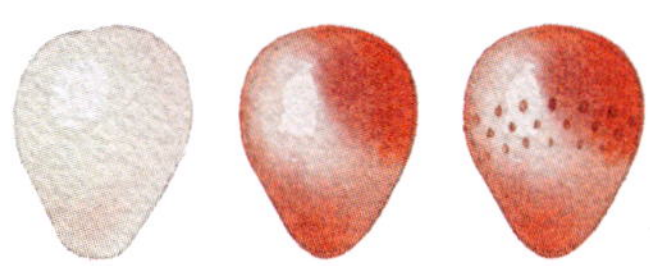

4.

Mit der Pflanzen-Mischung die Kelchblätter, Stängel und Knospen malen, im nassen Zustand mit Saftgrün dunkle Akzente setzen. Mit dem Schlepperpinsel und Saftgrün die Blattadern ergänzen: in der Mitte eine lange Hauptader, dann nach rechts und links zu den Blattkanten hin kurze, sehr zarte Striche.

5.

Mit Pinsel Nr. 4/0 und der Samen-Mischung im bauchigen Teil der Beere versetzte Samenreihen aufmalen (aus zwei winzigen C-Kurven), die der Wölbung folgen. Nach unten hin werden die Samen noch winziger. Für die Samen der unreifen Beere Saftgrün nehmen.

Kadmiumgelb in den inneren Bleistiftkreis der Blütenmitte tupfen. Um den Kreis herum einige dickere Tupfen Kadmiumorange für die Staubbeutel platzieren. Für mehr Tiefe etwas Schatten-Mischung unter die Blütenmitte geben.

Mit Siena gebrannt einige C- und S-Kurven am unteren Ende der Stängel malen und die Unterkante der Beeren mit einem Streifen verdünnter Schatten-Mischung stärker betonen.

4

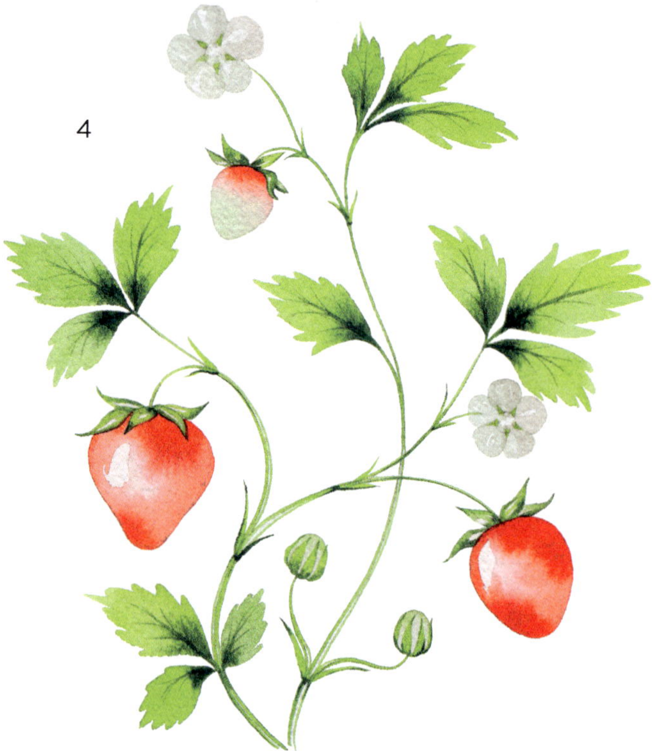

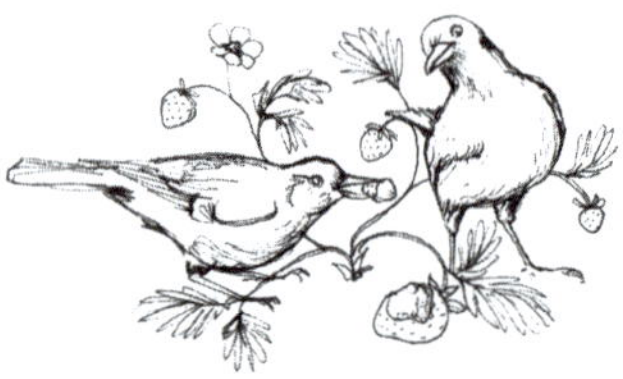

Falls Sie das Glück haben, mit Malutensilien vor Ort zu sein, wenn die diebischen Amseln wieder zuschlagen, fertigen Sie eine grobe Skizze mit Füller und Tinte an. Mit schnellen Skizzen können Sie die Haltung und Dynamik einfangen und später als Grundlage für Aquarelle nutzen.

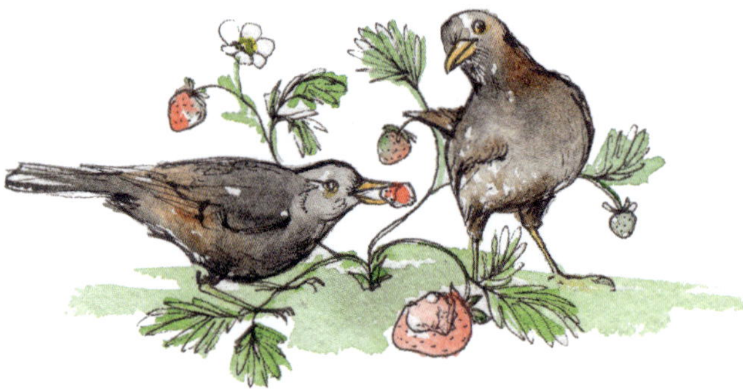

5

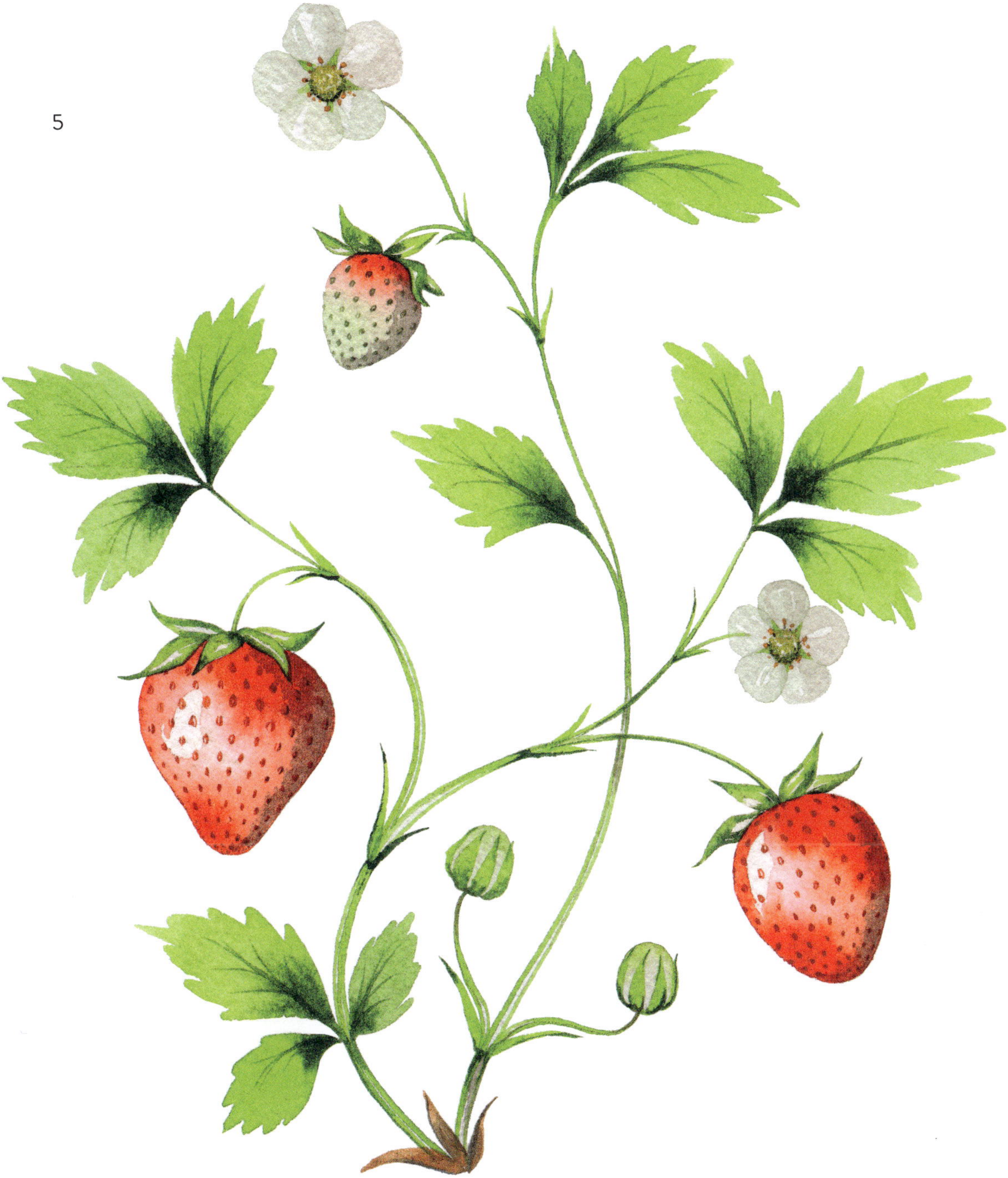

SPECHT AN DER FUTTERSTELLE

An unserer Futterstation kann man viel über Hierarchie und Rangordnung im Vogelreich lernen. Die frechen Spatzen vertreiben die Finken und Blaumeisen, aber auch diese verziehen sich, sobald der Specht im Anflug ist. Wenn er sich niederlässt, schaukelt die Futterstelle heftig, und dann pickt er aggressiv die Erdnüsse raus, während die anderen Vögel sich respektvoll in angemessener Entfernung gedulden.

Ich habe versucht, das Gerangel im Bild zu dokumentieren, aber sobald ich mich mit einem Bleistift in der Hand näherte, um eine Skizze zu machen, löste sich die Versammlung flugs auf. Und durch das Küchenfenster konnte ich aufgrund der Entfernung nur die Hauptfarben erfassen. Trotzdem ist mir auf diese Weise eine heitere Serie von vereinfachten Miniaturbildern gelungen.

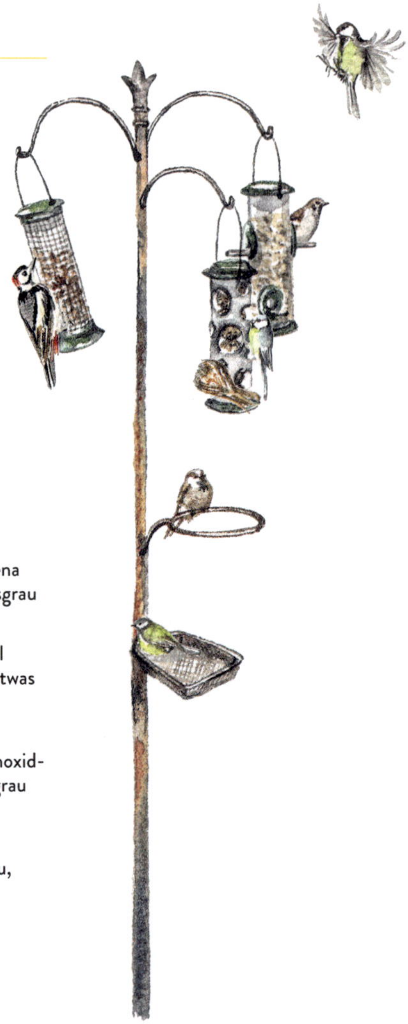

SIE BRAUCHEN

Pinsel
spitze Rundpinsel Nr. 0, 4/0

Papier
kalt gepresstes Papier (mit Textur)

Bleistift HB, Radierer

Farben

- Paynesgrau
- Siena gebrannt
- Eisenoxidschwarz
- Kadmiumrot
- Lichter Ocker

Mischungen

- **dunkle Schatten:** Siena gebrannt und Paynesgrau
- **braune Schatten:** viel Siena gebrannt mit etwas Paynesgrau
- **dunkle Federn:** Eisenoxidschwarz und Paynesgrau
- **helle Federn:** Siena gebrannt, Paynesgrau, Lichter Ocker

Mein Bild mit Specht ist im Format 13 x 8 cm entstanden.

1a

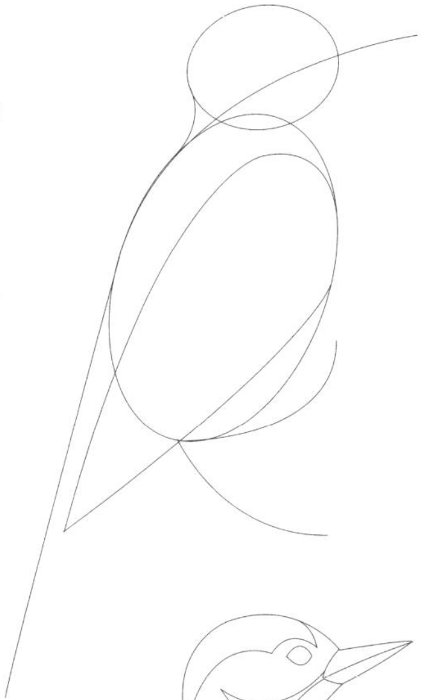

1b

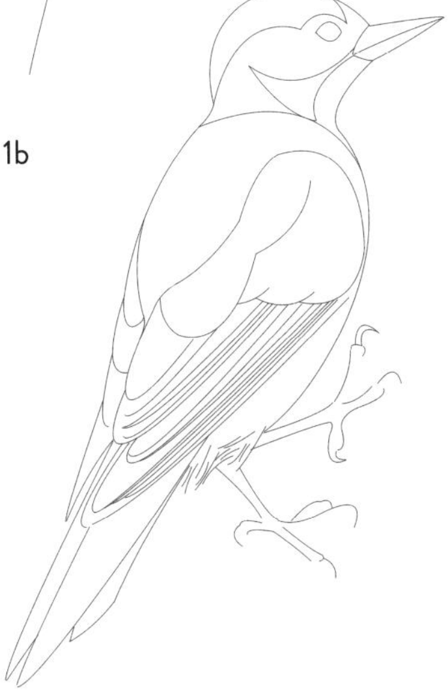

2

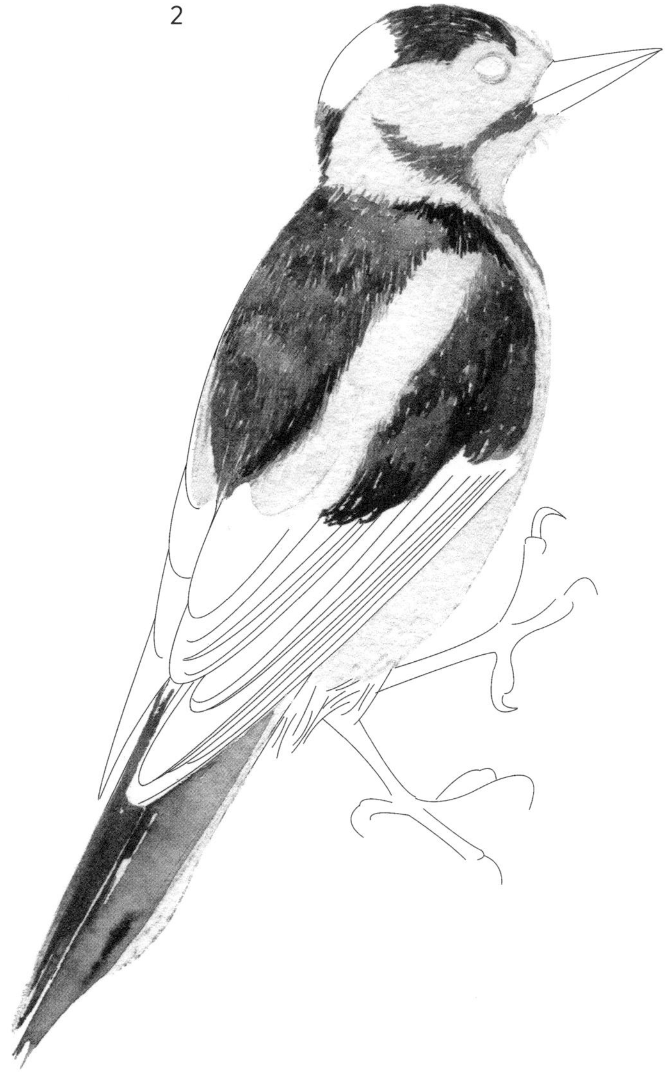

1.

Orientieren Sie sich an den geometrischen Formen und skizzieren Sie so den Specht.

2.

Mit Pinsel Nr. 2 verdünnte helle Feder-Mischung auf Gesicht, Hals, Bauch, kleine Armdecken und Unterschwanzdecken stricheln. Trocknen lassen. Fedrige Striche mit der dunklen Feder-Mischung über Scheitel, Hals, Rücken, Flügel und Schwanzfedern ziehen.

3.

Die langen, schmalen Federn der Flügel (Arm- und Handschwingen) weisen markante weiße Abschnitte auf. Jede Feder mit Pinsel Nr. 0 und der braunen Schatten-Mischung gestalten, dabei viele kleine Stellen und Schlitze weiß lassen. Mit der dunklen Feder-Mischung weitere dunkle Akzente setzen.

4.

Die dunkle Feder-Mischung stark verdünnen und mit Pinsel Nr. 0 auf Beine und Füße grobe Strukturen tupfen, dann stark gekrümmte Krallen malen. Den Schnabel ausmalen und stärker konzentrierte Farbtupfen an Schnabelspitze und -basis setzen.

Den Pinsel Nr. 0 reinigen. Mit Kadmiumrot den Genickfleck und längere Striche auf den unteren Bauch sowie hinter den Beinen fedrig stricheln. Dem Rot etwas Schatten-Mischung zufügen und damit noch einige Striche in diese beiden Bereiche geben. Alles trocknen lassen und letzte Bleistiftspuren ausradieren.

3

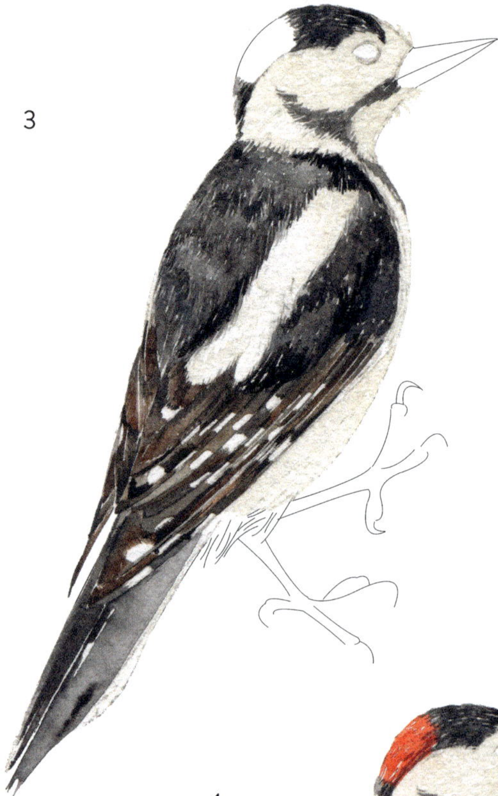

4

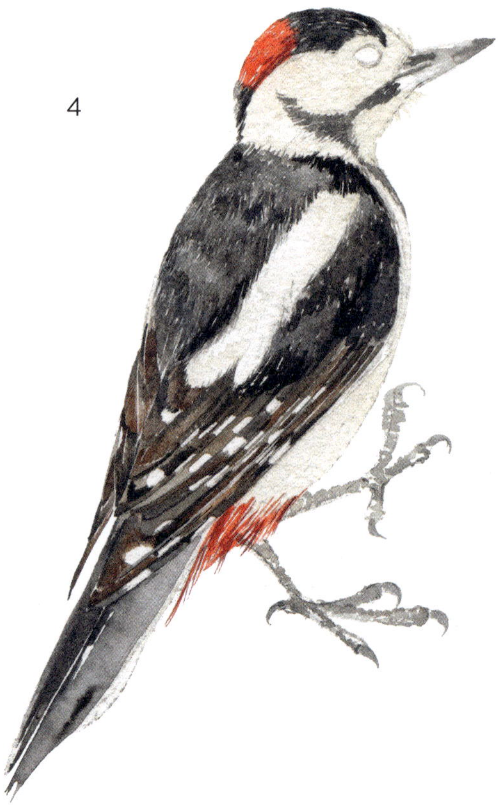

5

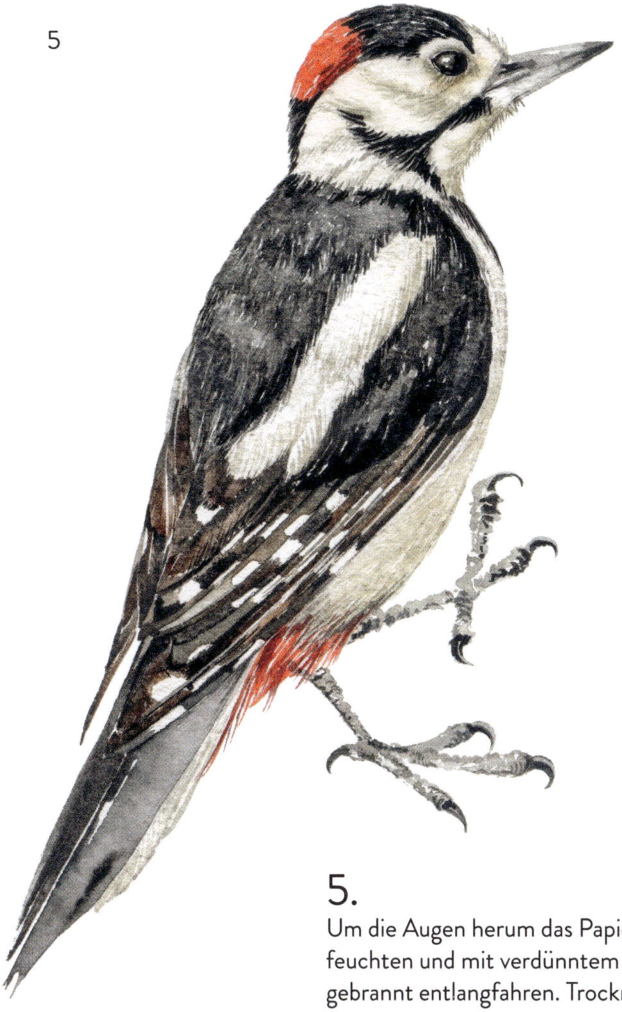

SPECHT ALS MINIATUR

Eine ähnliche Bleistiftzeichnung mit Pinsel Nr. 0 in der gleichen Farbgebung wie den größeren Vogel ausmalen, aber mit viel weniger Details. Wenn alles trocken ist, mit Pinsel Nr. 4/0 einige prägnante dunkle Akzente setzen.

Der Minispecht ist tatsächlich nur 2,5 x 1 cm groß.

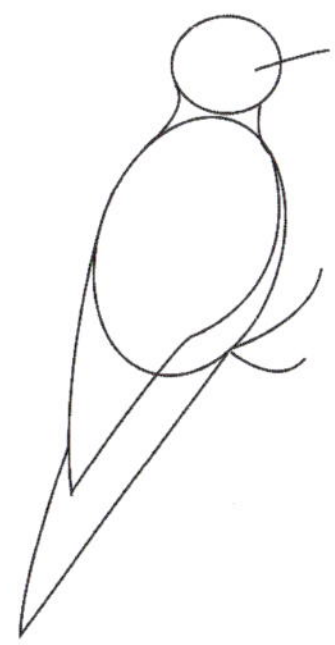

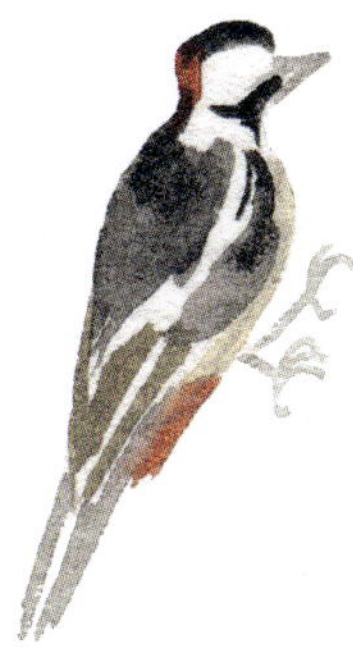

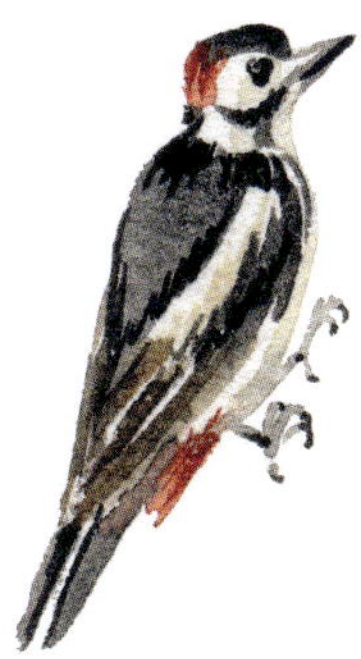

5.

Um die Augen herum das Papier anfeuchten und mit verdünntem Siena gebrannt entlangfahren. Trocknen lassen. Mit Pinsel Nr. 4/0 und einer konzentrierten Version jeder Farbe feine Federbüschel über den Kopf und den Oberkörper setzen. Mit der Schatten-Mischung dunkle Federn ins Gesicht malen. Auf dem ganzen Körper wiederholen. Konzentrierte Schatten-Mischung für Akzente an Beinen, Zehen und Schnabel verwenden.

Die Augen mit Eisenoxidschwarz umranden. Mit dem sauberen feuchten Pinsel die Farbe ins Augeninnere ziehen, dabei ein Glanzlicht fei lassen. Auf die Unterseite von Schwanzfedern, Flügel, Brust und Beinen verdünnte Schatten-Mischung geben.

KIRSCHBAUM IN BLÜTE

Mein Hund Crumble und ich änderten im noch kühlen Frühjahr 2020 einmal unsere Standardrunde und entdeckten eine Allee mit Kirschbäumen. In den nächsten Tagen konnte ich die subtilen Veränderungen genau verfolgen und war quasi live dabei, als die Knospen an den ersten warmen Frühlingstagen aufplatzten.

Die verschiedenen Stadien eines Baumes im Frühjahr im Skizzenbuch zu dokumentieren, gehört zu den lohnenswertesten Motiven: angefangen bei kahlen Zweigen im Winter, die den Wuchs gut erkennen lassen, bis hin zu Knospen, Laub und schließlich Blüten. Praktisch, dass das Motiv verlässlich an Ort und Stelle bleibt.

SIE BRAUCHEN

Pinsel
spitze Rundpinsel Nr. 2, 0, 4/0
Schlepperpinsel Nr. 0

Papier
kalt gepresstes Papier (mit Textur)

Bleistift HB, Radierer

Der Kirschblütenbaum ist im Format 13 x 8 cm entstanden.

Farben

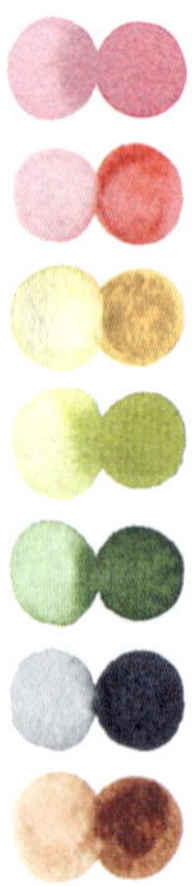

- Permanentrosa
- Alizarin-Karmesin
- Lichter Ocker
- Goldgrün
- Saftgrün
- Paynesgrau
- Siena gebrannt

Mischungen

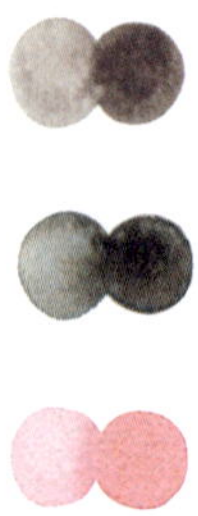

- **Rinde:** viel Siena gebrannt, etwas Paynesgrau
- **Schatten:** Siena gebrannt und Paynesgrau
- **Blüten:** Permanentrosa und Lichter Ocker

WINTER BIS FRÜHJAHRSBEGINN

1.
Dünn mit Bleistift den Stamm zeichnen, der sich in einige dickere Äste gabelt, die sich weiter fächerartig verzweigen. Manchmal hilft es, vorab die äußere Kontur der Baumkrone grob einzuzeichnen, sodass die feinen Äste nicht zu weit hinausragen. Den Bereich der Krone mit Ästen ausfüllen, die nach außen hin immer kürzer werden.

1

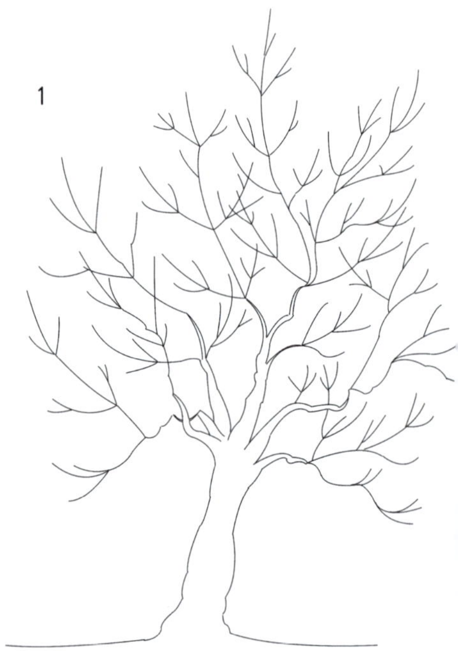

2

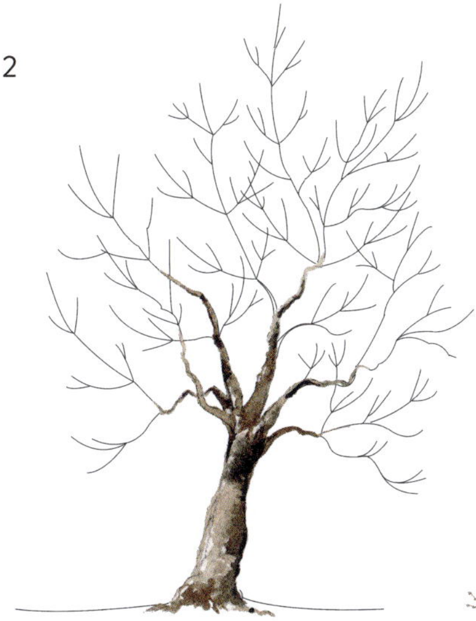

3

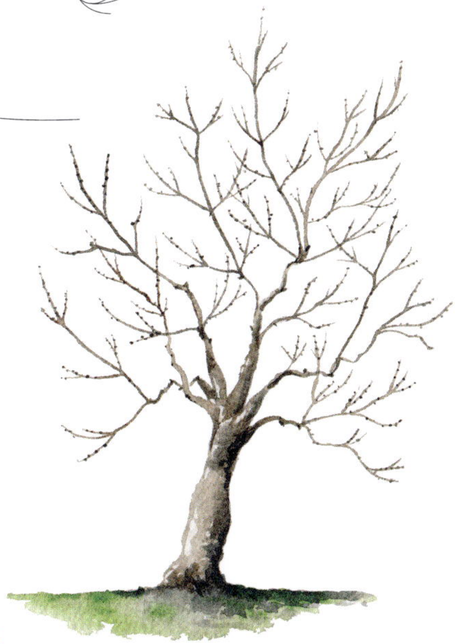

4

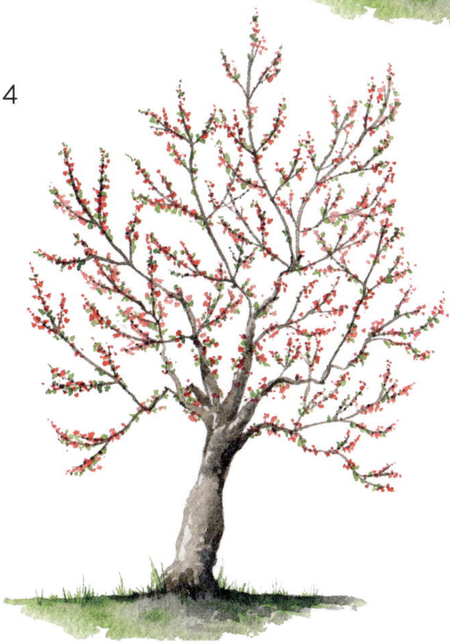

2.

Mit Pinsel Nr. 0 und verdünnter Rinde-Mischung den Stamm weitgehend grundieren, einige Stellen auf einer Baumseite weiß lassen. Im noch nassen Zustand mit konzentrierter Schatten-Mischung dunkle Stellen auf der anderen Baumseite anlegen. So auch bei den dickeren Ästen vorgehen.

3.

Die übrigen Äste mit Schlepperpinsel mit Rinde-Mischung und stellenweise der Schatten-Mischung malen. Die langen Haare des Schlepperpinsels erzeugen fließende und doch kontrollierte Striche. Alles trocknen lassen, dann mit Pinsel Nr. 4/0 winzige Tupfen mit konzentrierter Schatten-Mischung an den äußeren Zweigen auftragen, um erste Knospen anzudeuten. Einen Grasuntergrund aus verdünntem Goldgrün unterhalb des Stammes mit Pinsel Nr. 2 anlegen. Im noch feuchten Zustand Saftgrün und konzentrierte Schatten-Mischung hineintupfen und verlaufen lassen.

Das ist die Winterversion des Kirschbaums.

4.

Für die Frühlingsversion grüppchenweise Punkte mit Alizarin-Karmesin und Pinsel Nr. 4/0 entlang der Zweige hinzufügen. Wenn alles trocken ist, zwischen die Blüten winzige Blätter in Goldgrün auftupfen. Auf dem Boden mit Saftgrün einige Grasbüschel »wachsen lassen«.

VOLL ERBLÜHT

1

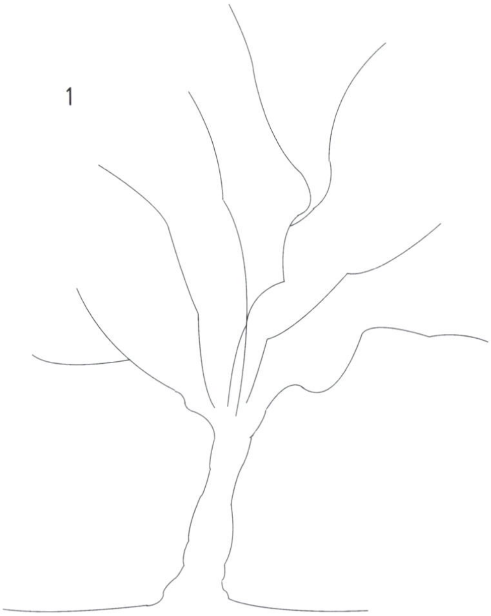

2

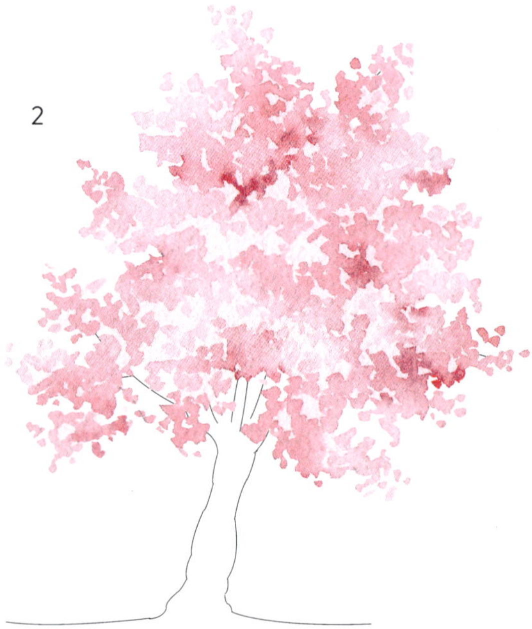

1.

Der Baum in voller Blüte erfordert keine detaillierte Vorzeichnung. Der Stamm und die Hauptäste genügen. Die Bleistiftstriche so weit ausradieren, dass sie gerade noch zu erkennen sind.

2.

Um jeden Ast herum traubenartige Punktwolken mit verdünnter Blüten-Mischung und Pinsel Nr. 2 auftupfen. Unbemalte Zwischenräume lassen und auf die noch nassen Blütenwölkchen hier und da Permanentrosa geben. Alles trocknen lassen.

3.

Jede einzelne Blütenwolke an der Unterkante mit Punkten in Alizarin-Karmesin akzentuieren, damit mehr Rundung und Tiefe entsteht. Nach dem Trocknen den Stamm malen, wie auf Seite 71 erklärt. Mit Pinsel Nr. 4/0 oder Schlepperpinsel und konzentrierter Rinde-Mischung an unbemalten Stellen die durchscheinenden Äste hinter den Blütenwolken andeuten. Nach Belieben mehr oder weniger Äste darstellen und mehr Tupfen in Alizarin-Karmesin an den Astenden leuchten lassen.

4.

Mit verdünntem Goldgrün eine Grasfläche am Boden gestalten. Die Oberkante mit Saftgrün betonen, solange die Fläche noch nass ist. Wenn alles trocken ist, etwas Schatten-Mischung auf die unteren Äste, entlang des Stammes und ins Gras tupfen.

Für einen belaubten Kirschbaum im Sommer einfach die Blüten-Mischung durch Grüntöne ersetzen und ansonsten dieser Anleitung folgen.

3

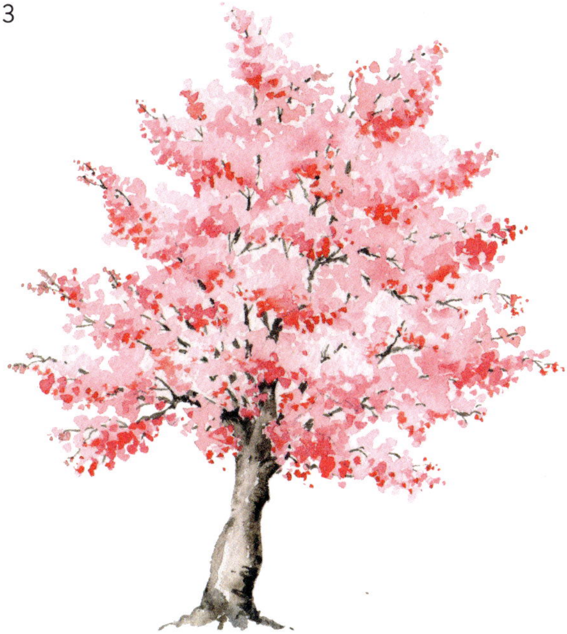

4

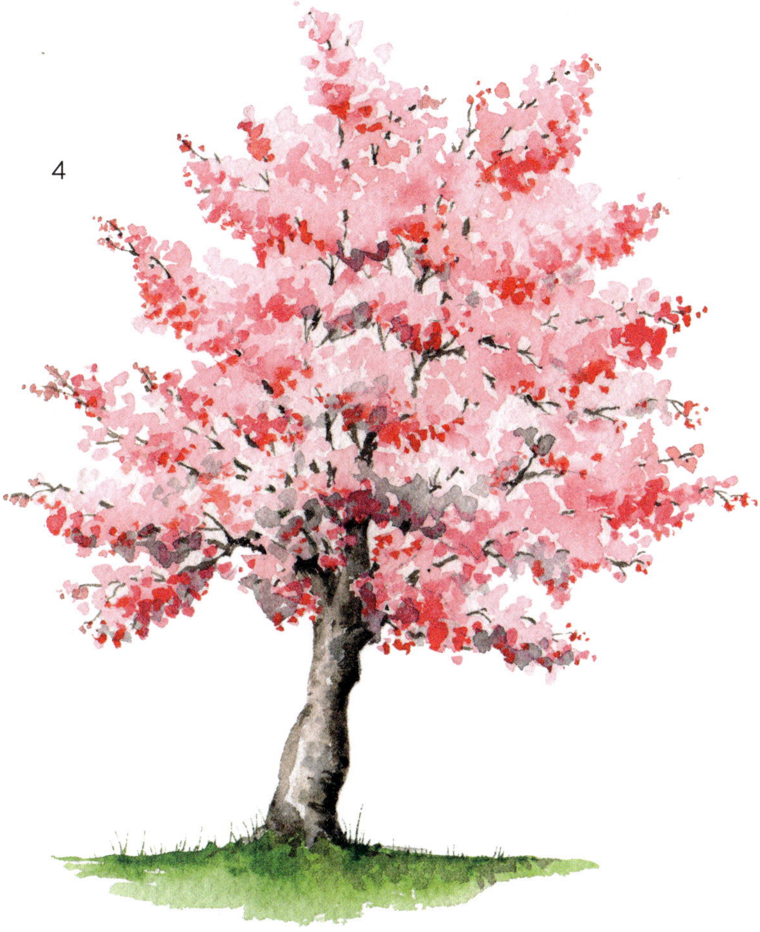

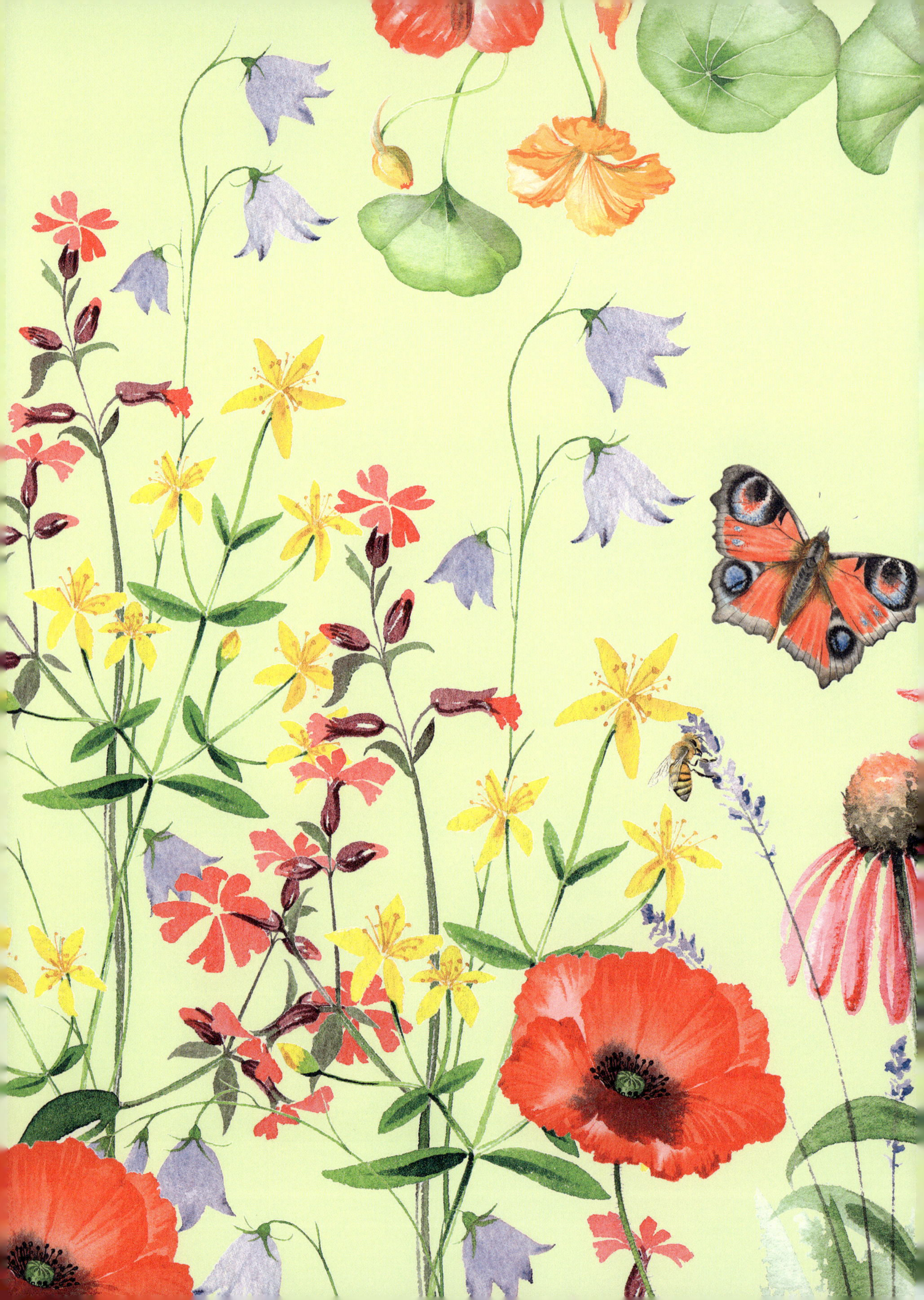

SOMMER

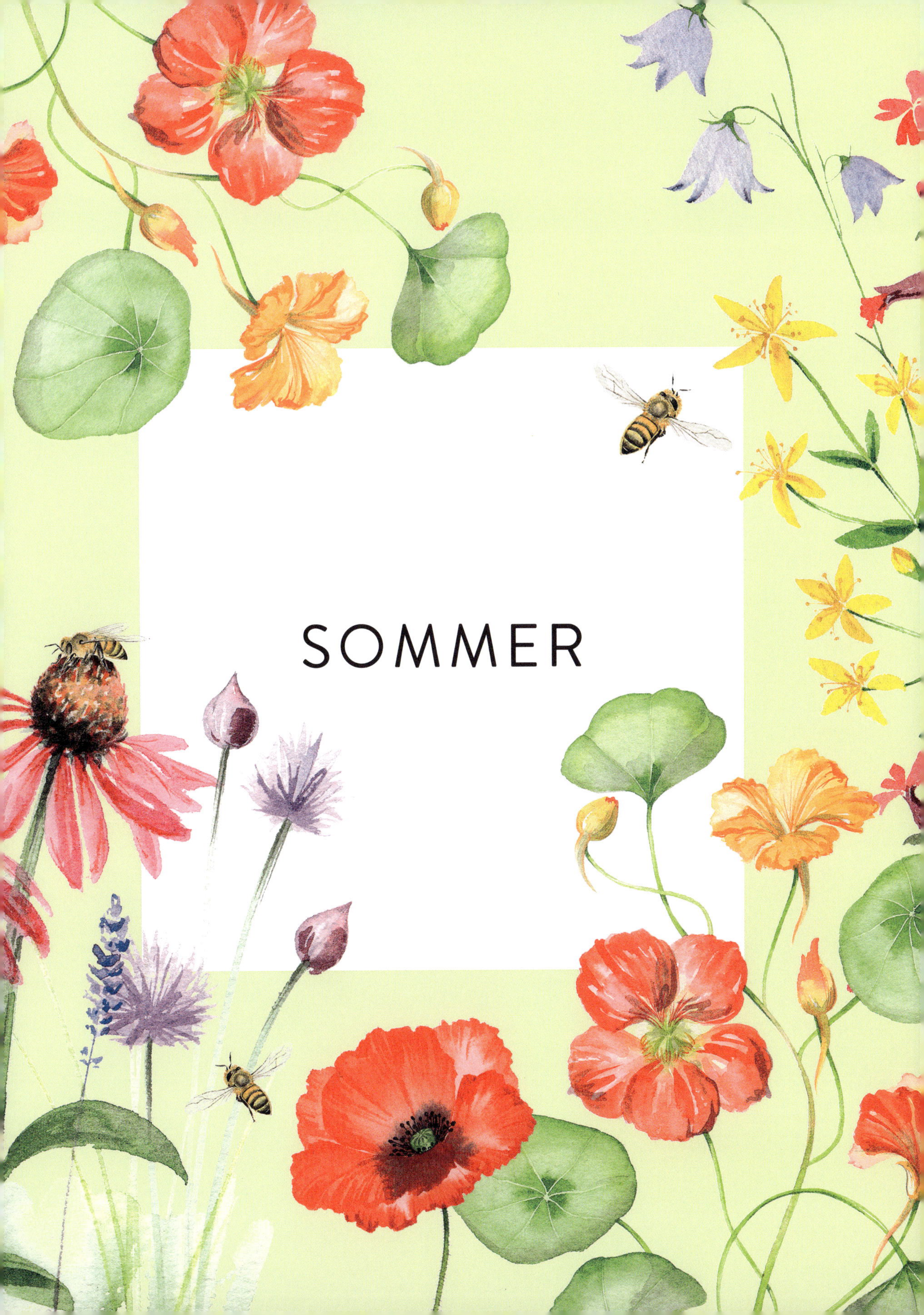

HONIGBIENEN & IHRE LIEBLINGSBLUMEN

Im Hochsommer ist es gar nicht so leicht, zwischen den Unmengen an Wildblumen eine Biene auszumachen. So kam ich auf die Idee, einen Kontrast zwischen detailliert dargestellten Bienen und mit leichter Hand gemalten Blumen zu schaffen. Zumal es in diesem Buch andere ausgearbeitete Blumenbilder gibt. Außerdem ist es eine gute Übung, das Wesentliche eines Motivs mit wenigen Strichen festzuhalten.

SIE BRAUCHEN

Pinsel
spitze Rundpinsel Nr. 4, 2, 0, 2/0, 4/0

Papier
kalt gepresstes Papier (mit Textur)

Bleistift HB, Radierer

Farben: Bienen

- Paynesgrau
- Siena gebrannt
- Lichter Ocker
- Kadmiumgelb
- Eisenoxidschwarz

Mischungen: Bienen

- **Gold:** Kadmiumgelb und Lichter Ocker
- **braune Schatten:** Siena gebrannt und Paynesgrau

Farben: Blumen

- Saftgrün
- Permanentrosa
- Kobaltblau dunkel
- Alizarin-Karmesin
- Kadmiumorange
- Kadmiumrot
- Siena gebrannt
- Paynesgrau

Mischungen: Blumen

- **Schnittlauch:** viel Permanentrosa mit etwas Kobaltblau dunkel
- **Lavendel:** viel Kobaltblau dunkel und etwas Permanentrosa
- **Schatten:** Siena gebrannt und Paynesgrau

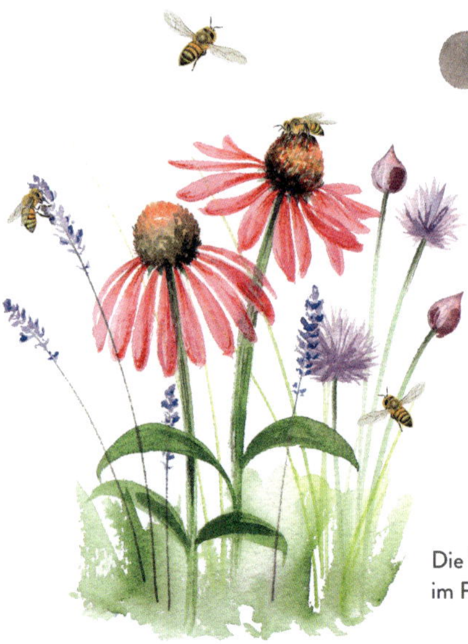

Die Wildblumen mit Bienen sind im Format 11 x 14 cm entstanden.

HONIGBIENE

1

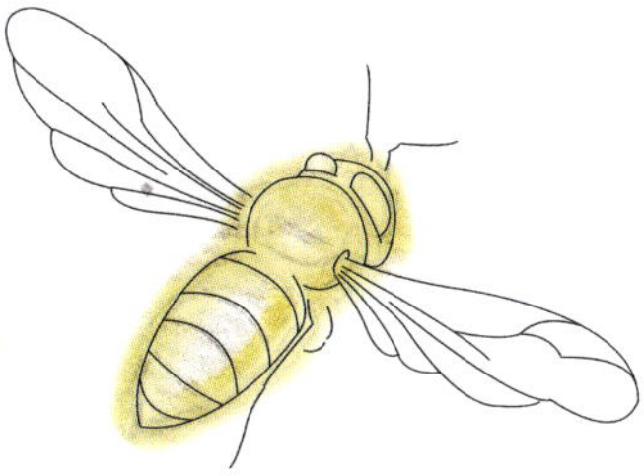

2

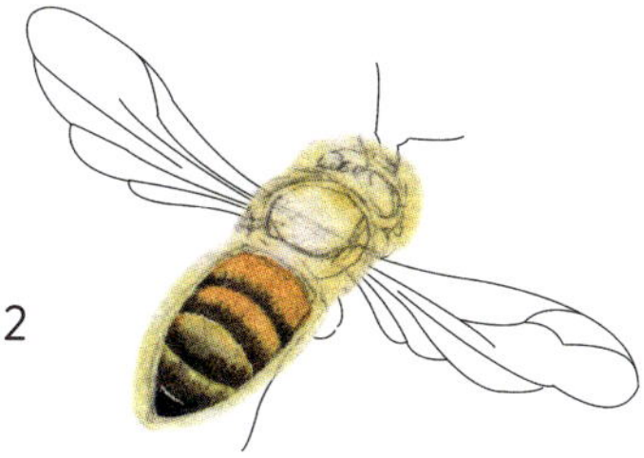

3

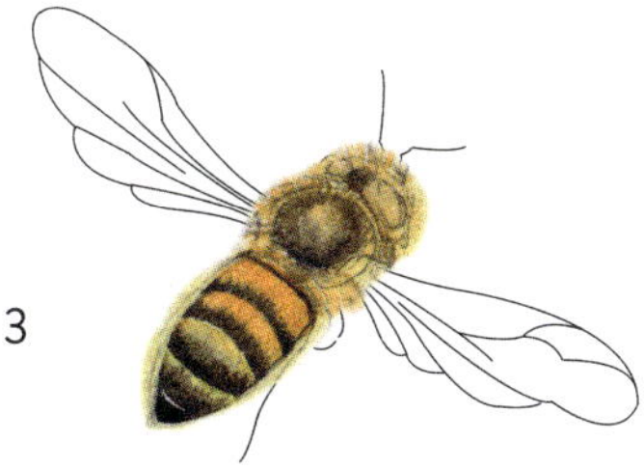

1.

Über eine Diagonale als Achse einen Kreis für den Thorax und den spitz zulaufenden Hinterleib zeichnen. Danach die Kopfwölbung mit den Facettenaugen anfügen, die sichtbaren Beine, Fühler und Flügel ergänzen. Dunkle Bleistiftstriche mit dem Radierer aufhellen.

Mit Pinsel Nr. 2 den Körper und etwas darüber hinaus anfeuchten, aber das Papier nicht zu nass machen. Mit der Gold-Mischung den Körper bemalen: Die Farbe soll über den Bleistiftrand hinaus verlaufen für den Pelz. Trocknen lassen.

2.

Den oberen Bereich des Hinterleibs mit Pinsel Nr. 0 und konzentrierter Gold-Mischung bemalen und im noch feuchten Zustand mit konzentrierter brauner Schatten-Mischung und Pinsel Nr. 4/0 eine Linie unter den Bereich ziehen. Trocknen lassen, dann diesen Schritt darunter wiederholen. Für die nächsten beiden Abschnitte statt der Gold-Mischung Kadmiumgelb verwenden. Das spitz zulaufende Ende des Hinterleibs mit der braunen Schatten-Mischung einfärben.

3.

Mit Pinsel Nr. 0 auf Thorax und Kopf verdünnten Lichten Ocker geben (die Flügel dabei unbemalt lassen), dann die Farbe mit Pinsel Nr. 4/0 zu feinen Haaren nach außen ziehen. Im noch nassen Zustand mit der braunen Schatten-Mischung einen Kreis auf den Thorax malen und einen Tropfen zwischen die Augen geben.

5

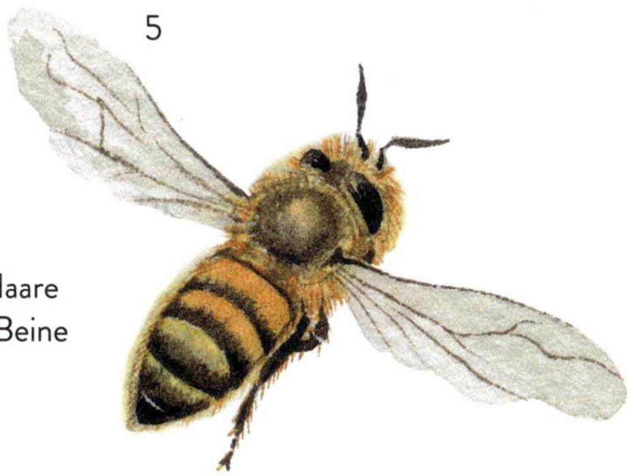

4.

Die braune Schatten-Mischung extrem verdünnen und damit die Flügel lasieren. Die Beine mit Pinsel Nr. 4/0 und Eisenoxidschwarz konturieren. Den Pinsel säubern, dann die feuchten Haare benutzen, um die Farbe nach innen zu ziehen, dabei winzige Lichter ohne Farbe lassen. Augen und Fühler ebenso ausführen. Wenn die Flügel trocken sind, mit der braunen Schatten-Mischung und Pinsel Nr. 4/0 Adern einzeichnen. Bleistiftspuren ausradieren.

5.

Mit Lichtem Ocker feine Haare rund um Thorax, Kopf und Beine malen.

4

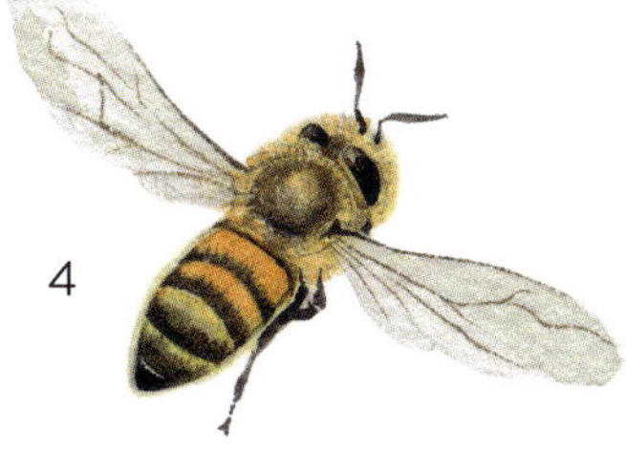

EINFACHE SOMMERBLUMEN

SCHNITTLAUCH

1.
Mit Saftgrün und Pinsel Nr. 2 einen Stängel malen, dann mit der Schnittlauch-Mischung vom Stängelende aus von innen nach außen eine struppige Kugel aufbauen. Mit Permanentrosa die unter der Blüte gekringelten Kelchblätter malen.

2.
Mit konzentrierter Schnittlauch-Mischung kürzere dunkle Blütenblätter über die hellen malen. Trocknen lassen und eventuell noch einmal wiederholen. Den oberen Stängelbereich mit Saftgrün plus etwas Schatten-Mischung abdunkeln.

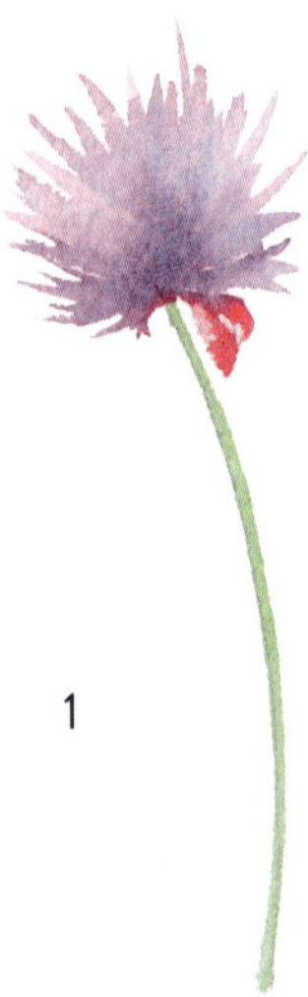

1

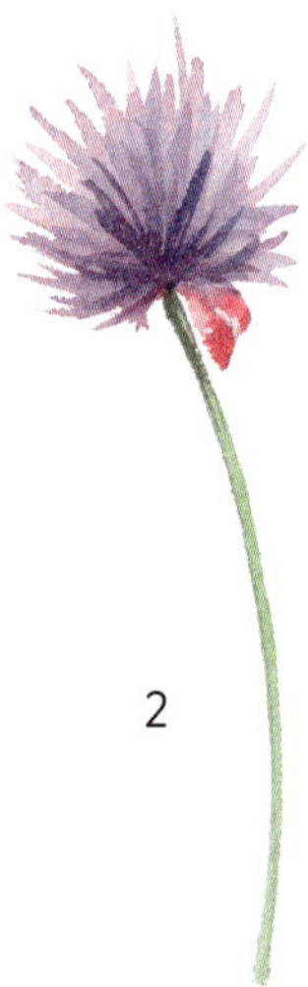

2

PURPURSONNENHUT

1.
Auch wenn es nur um eine lockere Darstellung geht, ist es ratsam, wenigstens einen Stängel mit konischem Blütenzentrum zu skizzieren. Von diesem Zentrum aus mit Permanentrosa nach unten gebogene Blütenblätter malen: Mit Pinsel Nr. 4 anfangs nur die Spitze aufsetzen, dann mehr Druck ausüben. Im noch feuchten Zustand mit Alizarin-Karmesin einen feinen Strich am Ansatz der Blütenblätter einziehen.

2.
Die konische Blütenmitte mit verdünntem Kadmiumorange malen, dann im noch nassen Zustand mit Pinsel Nr. 2/0 in Kadmiumrot entlang des oberen Rands eine Zackenkante ziehen und den unteren Bereich mit der Schatten-Mischung abdunkeln.

3.
An den langen Seiten der Blütenblätter mit fast trockenem Pinsel Alizarin-Karmesin ungleichmäßig auftragen. Die Trockenmalerei verleiht dem Motiv eine Menge Textur. Mit Pinsel Nr. 0 Pünktchen in Kadmiumrot und Orange auf den oberen Blütenboden tupfen. In der unteren Hälfte mit beherzter Pinselführung und der Schatten-Mischung fortführen. Stängel und Kelchblätter mit Saftgrün zufügen. Sobald der Stängel trocken ist, mit der Schatten-Mischung streifige Akzente setzen.

1

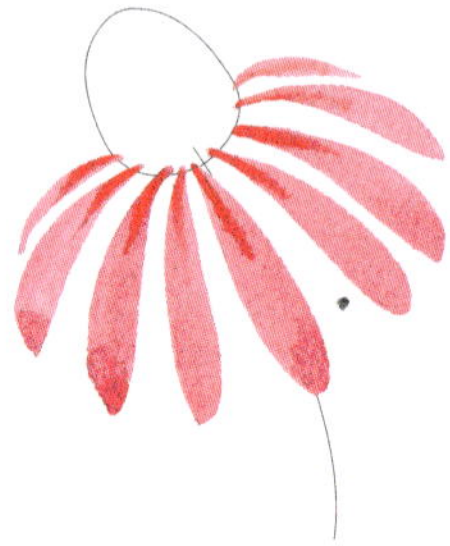

2

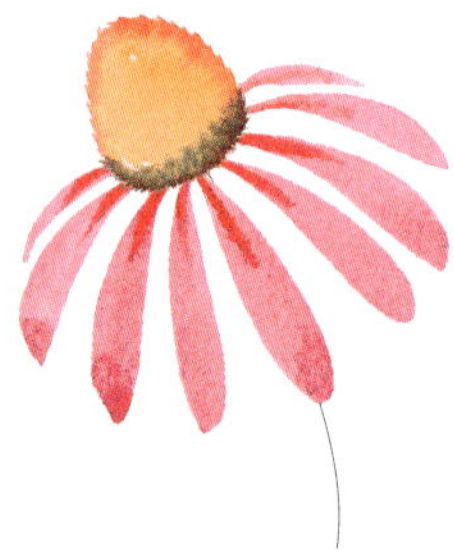

3

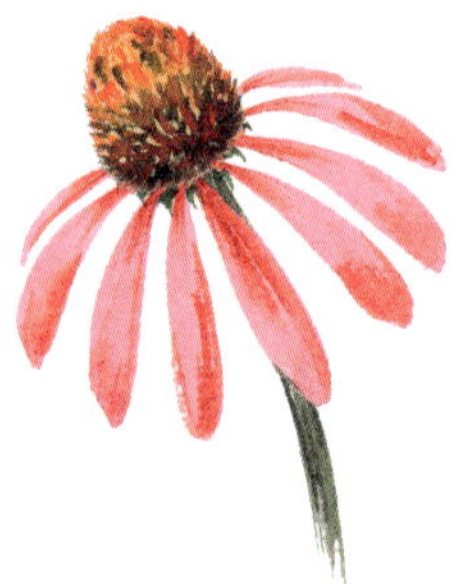

LAVENDEL

1.

Mit Bleistift eine leicht gekrümmte Linie zeichnen. Mit Pinsel Nr. 0 und der Lavendel-Mischung in »Etagen« aus C-Kurven kleine Blütenkelche malen, dabei an der Pflanzenspitze beginnen. Nach unten vorarbeiten, anschließend mit Saftgrün die weitere Bleistiftkurve als Stängel gestalten. Etwas von der Lavendel-Mischung an den Ansatz des Stängels geben und verlaufen lassen.

2.

Die Lavendel-Mischung verdünnen und lockere, rüschige Blütenblätter mit Pinsel Nr. 0 ergänzen, die aus den Blütenkelchen zu quellen scheinen. Spielerisch ohne Anspruch auf Perfektion arbeiten. Alles trocknen lassen. Mit konzentrierter Lavendel-Mischung Blütenblätter und Stängel stellenweise für mehr Textur nachdunkeln.

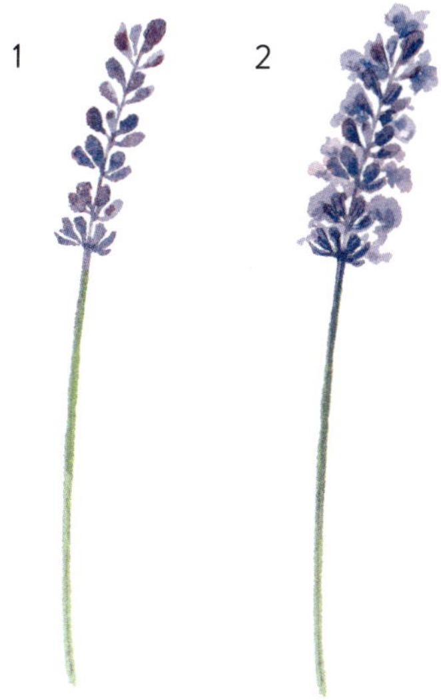

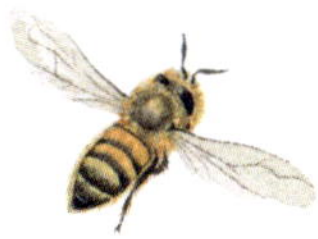

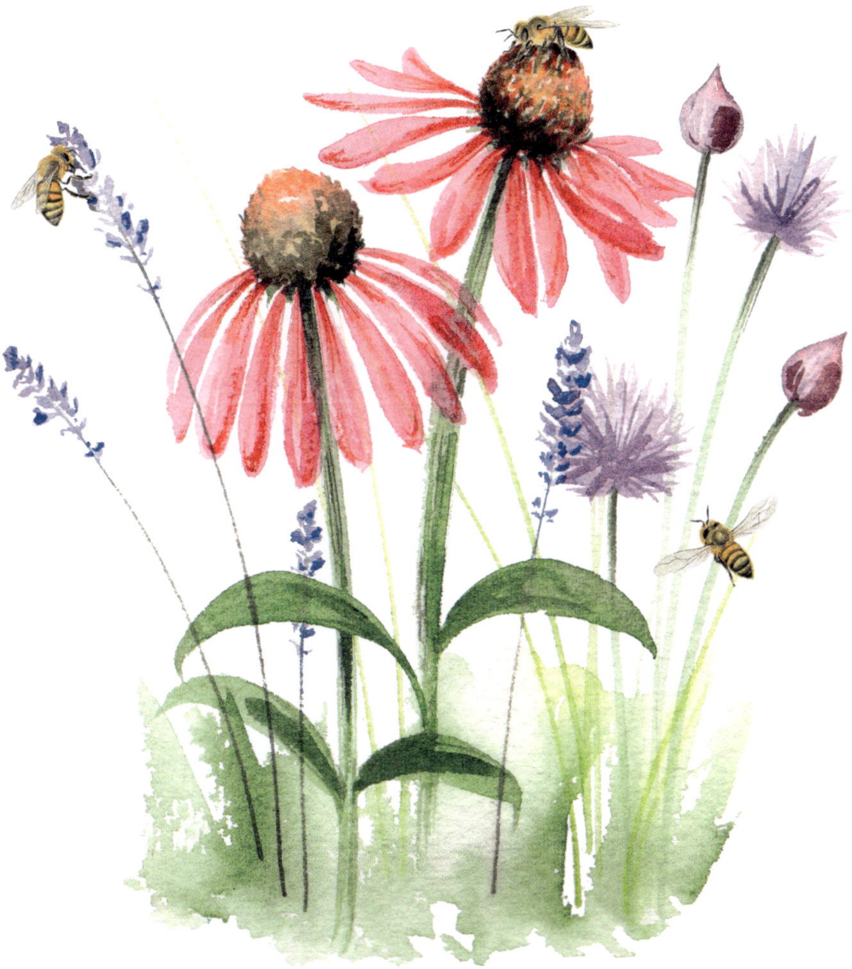

KAPUZINERKRESSE

Da sich unser Gartenbau immer auf Obst und Gemüse beschränkt hat, war ich umso entzückter, als mein Mann Ant bunt blühende Kapuzinerkresse anpflanzte – unter der Bedingung, dass wir sie verspeisen, nachdem ich ausgiebig Gelegenheit hatte, sie zu malen.

Es war eine Freude, sie im Frühjahr wachsen zu sehen. Ein Knäuel von Stängeln wand sich am Boden, und die Blüten waren anders als alle, die ich bis dahin gemalt hatte. Nach vielen Experimenten gefielen mir die knittrigen leuchtenden Blüten am besten, wenn ich mit Farbe auf dem Papier herumkritzelte. Darauf wäre ich vermutlich nie gekommen, hätte ich das natürliche Objekt nicht so lange studiert.

SIE BRAUCHEN

Pinsel
spitze Rundpinsel Nr. 4, 2, 0, 4/0
Schlepperpinsel Nr. 0

Papier
kalt gepresstes Papier (mit Textur)

Bleistift HB, Radierer

Farben

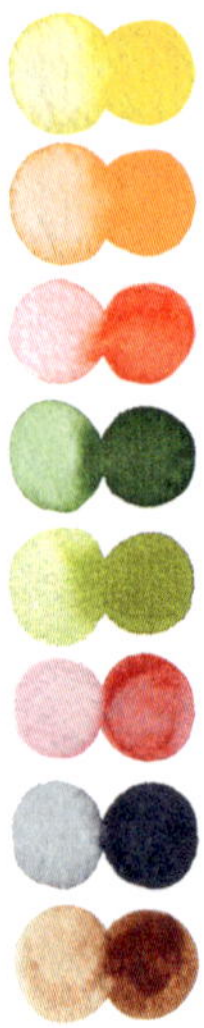

- Kadmiumgelb
- Kadmiumorange
- Kadmiumrot
- Saftgrün
- Goldgrün
- Alizarin-Karmesin
- Paynesgrau
- Siena gebrannt

Mischungen

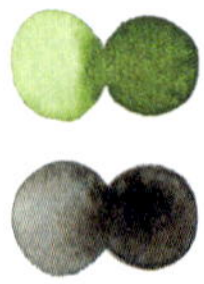

Pflanzen: Saftgrün und Goldgrün

Schatten: Siena gebrannt und Paynesgrau

1.
Wie in der Skizze rechts ein Gewirr an Stängeln vorzeichnen. Diese mit Blättern, Blüten und Knospen bestücken. Genügend Platz für die geöffneten Blüten lassen.

1

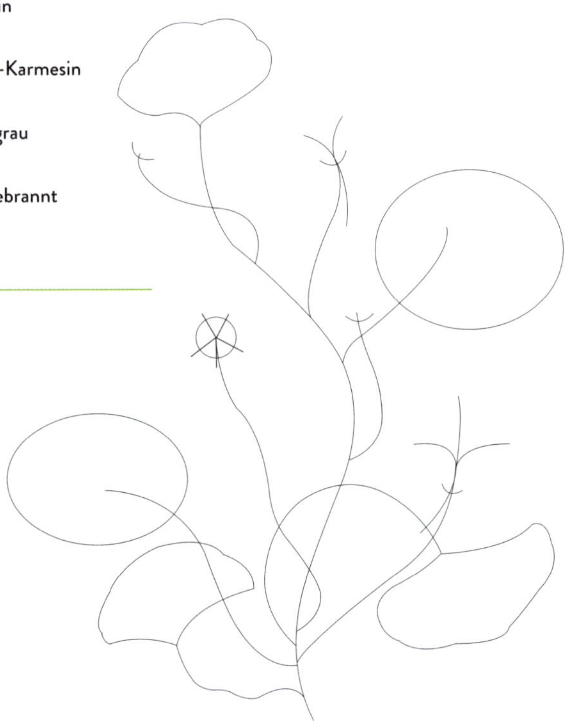

Das Kapuzinerkressebild ist im Format 18 x 14 cm entstanden.

2

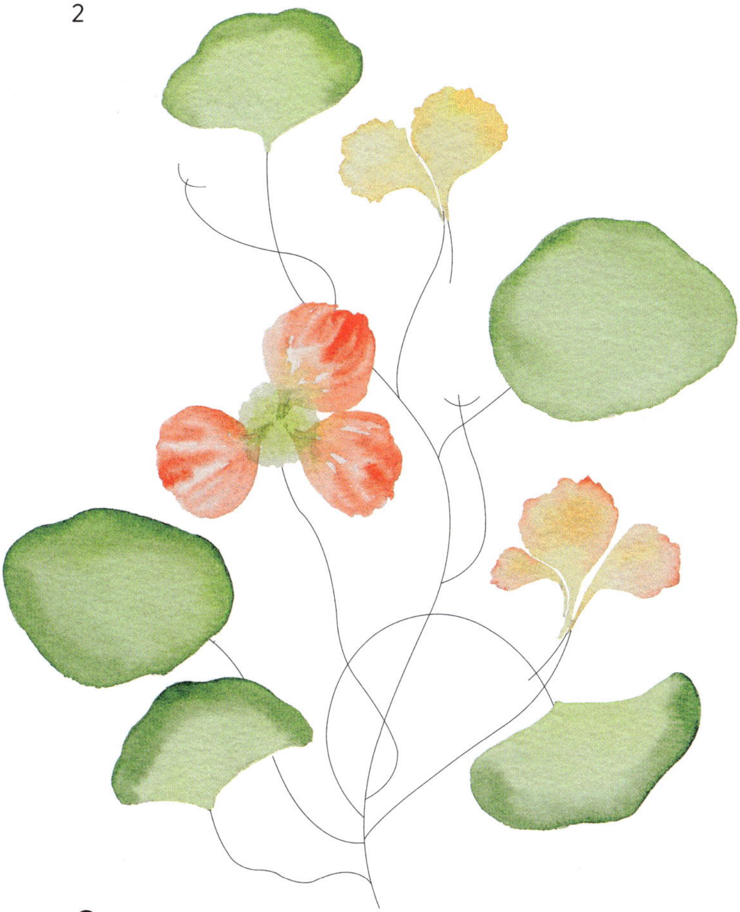

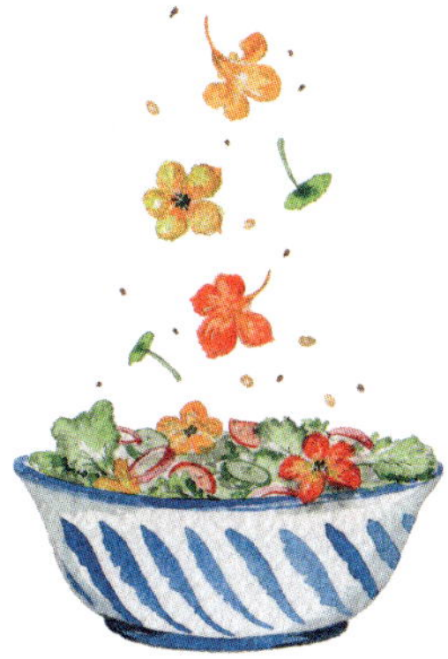

Was ist essbar?
Sie können die Blätter, Blüten und sogar die Stängel der Kapuzinerkresse verzehren. Alle Teile haben einen pfeffrigen Geschmack, der an Rettich erinnert. Die Blüten bilden einen wunderbaren Farbakzent auf dem Teller, vorzugsweise auf Salat. Ich friere die Blüten außerdem in Eiswürfel ein, mit denen ich im Sommer Wasser und Schorlen farblich aufpeppen kann.

2.

Mit Pinsel Nr. 2 und verdünntem Goldgrün einen Kreis über den Bleistiftkreis für die Blütenmitte malen. Im feuchten Zustand hier etwas Kadmiumgelb hinzugeben. Während die Stelle trocknet, an den Blättern arbeiten: Mit Pinsel Nr. 4 und verdünntem Goldgrün die Blattfläche ausmalen und sofort nasses Saftgrün an die Außenkanten geben.

Die Blüten in Seitenansicht mit einer verdünnten Farbe grundieren (eine habe ich mit Kadmiumorange, die andere mit Kadmiumgelb laviert). Dazu die Pinselspitze ansetzen und die Haare zunehmend spreizen und fächerförmig ausweiten; den Pinsel abrupt abheben. Zwei bis drei solcher Blätter ergeben eine Blüte. Die fransigen Enden nicht glätten, sondern mit Kadmiumrot oder -orange betupfen und die Farbe verlaufen lassen.

Wenn die Blütenmitte (der geöffneten Blüte) trocken ist, aus dem Zentrum heraus drei fächerförmige Blütenblätter mit Pinsel Nr. 4 und verdünntem Kadmiumrot malen. Im noch nassen Zustand etwas Goldgrün an die Spitzen in die Blütenmitte geben und einige Streifen konzentriertes Kadmiumrot auf die Blütenblätter malen.

3

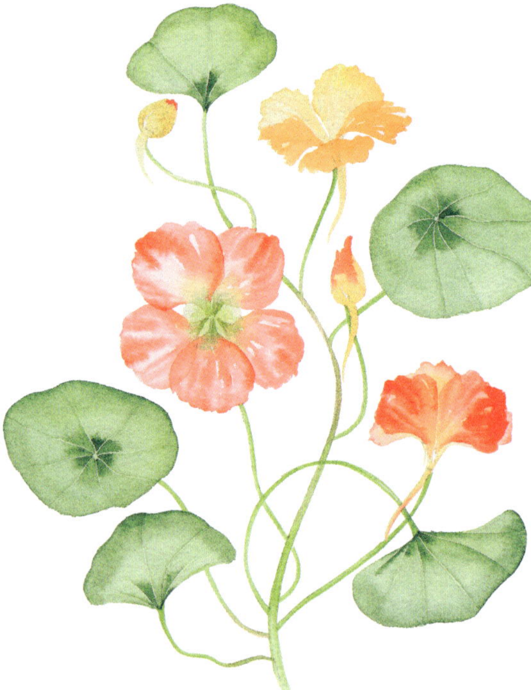

4

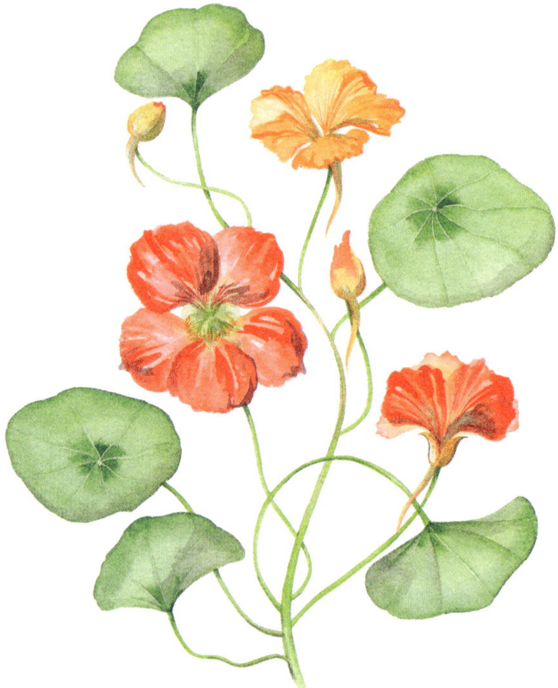

3.

Mit konzentrierter Farbe und Pinsel Nr. 2 mehr Blütenblätter an der Blüte in Seitenansicht anlegen, dann die offene Blüte mit zwei weiteren Blütenblättern vervollständigen.

Die Basis jeder Blüte bildet eine Kelchform, bestehend aus den Kelchblättern und einem »Schwänzchen«. Diese mit Pinsel Nr. 2 und einem Mix aus Kadmiumgelb und -orange malen. Oben an den Knospen mit Kadmiumrot die herausdrängenden Blütenblätter andeuten. Den sichtbaren Teil des »Schwänzchens« an allen Blüten ergänzen. Mit dem Schlepperpinsel und verdünnter Pflanzen-Mischung von oben nach unten die Stängel malen. Mit Pinsel Nr. 0 den Hauptstängel nach unten hin etwas dicker gestalten und der Pflanzen-Mischung etwas Kadmiumgelb hinzugeben.

Für die Blattdetails mit Pinsel Nr. 2 und verdünnter Pflanzen-Mischung Dreiecke (wie Tortenstücke) in die Blattmitte malen. Zwischen den Dreiecken möglichst einen kleinen Schlitz lassen. Im noch nassen Zustand Saftgrün ins Zentrum der Dreiecke tupfen.

4.

Für die zerknitterte Struktur mit einer konzentrierten Version jeder benutzten Blütenfarbe vom Blattrand aus nach innen mit Pinsel Nr. 0 zittrige Striche kritzeln.

Die unteren drei Blütenblätter der offenen Blüte haben seitlich fransige Haare. Diese mit Pinsel Nr. 4/0 und Kadmiumgelb malen. Nach dem Trocknen mit Kadmiumrot umranden. Die oberen beiden Blütenblätter mit dünnen Streifen in Alizarin-Karmesin strukturieren, die vom grünen Ansatz aus ins Rot der Blütenblätter laufen.

Mit Pinsel Nr. 4 und verdünnter Schatten-Mischung die Kanten und Unterseiten der Blätter abdunkeln. Den Stängeln mit Saftgrün mehr Kontur geben, dann Striche in verdünnter Schatten-Mischung an den Knospen hinaufziehen, auch an den Blütenblättern in Seitenansicht, um mehr Dreidimensionalität zu schaffen. Der Schatten-Mischung etwas Alizarin-Karmesin zugeben und mit Pinsel Nr. 0 noch mehr Textur auf der roten offenen Blüte erzeugen.

1

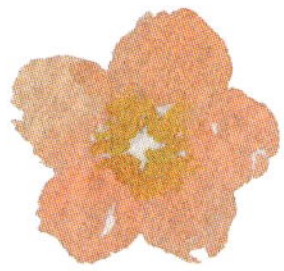

2

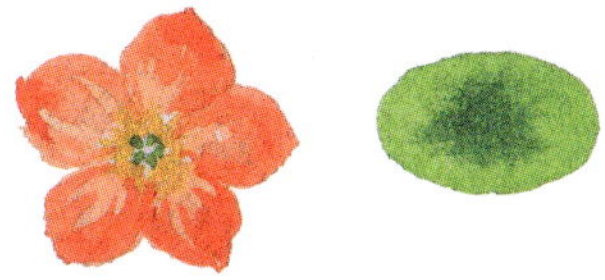

3

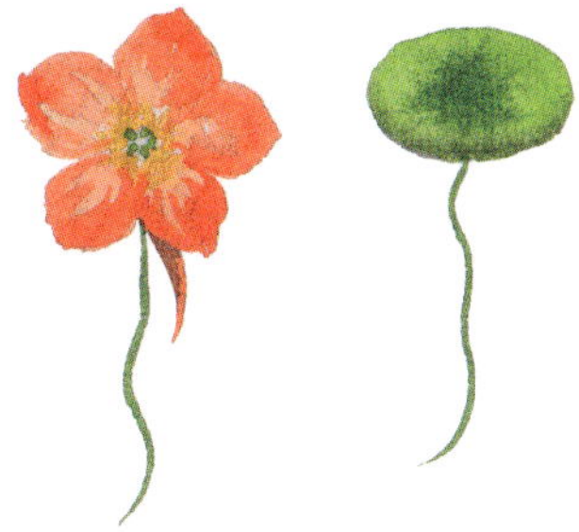

MINIATUR-KAPUZINERKRESSE

In dieser Größe werden Blüten und Blätter sehr vereinfacht dargestellt.

1.

Eine Blütenfarbe wählen und diese verdünnen. Fünf kleine Blütenblattkleckse malen und etwas Kadmiumorange in die Mitte tupfen. Trocknen lassen.

2.

Die Konzentration der Blütenfarbe erhöhen, damit die Kanten nachfahren und Striche ins Blüteninnere ziehen. Ins Zentrum Tropfen aus konzentrierter Pflanzen-Mischung geben.

Für ein Kresseblatt ein Oval mit nasser, verdünnter Pflanzen-Mischung malen. In die noch nasse Blattmitte etwas Saftgrün tupfen und verlaufen lassen.

3.

An die Blüte ein rotes »Schwänzchen« malen und mit der Pflanzen-Mischung einen Stängel. Die Unterkante des Blatts mit etwas verdünnter Schatten-Mischung betonen und einen Stiel malen.

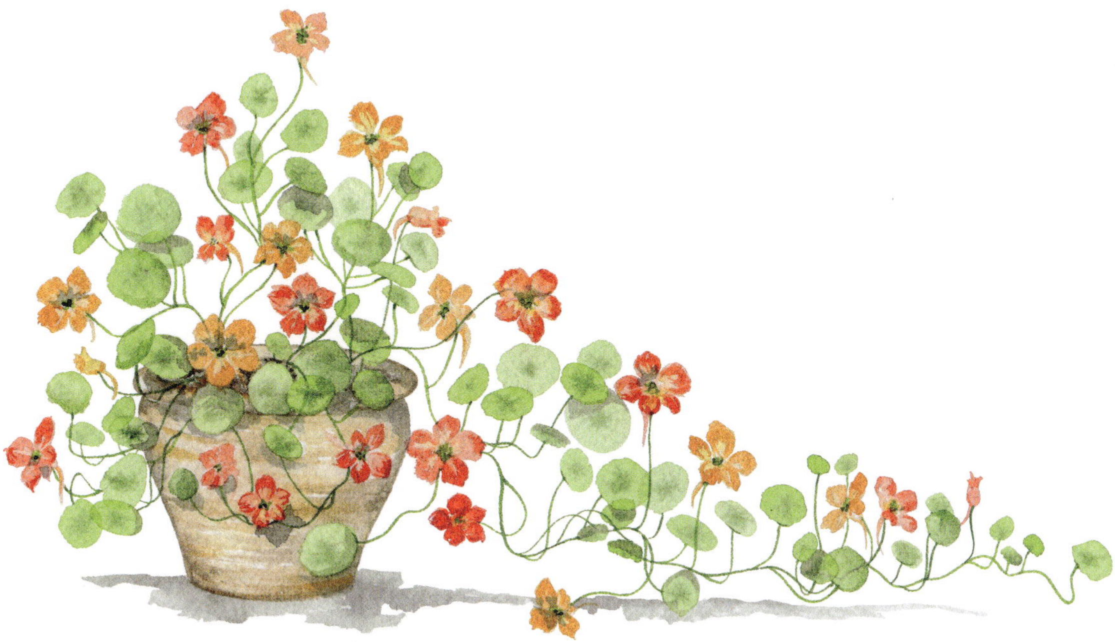

TAGPFAUENAUGE

Auf meinen Spaziergängen mit Crumble gesellt sich im Sommer immer an der gleichen Stelle unserer Runde ein Tagpfauenauge zu uns. Der Schmetterling begleitet uns ein Weilchen und verschwindet dann wieder. Meine einzige halbwegs logische Erklärung dafür ist, dass er sich mit dem Hund angefreundet hat. Es sieht jedenfalls aus, als würden sie sich begrüßen. Crumble weiß es sicher zu schätzen, dass ich seinen Freund hier verewige.

SIE BRAUCHEN

Pinsel
spitze Rundpinsel Nr. 4, 2, 0, 2/0, 4/0
Schlepperpinsel Nr. 0

Papier
kalt gepresstes Papier (mit Textur)

Bleistift HB, Radierer

Dieses Schmetterlingsbild ist im Format 10 x 7 cm entstanden.

Farben

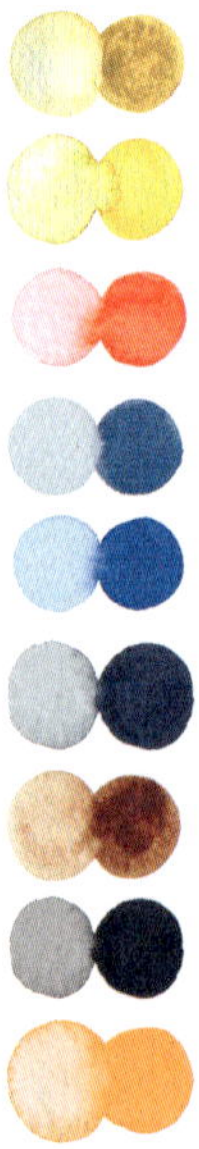

- Lichter Ocker
- Kadmiumgelb
- Kadmiumrot
- Preußischblau
- Kobaltblau dunkel
- Paynesgrau
- Siena gebrannt
- Eisenoxidschwarz
- Kadmiumorange

Mischungen

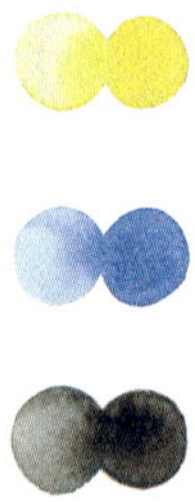

Gelbtöne: Lichter Ocker und Kadmiumgelb

Blautöne: Preußischblau und Kobaltblau dunkel

Schatten: Siena gebrannt und Paynesgrau

1

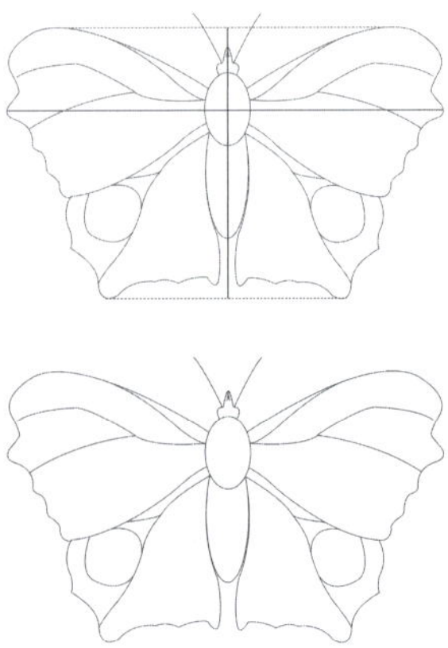

2

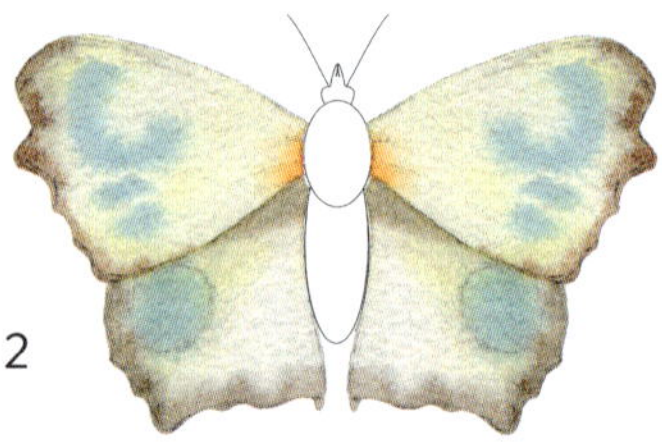

1.

Nach der Vorlage links mit Bleistift dünn den Körper und die Flügel skizzieren. Dazu eine senkrechte Linie von etwa 6 cm zeichnen, dann 2 cm von oben eine waagerechte Linie von 10 cm Länge ziehen. So gelingen die Proportionen leichter.

2.

Mit Pinsel Nr. 4 und verdünnter Gelbtöne-Mischung die Vorderflügel grundieren. Im noch nassen Zustand die Kanten mit Siena gebrannt abdunkeln. Den Pinsel säubern und mit der Blautöne-Mischung je eine C-Kurve und zwei Punkte auf die Flügel malen. Am Übergang Flügel/Thorax Kadmiumorange auftupfen. Trocknen lassen. Die Hinterflügel entsprechend gestalten, aber mit einem Kreis in Blau. Auch die obere Kante mit Siena gebrannt schattieren.

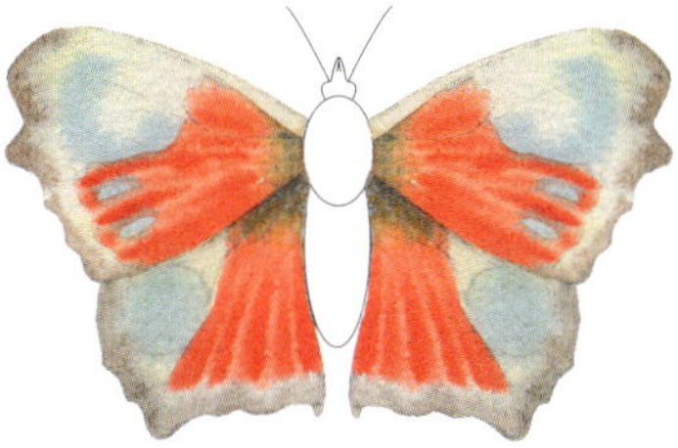

3.

Die Flügelbereiche nacheinander gestalten. Den Bereich, der rot werden soll, mit Pinsel Nr. 4 anfeuchten. Mit Pinsel Nr. 2/0 Pünktchen aus konzentrierter Schatten-Mischung an den Übergang vom Flügel zum Körper setzen. Mit Kadmiumorange weitere Punkte setzen, diese laufen auf dem nassen Papier ineinander. Mit Pinsel Nr. 2 und verdünntem Kadmiumrot von innen nach außen im feuchten Bereich lange Streifen ziehen (dabei die blauen Bereiche auslassen). Mit konzentriertem Kadmiumrot auf dem noch knapp feuchten Flügel weitere Streifen ziehen, dazwischen dünne Zwischenräume lassen. Alles trocknen lassen.

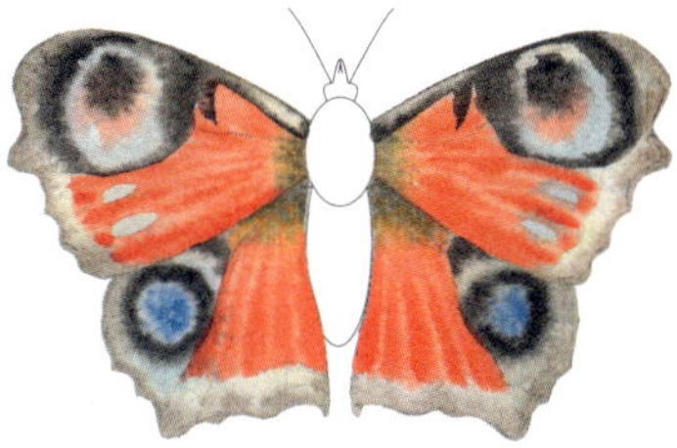

4.

In jedem nichtroten Bereich befindet sich ein schwarzer Ring. Immer nur einen Flügelbereich bearbeiten, diesen vorab anfeuchten. An der Oberkante des Vorderflügels mit Pinsel Nr. 4/0 und Eisenoxidschwarz entlangfahren, die Farbe verlaufen lassen. Zu Pinsel Nr. 2 wechseln und eine weitere Linie ziehen, die zu einem großen schwarzen Kreis ausläuft. Kadmiumrot in den Ring tupfen, dann darauf einen Tupfen Schwarz.

Für den Hinterflügel den betreffenden Bereich anfeuchten und einen Ring mit Eisenoxidschwarz malen, in die Mitte etwas Blautöne-Mischung tupfen. Eine C-Kurve in Eisenoxidschwarz in die dreieckige Spitze des Flügelbereichs malen. Trocknen lassen.

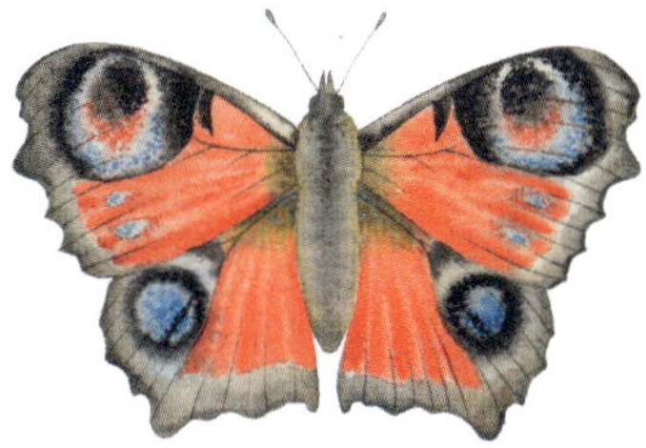

5.

Auf die schwarzen, roten und blauen Markierungen sehr konzentrierte winzige Tropfen dieser Farben tupfen. Die gewellte Flügelkante mit Pinsel Nr. 0 und der Schatten-Mischung konturieren. Den Pinsel reinigen und die Kantenlinie nach innen ziehen. Wenn alles trocken ist, mit dem Schlepperpinsel und der Schatten-Mischung feine Flügeladern von außen nach innen ziehen und bald auslaufen lassen. In Höhe der horizontalen Bleistiftlinie vom Thorax aus eine Ader ziehen, die sich vor dem schwarzen Ring gabelt. Damit das Ganze nicht zu dunkel wird, zeichne ich nicht jede Ader ein. Die nur teilweise Ausgestaltung genügt völlig.

Den Schmetterlingskörper anfeuchten und mit Lichtem Ocker umranden. Dann Körper und Fühler mit der Schatten-Mischung ausarbeiten.

6.

Mit dem Pinsel Nr. 4/0 feine Härchen entlang der Körperkontur und Flügelansätze mit Kadmiumorange und Siena gebrannt ergänzen. Mit der Schatten-Mischung mehr Konturdetails auf dem Körper gestalten.

Wenn alles trocken ist, letzte Bleistiftspuren ausradieren.

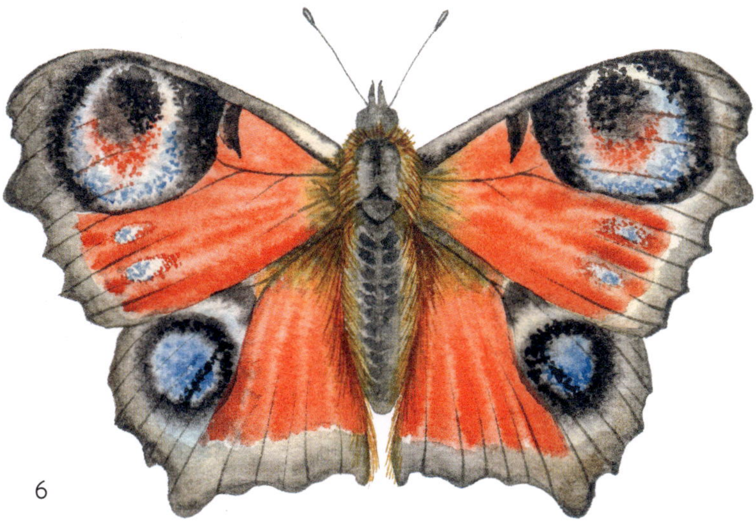

6

ZARTE WILDBLUMEN

Im Sommer blühen viele zierliche Wiesenblumen. Da sie kleine, ungefüllte Blüten haben, kann oft die ganze Pflanze in einer kurzen Sitzung gemalt werden. An einem Wildblumenstrauß kann man sich gut in der Bildkomposition üben. Wenn Sie Formen und Details einfach halten, entstehen reizvolle Arrangements, die nicht mit vielen Farbschichten oder komplizierten Farbmischungen überfordern.

SIE BRAUCHEN

Pinsel
spitze Rundpinsel 4, 2, 0, 4/0
Schlepperpinsel 0

Papier
kalt gepresstes Papier (mit Textur)

Bleistift HB, Radierer

Diese Beispielbilder sind im Format 16 x 6 cm entstanden.

Farben

- Goldgrün
- Saftgrün
- Permanentrosa
- Alizarin-Karmesin
- Kadmiumgelb
- Kadmiumorange
- Französisch Ultramarin
- Kobaltblau dunkel

Mischungen

- **Pflanzen:** Saftgrün und Goldgrün
- **Glockenblumen:** Kobaltblau dunkel und Permanentrosa
- **dunkle Lichtnelke:** Alizarin-Karmesin und Französisch Ultramarin
- **Lichtnelkenstängel:** Saftgrün und Französisch Ultramarin

JOHANNISKRAUT

Den geraden Stängel mit Bleistift dünn vorzeichnen, dazu beinah symmetrische Abzweigungen rechts und links. Mit dem Pinsel Nr. 4 und Kadmiumgelb je fünf schlanke Blütenblätter pro Blüte zeichnen. Hier und da eine Knospe in Form von zwei sich berührenden C-Kurven ergänzen. Den Stängel mit der Pflanzen-Mischung und und Pinsel Nr. 0 nachfahren, falls möglich mit zwei Strichen. Die Blätter mit Pinsel Nr. 4 hinzufügen. Die Blüten sollten inzwischen trocken genug sein, um mit Kadmiumorange die Staubfäden aus der Blütenmitte heraus und die Staubbeutel als Punkte mit Pinsel Nr. 4/0 anzulegen. Geben Sie mit Pinselstärke 0 für mehr Kontur stellenweise einen Hauch Saftgrün auf Blätter, Knospen und Stängel.

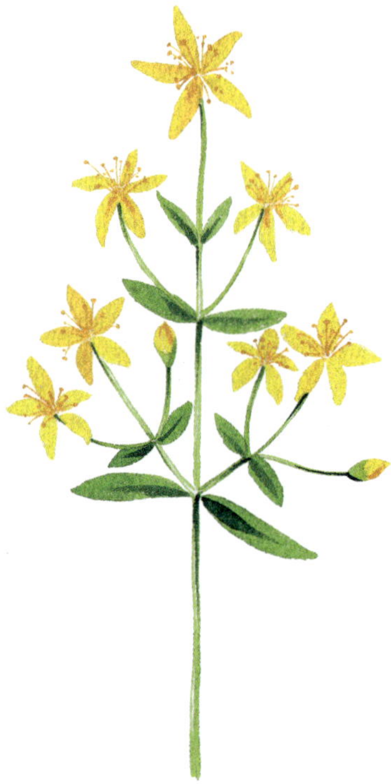

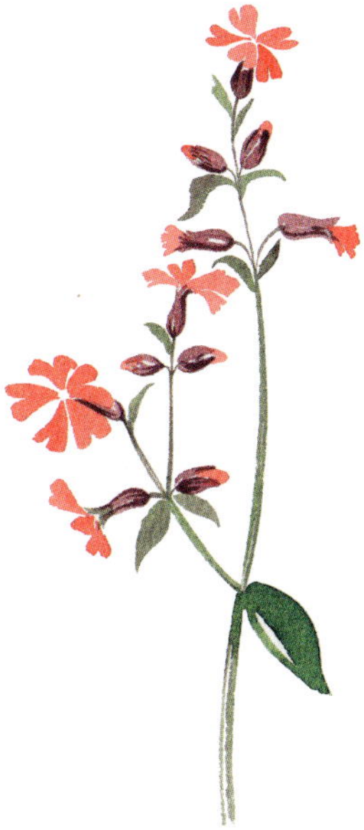

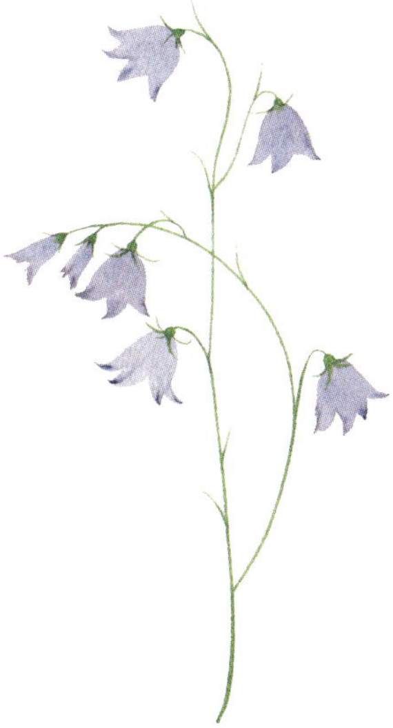

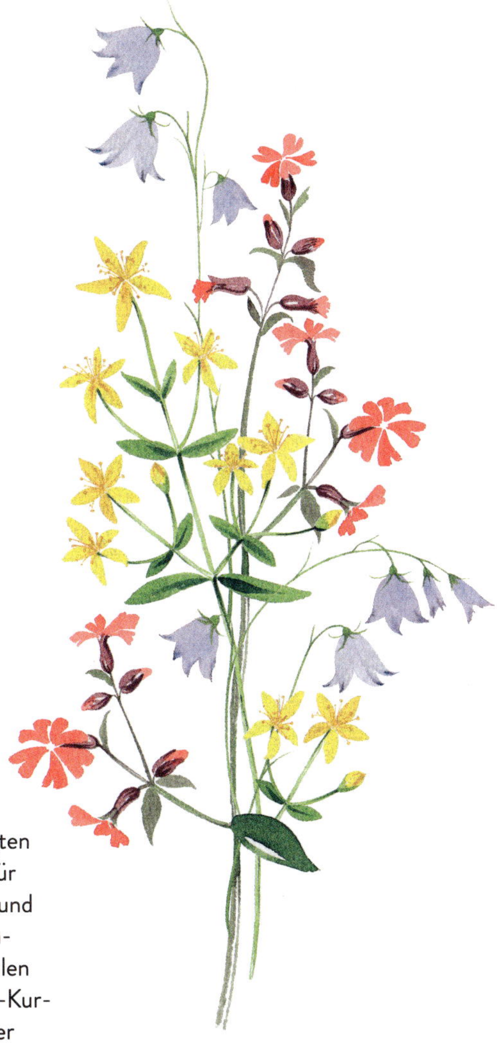

ROTE LICHTNELKE

Mit Bleistift hauchdünn einen Stängel mit einem Seitentrieb skizzieren. Mit Pinsel Nr. 2 und Alizarin-Karmesin jeweils fünf Blütenblätter aus zwei gespiegelten C-Kurven gestalten. Für die Nebenkrone (der längliche behaarte Kelch zwischen Stängel und Blütenansatz) eine schlanke Kelchform mit der dunklen Lichtnelken-Mischung und Pinsel Nr. 0 unter jede Blüte malen. Mit der Lichtnelkenstängel-Mischung den Stängel als glatten Strich anlegen. Nach unten hin mit zwei Strichen breiter gestalten. Mit der Lichtnelkenstängel-Mischung und Pinsel Nr. 2 auch die wenigen Blätter malen.

Die Blüten sollten nun trocken sein. Auf der Nebenkrone mit konzentrierter dunkler Lichtnelken-Mischung und Pinsel Nr. 4/0 Dreidimensionalität herausarbeiten.

GLOCKENBLUME

Mit Bleistift einen verzweigten zarten Stängel skizzieren. Für die Blüten mit Pinsel Nr. 4 und verdünnter Glockenblumen-Mischung von einem zentralen oberen Punkt aus C- und S-Kurven malen. Die Blütenblätter spitz auslaufen lassen. Von den jeweils fünf Blütenblättern ist in der Seitenansicht nicht jedes zu sehen. Im noch nassen Zustand mit Pinsel Nr. 4/0 in jede Blütenblattspitze etwas konzentrierte Glockenblumen-Mischung tupfen.

Den Stängel mit dem Schlepperpinsel und der Pflanzen-Mischung malen, dabei einige fast fadenförmige Blättchen ergänzen. Die Blüten sollten nun trocken sein. Mit der Pflanzen-Mischung und Pinsel Nr. 4/0 den kelchförmigen Blütenboden an jede Blüte malen, dazu leicht gebogene, winzige Kelchblätter.

WILDBLUMENSTRAUSS

Mit dünnen Bleistiftstrichen das Blumenarrangement skizzieren. Für einen natürlichen Eindruck ist es wichtig, gebogene Stängel zu zeichnen, die mal im Vordergrund, mal im Hintergrund verlaufen. Genug Platz für die Blüten einplanen. Die Glockenblumen sind hier farblich am hellsten und die Stängel am zartesten, daher sollten sie zuerst gestaltet werden, dann das Johanniskraut und schließlich die Rote Lichtnelke.

KLATSCHMOHN

Der erste Farbfleck auf unserer neu angelegten Wildblumenwiese waren Mohnblumen mit ihren Blüten wie aus Seidenpapier.

SIE BRAUCHEN

Pinsel
spitze Rundpinsel Nr. 8, 2, 2/0, 4/0
Schlepperpinsel Nr. 0

Papier
kalt gepresstes Papier (mit Textur)

Bleistift HB, Radierer

Farben

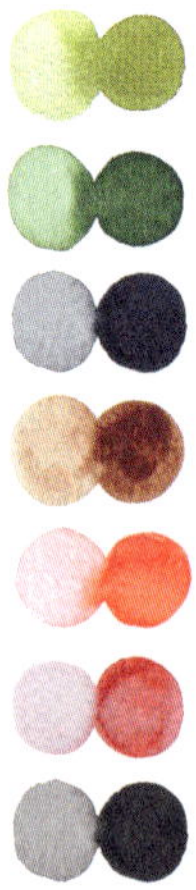

- Goldgrün
- Saftgrün
- Paynesgrau
- Siena gebrannt
- Kadmiumrot
- Alizarin-Karmesin
- Eisenoxidschwarz

Mischungen

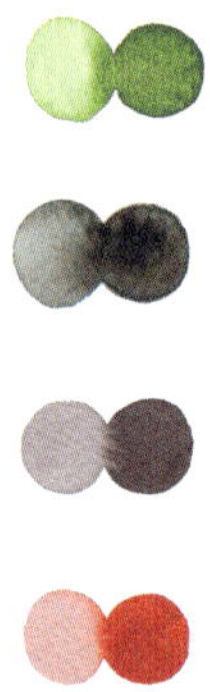

- **Pflanze:** Saftgrün und Goldgrün
- **Schatten:** Siena gebrannt und Paynesgrau
- **dunkle Blüte:** Kadmiumrot und Paynesgrau
- **helle Blüte:** Kadmiumrot und Alizarin-Karmesin

1.

Mit Bleistift einen dünnen s-förmigen Stängel und Blätter skizzieren. An der Stängelspitze mit einem Oval die Blütenmitte markieren. Mit Pinsel Nr. 2 und der Pflanzen-Mischung den Stängel sowie die Grundflächen der Blätter malen, deren Enden spitz zulaufen. Mit Pinsel Nr. 2/0 und Saftgrün auf den Blättern dunkle Akzente setzen und den gesägten Rand gestalten. Einige Blätter mit C- und S-Kurven weiter abspreizen und auch diesen mit Saftgrün mehr Kontur verleihen. In die Blütenmitte mit der Pflanzen-Mischung eine Samenkapsel malen. Alles trocknen lassen.

1

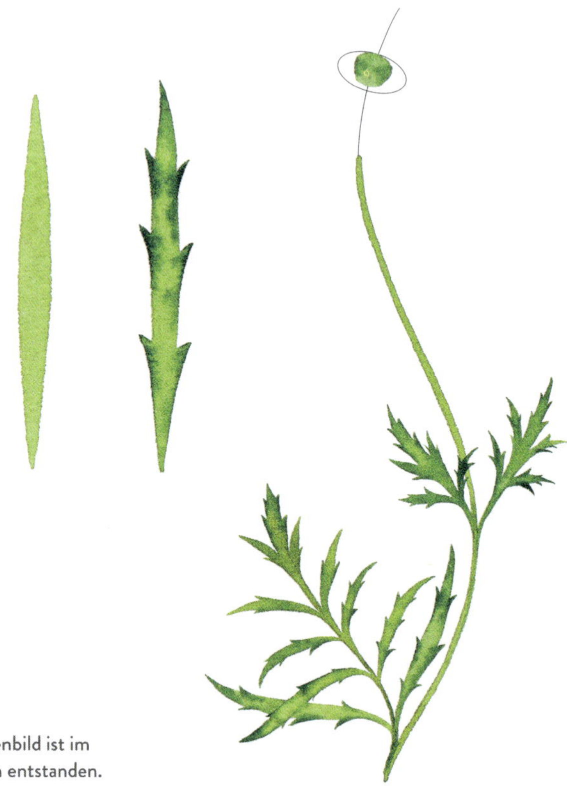

Das Mohnblumenbild ist im Format 16 x 7 cm entstanden.

2

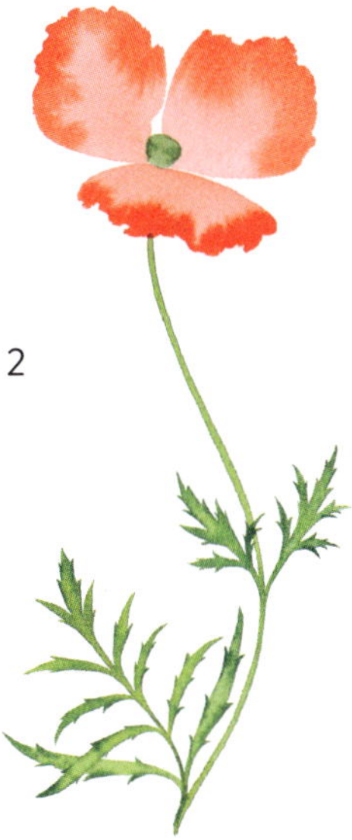

3

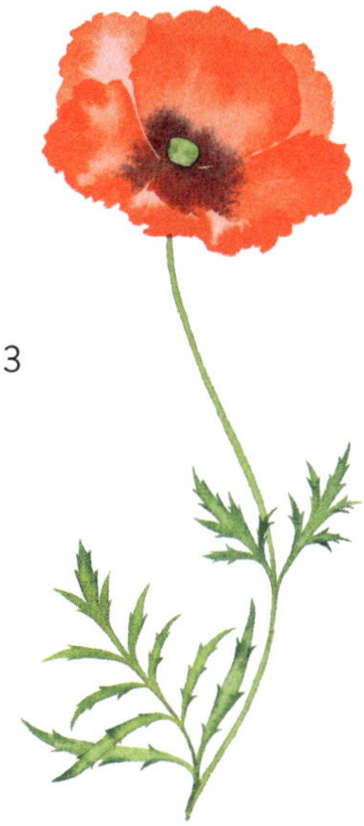

4

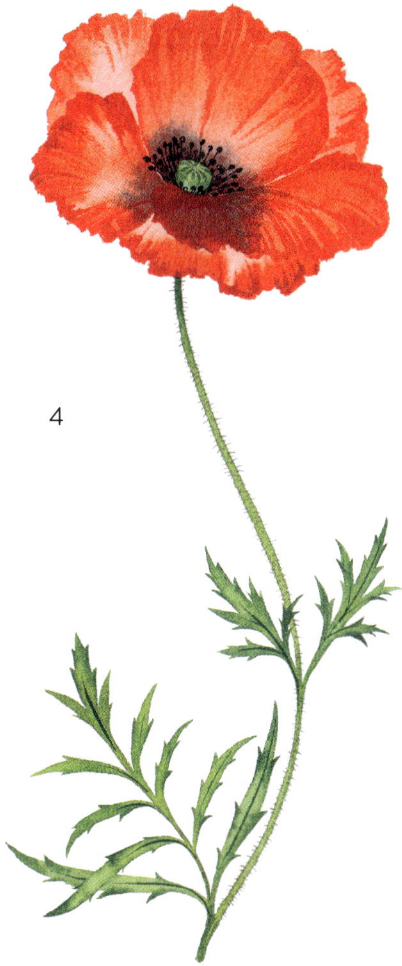

2.

Mit Pinsel Nr. 8 und verdünntem Kadmiumrot von einem zentralen, gedachten Punkt unterhalb der Samenkapsel die Blütenblätter gestalten. Dabei zunächst die Pinselspitze aufsetzen, dann die Pinselhaare durch mehr Druck auffächern, die Außenkante dabei absichtlich unregelmäßig ausfransen lassen. Es sind mehrere Pinselstriche für ein Blütenblatt erforderlich. Im noch nassen Zustand konzentriertes Kadmiumrot an den Kanten hinzufügen und nach innen verlaufen lassen. Alles trocknen lassen.

3.

Schritt 2 für alle weiteren Blütenblätter wiederholen, zum Schluss etwas dunkle Blüten-Mischung an den noch feuchten Blütenblattansatz tupfen. Wenn alles trocken ist, verbliebene Bleistiftspuren ausradieren.

4.

Mit konzentrierter heller Blüten-Mischung und Pinsel Nr. 2 von der Außenkante der Blütenblätter Striche nach innen ziehen. Während dies trocknet, mit dem Schlepperpinsel und Saftgrün Hauptadern in die Blätter ziehen.

Mit Pinsel Nr. 4/0 und verdünnter Schatten-Mischung den Stängel mit feinsten Härchen versehen. Mit Pinsel Nr. 4/0 eine Sternchenform auf die Samenkapsel malen. Mit Eisenoxidschwarz die Staubbeutel auftupfen und diese mit feinen Strichen (Staubfäden) mit dem Blütenboden verbinden. Wegen der Perspektive sind die Staubfäden im vorderen Drittel nicht zu sehen.

SCHLEIEREULE

Erst ein Mal ist mir eine Schleiereule begegnet. Wie ein Geist thronte sie in einer Sommernacht auf dem Dach meines Elternhauses.

So eine Schleiereule ist schon eine imposante Erscheinung! Das herzförmige Gesicht scheint wie vom Kopfschmuck einer Tudor-Prinzessin eingefasst, dazu die Federzeichnung nach Art eines Hermelinumhangs – wahrlich royal. Die einzelne Feder ist ein guter Einstieg, um sich mit dem Tier vertraut zu machen.

SIE BRAUCHEN

Pinsel
spitze Rundpinsel Nr. 4, 2, 0, 2/0, 4/0
Schlepperpinsel Nr. 0

Papier
kalt gepresstes Papier (mit Textur)

Bleistift HB, Radierer

Farben

- Lichter Ocker
- Kadmiumgelb
- Umbra natur
- Paynesgrau
- Siena gebrannt
- Eisenoxidschwarz

Mischungen

- **helle Federn:** Umbra natur, Lichter Ocker, Paynesgrau, Kadmiumgelb
- **dunkle Federn:** Lichter Ocker und Umbra natur
- **Schatten:** Siena gebrannt und Paynesgrau

Dieses Federbild ist im Format 13 x 4 cm entstanden.

FEDER

Die hellen Streifen mit schwarzer Kontur sind die geheime Formel zur vermeintlich undefinierbaren Gefiederzeichnung von Schleiereulen. Wenn Sie diese Feder meistern, besitzen Sie ein wesentlich besseres Verständnis, um den gesamten Vogel zu malen.

1.
Mit dem Federkiel beginnen und den nach oben gerichteten festen Mittelteil (Schaft) mit Bleistift zeichnen. Orientieren Sie sich an der Skizze rechts für die oben stumpfe Federkontur und deuten Sie auch schon die gefleckten Bereiche an.

1

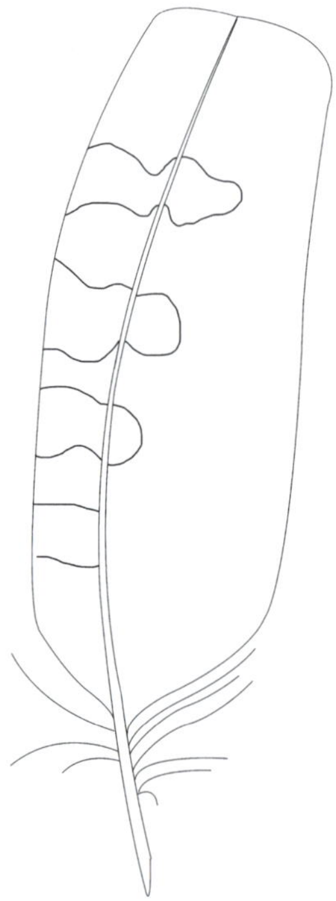

2

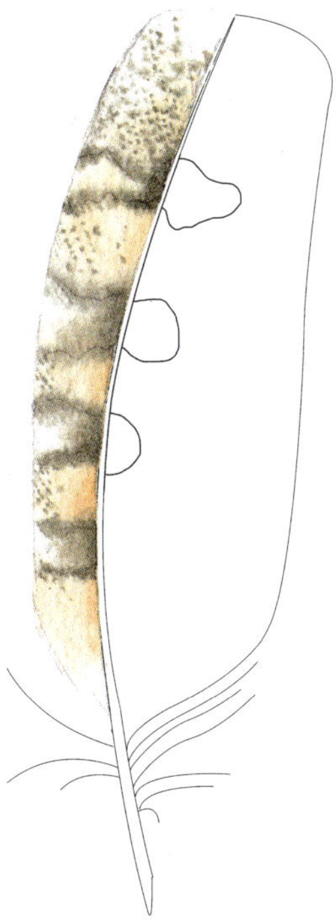

3

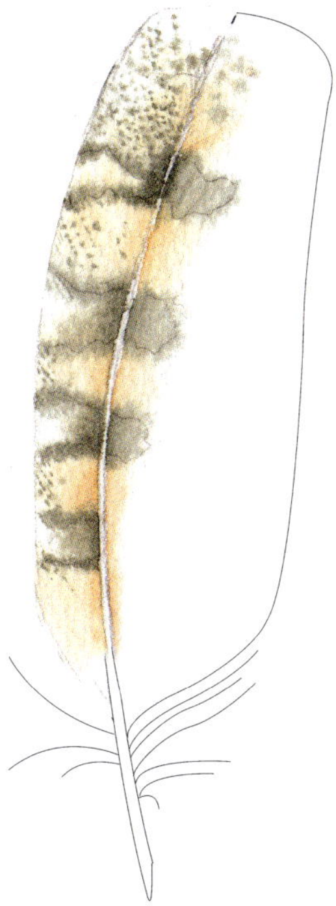

4

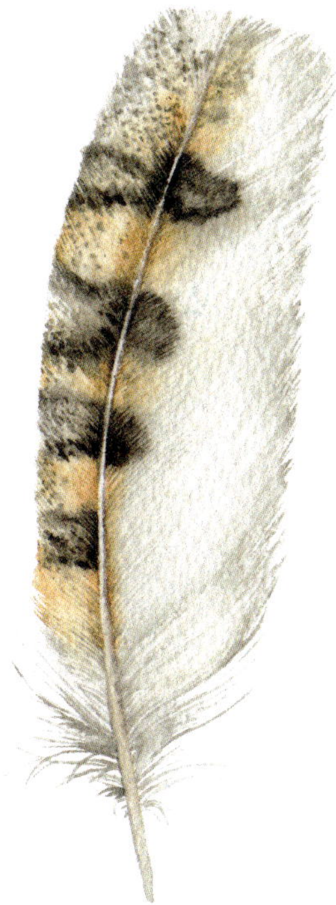

2.

Mit dem dicksten verfügbaren Pinsel die Außenfahne der Feder anfeuchten, nicht jedoch den Schaft. Mit Pinsel Nr. 2 Tropfen in Lichtem Ocker direkt neben den Schaft setzen. Den oberen und unteren Teil der Feder frei lassen. Wenn die Farbe zu trocknen beginnt, mit nasser Schatten-Mischung Querstriche vom Schaft bis zur Außenkante ziehen. Auf Höhe der Flecken in Lichtem Ocker an der Außenkante winzige dunkle Pünktchen setzen.

3.

Die Innenfahne anfeuchten, mit Lichtem Ocker einen schmalen Streifen am Schaft entlang hochziehen. Neben die dunklen Streifen mit der Schatten-Mischung unregelmäßig geformte Felder malen.

4.

Für die geschlossene Federfahne die Schatten-Mischung zu einem sehr schwachen Grauton verdünnen und mit dem Schlepperpinsel immer vom Schaft nach außen zarte S-Kurven ziehen. Verwenden Sie die Farbe nur stark verdünnt, um harte Kanten zu vermeiden. Tatsächlich wird das Ergebnis am besten, wenn zur Außenkante hin kaum noch Farbe auf dem Pinsel ist. Entlang der Außenkante der Federfahne mit Pinsel Nr. 4/0 winzige Fransen ergänzen. Mit dem sauberen, feuchten Pinsel Nr. 4 über die soeben gemalte Federfahne wischen, um den Konturenverlauf noch sanfter zu gestalten und verlaufen zu lassen. Dünne C- und S-Kurven für die dunenartigen Federästchen unten am Kiel malen. Wenn alles trocken ist, mit konzentriertem Lichtem Ocker und der Schatten-Mischung feine Striche auf die zuvor grundierten Stellen mit Pinsel Nr. 4/0 malen. Auf der linken Federfahne wiederholen. Zu guter Letzt der verdünnten Schatten-Mischung etwas Lichten Ocker zugeben und damit den ganzen Kiel einfärben.

1

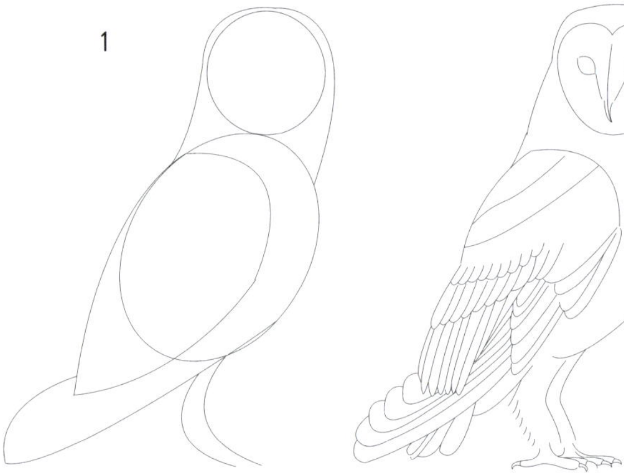

2

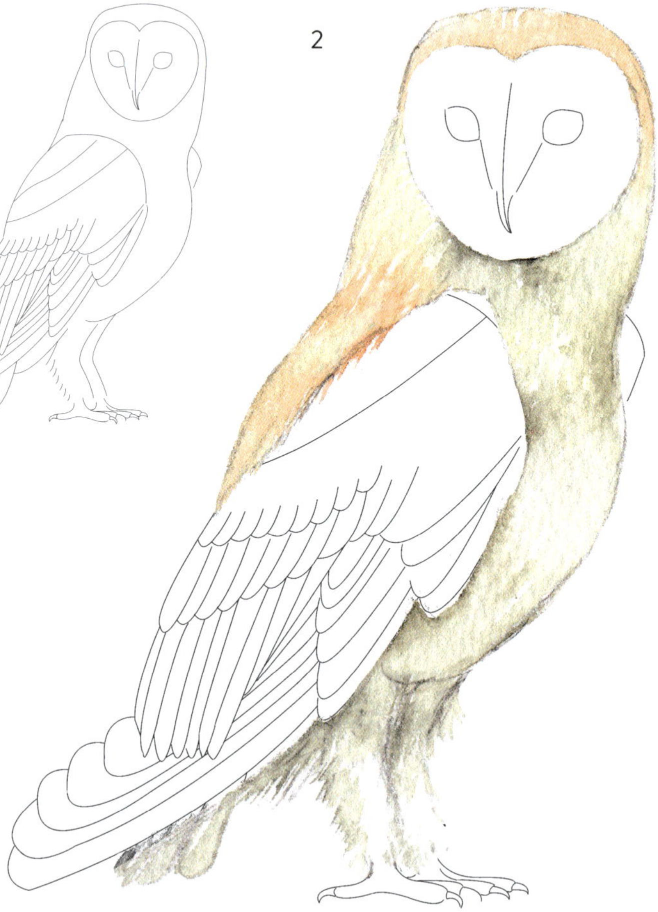

Das Schleiereulenbild ist im Format 11 x 8 cm entstanden.

EULE

1.

Orientieren Sie sich für die Bleistiftskizze an der Vorlage oben. Zeichnen Sie möglichst viele Federbereiche ein, das hilft später bei der Ausarbeitung.

2.

Verdünnte helle Feder-Mischung mit Pinsel Nr. 0 auf Körper, Beine und Schwanzfedern geben. Der hellen Mischung einen Klecks dunkle Feder-Mischung hinzufügen und damit um das Gesicht herum und am Rücken entlangfahren. Im noch nassen Zustand mit verdünnter Schatten-Mischung unter dem Gesicht und ebenso unter den Flügeln Schatten setzen.

3.

Mit der dunklen Feder-Mischung und Pinsel Nr. 0 die Flügel und Schwanzfedern streifig bemalen. Dabei für die typische Musterung möglichst schmale unbemalte Zwischenräume lassen.

Etwas Eisenoxidschwarz verdünnen und damit kleine Ovale und Sprenkel in möglichst viele der unbemalten Zwischenräume des oberen Federbereiches malen (zwischen Nacken- und Schulterfedern, Schultern und Kleinen Armdecken). Dort, wo die Federn im unteren Bereich gleichmäßiger gemustert sind, winzige Farbtupfen und getupfte Streifen an die Federspitzen der Hand- und Armschwingen malen.

4.

Den Bereich um die Augen herum anfeuchten, dann mit Pinsel Nr. 2/0 und verdünnter heller Feder-Mischung Schlieren vom Auge weg nach außen malen. Von den inneren Augenwinkeln zum Schnabelansatz gerade Striche mit verdünntem Siena gebrannt ziehen. Um das Gesicht mit Lichtem Ocker eine leicht gezackte Kante anlegen. Die Füße mit Siena gebrannt betupfen und die Krallen mit Schatten-Mischung malen.

Kleine dunkle Akzente mit konzentriertem Eisenoxidschwarz an den zuvor verdünnt abgedunkelten Stellen im Federmuster setzen. Ebenfalls mit konzentriertem Eisenoxidschwarz winzige Pünktchen an Oberkopf, Hals und Bauch verteilen.

Die Augen mit dem kleinsten Pinsel und konzentriertem Eisenoxidschwarz umranden. Den Pinsel säubern und mit den feuchten Haaren die Farben ins Augeninnere ziehen, dabei ein Glanzlicht frei lassen. Den Schnabel mit der Schatten-Mischung einfärben und etwas verdünnte Schatten-Mischung an die Unterseite der Schwanzfedern, Flügel, Bauch und Beine geben.

Wenn alles trocken ist, letzte Bleistiftspuren ausradieren.

3

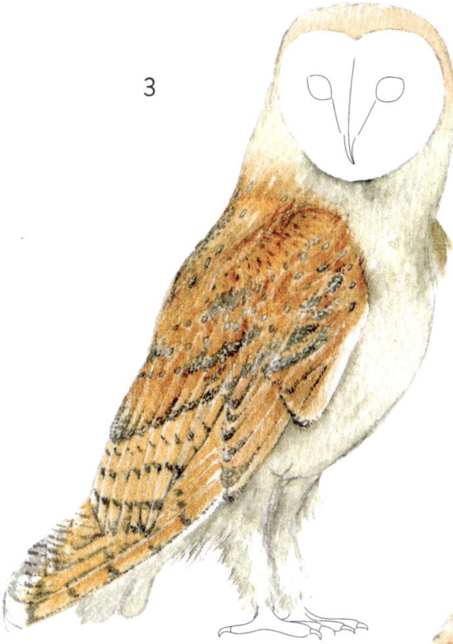

4

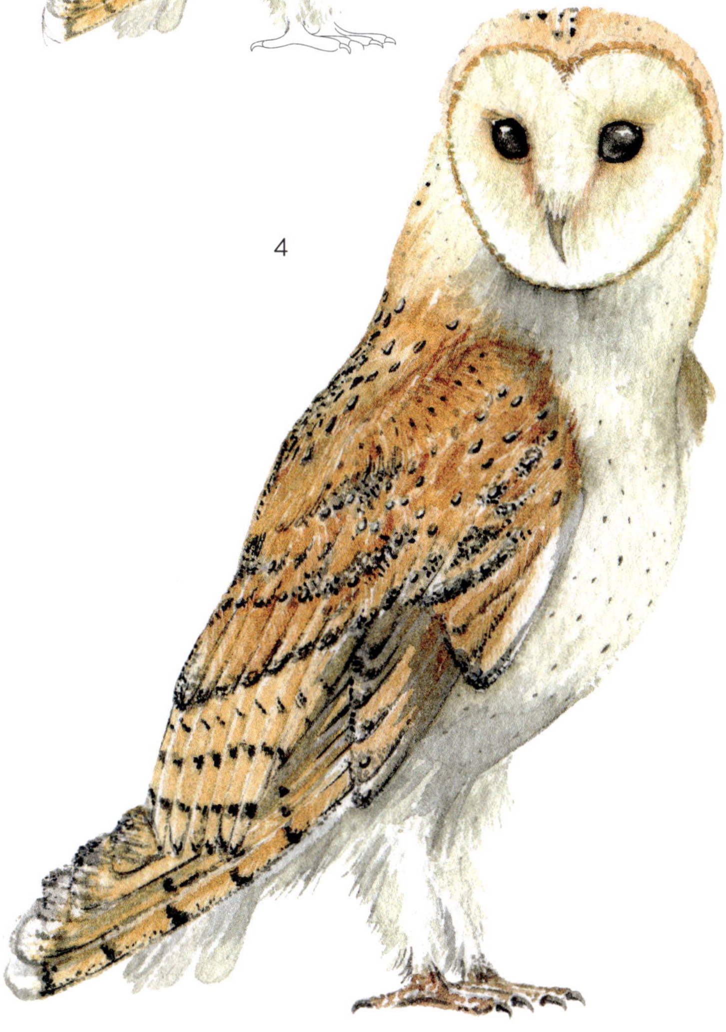

HECKENROSE

Ich liebe die Wildrosenhecken, wenn sie in den Sommermonaten in Blüte stehen. Als Malprojekt ist diese ungefüllte Rose besonders interessant, weil das grelle Sonnenlicht deutliche Schatten von jedem einzelnen Staubbeutel und jedem Staubfaden »malt«.

SIE BRAUCHEN

Pinsel
spitze Rundpinsel Nr. 6, 2, 0, 2/0, 4/0
Schlepperpinsel Nr. 0

Papier
kalt gepresstes Papier (mit Textur)

Bleistift HB, Radierer

Das Heckenrosenbild ist im Format 17 x 11 cm entstanden.

Farben

- Goldgrün
- Saftgrün
- Paynesgrau
- Siena gebrannt
- Permanentrosa
- Kadmiumgelb
- Französisch Ultramarin
- Lichter Ocker

Mischungen

- **Pflanze:** Saftgrün und Goldgrün
- **Schatten:** Siena gebrannt und Paynesgrau
- **Blätter:** Saftgrün und Französisch Ultramarin

1

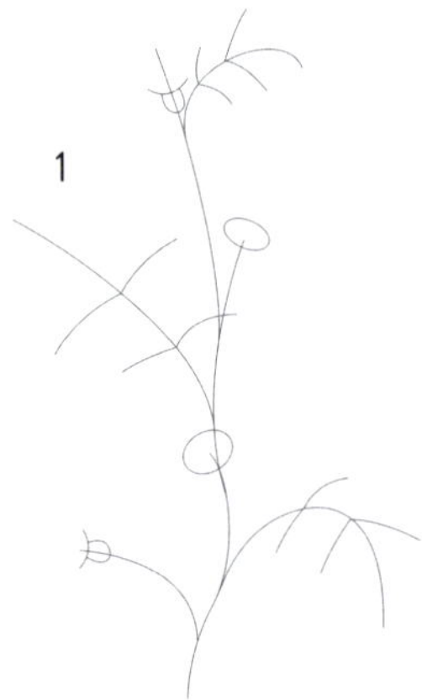

1.

Den Stiel mit Bleistift skizzieren, für die Blätter nur die Mittelrippe. Für jede offene Blüte ein Oval als Blütenmitte zeichnen, für jede Knospe einen nach oben offenen Bogen und einen Blütenbecher.

2.

Permanentrosa extrem verdünnen und mit Pinsel Nr. 6 von der Blütenmitte aus ein herzförmiges Blütenblatt malen. Die Pinselspitze aufsetzen, dann mit Druck den Pinsel nach außen hin auffächern. Die äußere Kante im noch nassen Zustand mit konzentriertem Permanentrosa konturieren, an den Blütenblattansatz einen Tupfen Kadmiumgelb geben. Jede Blüte hat fünf Blütenblätter, die jeweils ganz trocken sein sollten, bevor ein angrenzendes oder überlappendes Blatt an der Reihe ist. Die Knospe in Tränenform malen und mit wenigen rosa Bereichen andeuten, dass sie bald aufblüht. Die teils geöffnete Blüte (oben) in Seitenansicht entsteht durch ein kleines herzförmiges Blütenblatt, dahinter werden mit Bögen die übrigen Blütenblätter angedeutet.

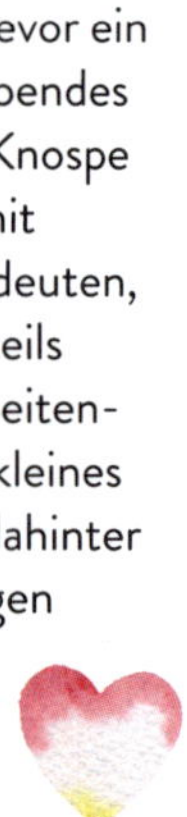

2

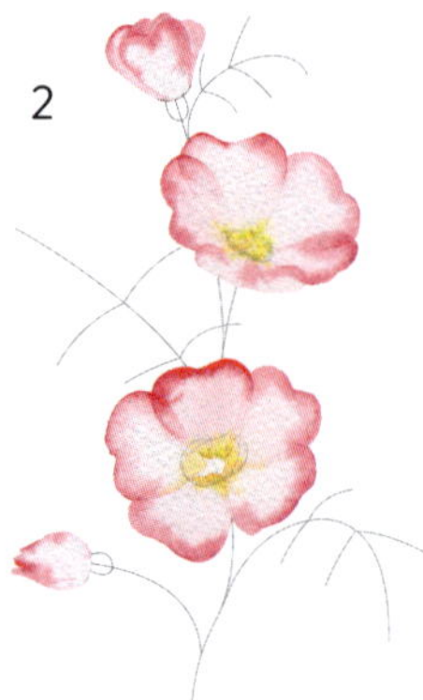

3.

Mit Pinsel Nr. 2 und der Blätter-Mischung Blätter mit gesägtem Rand malen (siehe Seite 14). Wenn sie trocken sind, mit der Pflanzen-Mischung und Pinsel Nr. 2 den Stiel malen. Für zarte Triebe und die Kelchblätter den Pinsel Nr. 0 verwenden. Trocknen lassen und alle Bleistiftspuren ausradieren.

4.

Mit dem Schlepperpinsel und verdünntem Permanentrosa zarte Adern in die Blütenblätter ziehen. Den Fruchtknoten in der geöffneten Blüte mit Pinsel Nr. 4/0 und der Pflanzen-Mischung als Menge von Pünktchen gestalten. Mit Pinsel Nr. 2 und der Pflanzen-Mischung schmale Blättchen an jede Verzweigung malen. Für die Blattadern Saftgrün mit etwas Paynesgrau mischen und mit dem Schlepperpinsel einfügen. Mit Pinsel Nr. 2/0 und Saftgrün die Stiele und Kelchblätter akzentuieren.

Die Blütenmitte weiter ausarbeiten: Mit Kadmiumgelb die Staubbeutel auftupfen und durch feine Striche (Staubfäden) mit dem Fruchtknoten verbinden. Im unteren Bereich der Staubbeutel mit Lichtem Ocker Schatten setzen.

5.

Die Schatten-Mischung verdünnen und mit Pinsel Nr. 4/0 die Schatten der Staubfäden und Staubbeutel einfügen. Die Position der Schatten zeigt, von wo das Sonnenlicht einfällt. Die Schatten-Mischung weiter verdünnen und auch Blütenblätter, Blätter und Stiele verschatten.

3

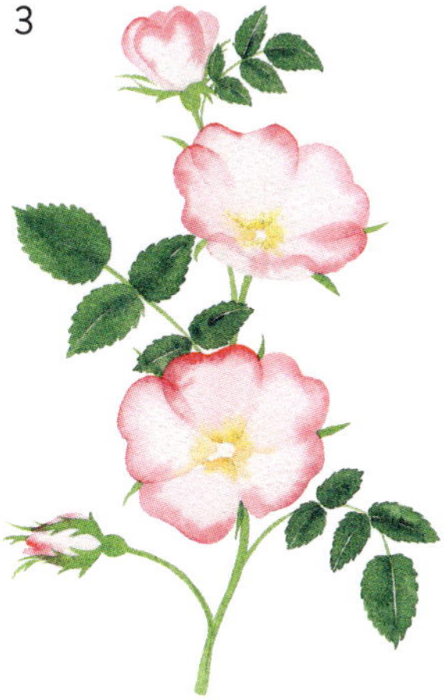

4

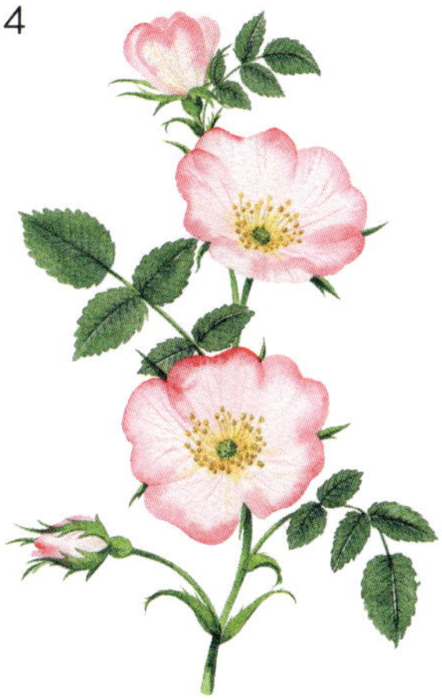

5

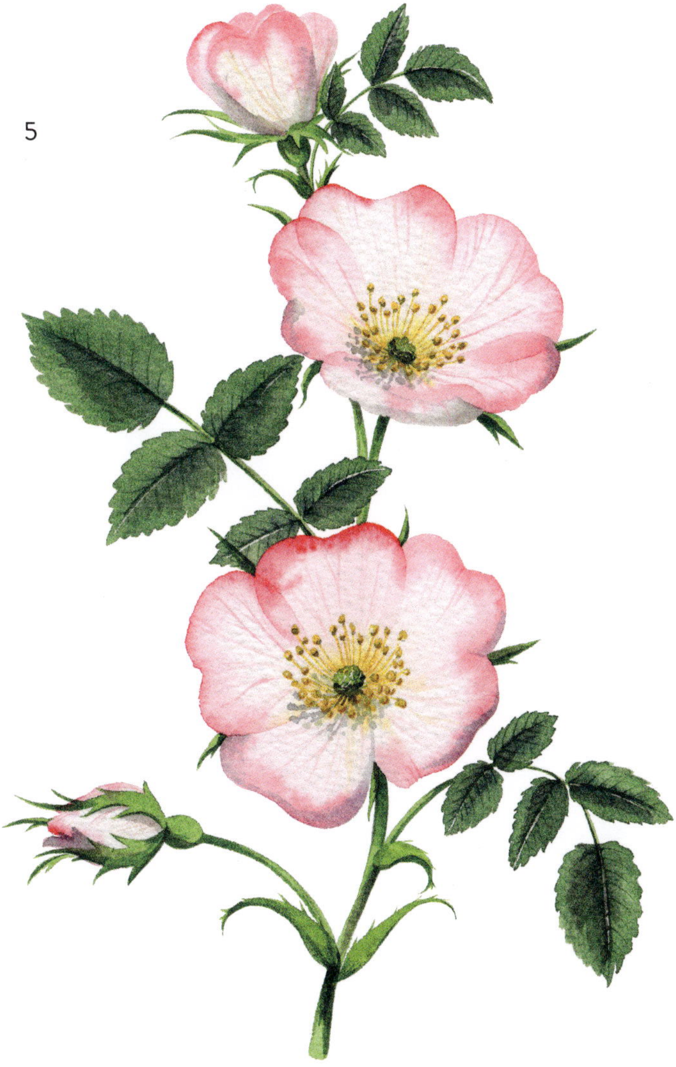

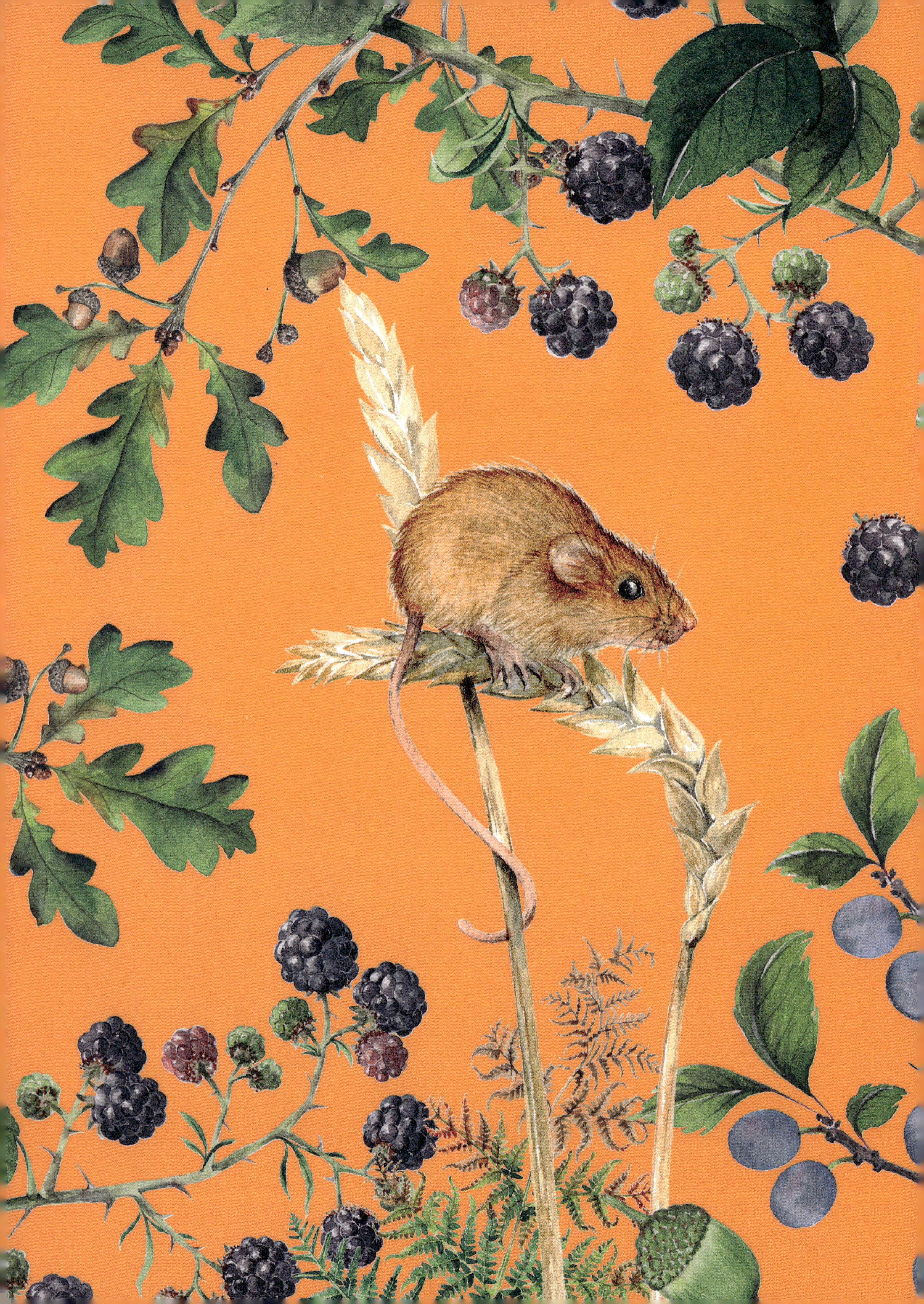

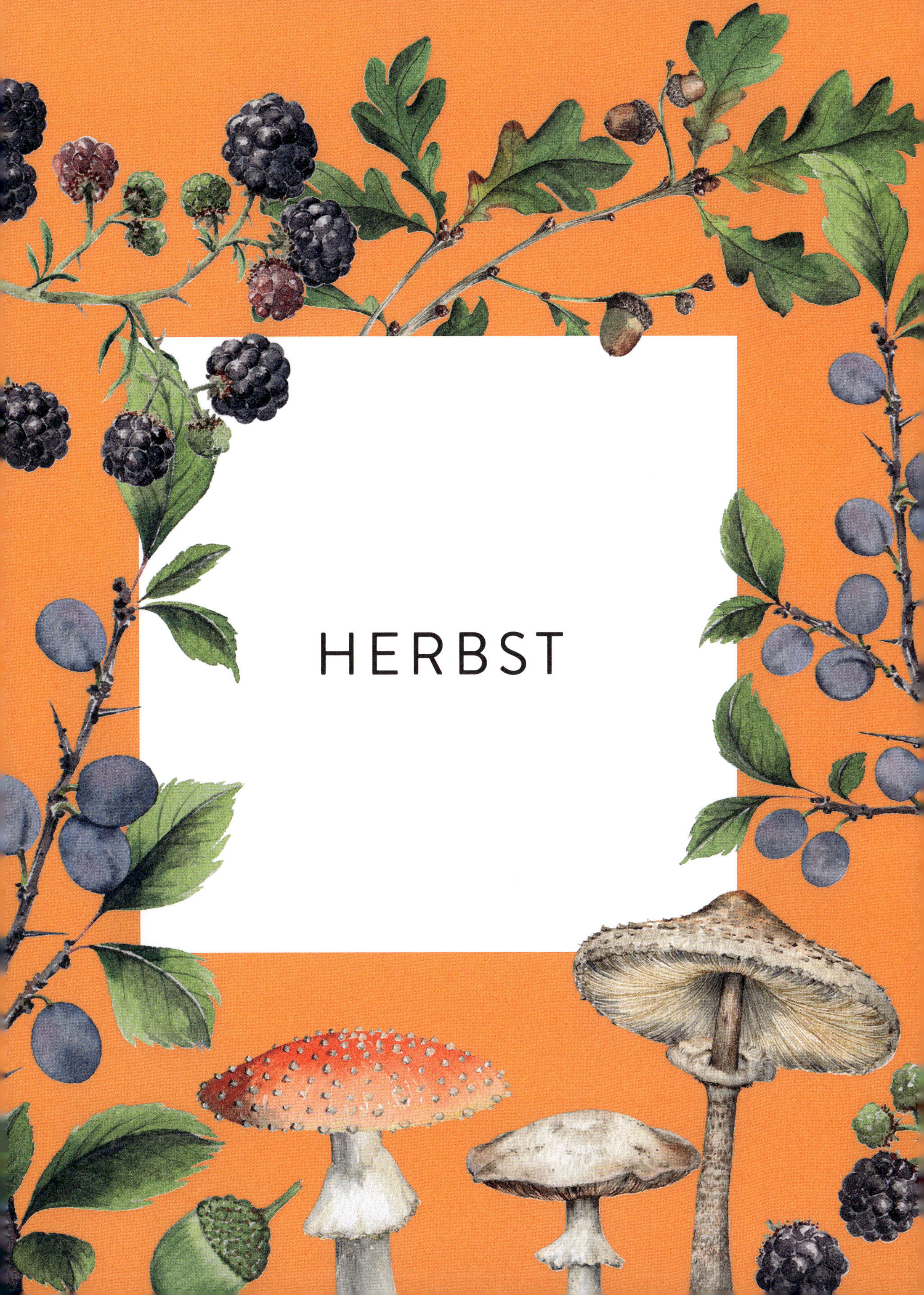

HERBST

ZWERGMAUS

Das Besondere an diesem kleinsten Nagetier überhaupt ist wohl der lange Greifschwanz. Ein überaus dekoratives Motiv!

SIE BRAUCHEN

Pinsel
spitze Rundpinsel Nr. 2, 4/0
Schlepperpinsel Nr. 0

Papier
kalt gepresstes Papier (mit Textur)

Bleistift HB, Radierer

Farben

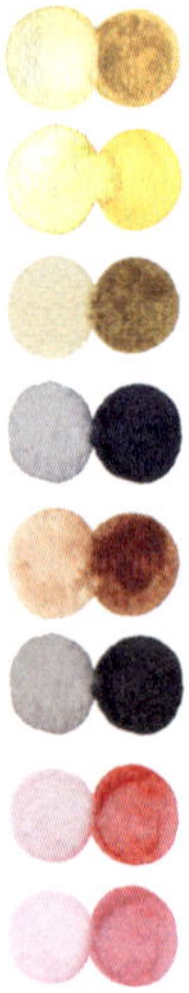

Lichter Ocker
Kadmiumgelb
Umbra natur
Paynesgrau
Siena gebrannt
Eisenoxidschwarz
Alizarin-Karmesin
Permanentrosa

Mischungen

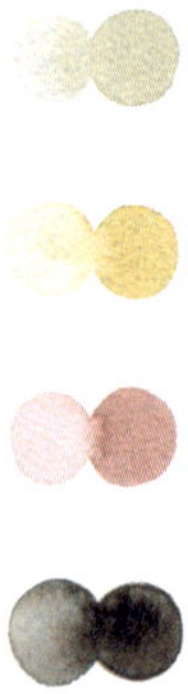

Fell: Lichter Ocker und Paynesgrau

Gelbtöne: Lichter Ocker, Paynesgrau, Kadmiumgelb

Greifschwanz: Lichter Ocker, Paynesgrau, Alizarin-Karmesin

Schatten: Siena gebrannt und Paynesgrau

1.
Skizzieren Sie die Maus und den Weizen hauchdünn mit Bleistift.

2.
Mit verdünnter Fell-Mischung und Pinsel Nr. 2 das Kinn und die untere Körperhälfte grundieren. Im noch nassen Zustand den Rest des Körpers (Ohr und Auge aussparen) mit Pinsel Nr. 4/0 und Lichtem Ocker einfärben und mit Umbra natur die obere Körperkontur stricheln. An Nase und Füße verdünntes Permanentrosa auftragen.

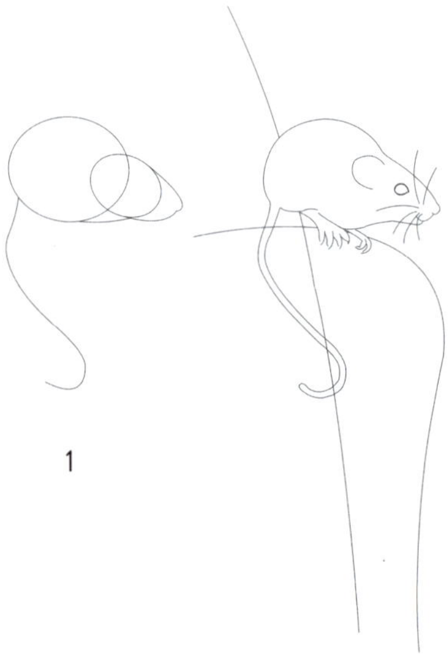

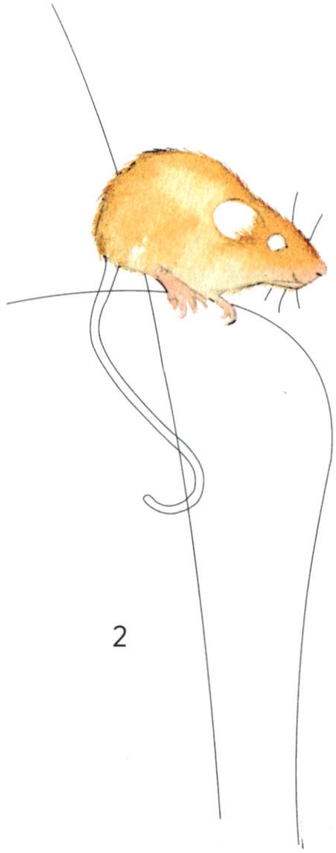

Die Maus auf den Weizenähren ist im Format 15 x 8 cm entstanden.

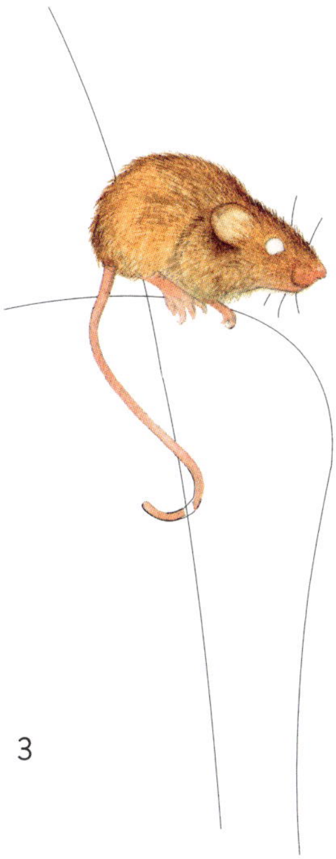

3

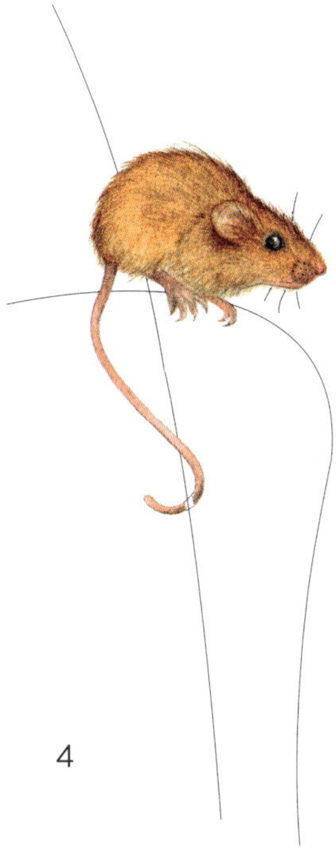

4

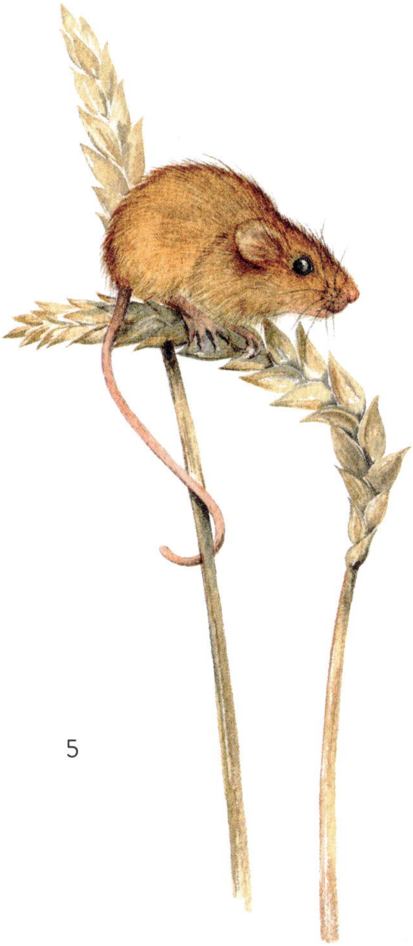

5

3.

Das Ohr mit Pinsel Nr. 4/0 anfeuchten und mit Siena gebrannt umranden. Die Farbe läuft verblassend ins Ohr. Wenn alles trocken ist, mit unterschiedlich konzentrierter Fell- und Gelbtöne-Mischung feine Härchen malen. Mit der Greifschwanz-Mischung Akzente an Füßen und Nase setzen, den Schwanz damit einfärben.

4.

Um das Auge herum verdünnte Schatten-Mischung auftragen. Trocknen lassen. Der Greifschwanz-Mischung etwas Schatten-Mischung zufügen und damit Akzente an Schwanz, Beinen und Schnauze setzen. Mit konzentriertem Siena gebrannt und Umbra natur längere Haare am Ohr und entlang der Körperkontur malen. Umbra natur für die Krallen und winzige Punkte in Eisenoxidschwarz für den Ansatz der Tasthaare im Gesicht einsetzen.

Mit dem dünnsten Pinsel die Augen in Eisenoxidschwarz umranden. Den Pinsel säubern, dann mit den feuchten Haaren die Farbe ins Augeninnere ziehen, dabei ein Glanzlicht frei lassen.

5.

Die Weizenhalme mit Pinsel Nr. 2 und verdünnter Gelbtöne-Mischung stricheln. Damit sie plastischer wirken, im noch nassen Zustand an den Außenkanten mit der Schatten-Mischung und Siena gebrannt entlangstricheln. Die Weizenkörner von unten beginnend gestalten: Mit C- und S-Kurven in der Gelbtöne-Mischung vom Halm aus Tropfenformen ansetzen. In die untere Rundung jedes Korns etwas Schatten-Mischung geben. Die Körner im Vordergrund mit Kurven aus Umbra natur und Lichtem Ocker detaillierter ausarbeiten. Etwas Schatten-Mischung auf den Körnern unter der Maus auftragen.

Mit Schlepperpinsel und Eisenoxidschwarz die Tasthaare der Maus ergänzen.

PILZE

Im Spätherbst muss ich mir vor jedem Hundespaziergang innerlich einen Ruck geben, um meine Widerstände zu überwinden. Crumble dagegen macht die frühe Dämmerung gar nichts aus. Seine Begeisterung ist ansteckend, und auch die therapeutische Wirkung der Natur lässt nie lange auf sich warten. Der Lärm in meinem Kopf ebbt ab, und es entsteht Raum für Neuentdeckungen, so wie letztes Jahr, als wir jeden Tag eine neue Pilzart entdeckten.

SIE BRAUCHEN

Pinsel
spitze Rundpinsel Nr. 2, 4/0
Schlepperpinsel Nr. 0

Papier
kalt gepresstes Papier (mit Textur)

Bleistift HB, Radierer

Farben

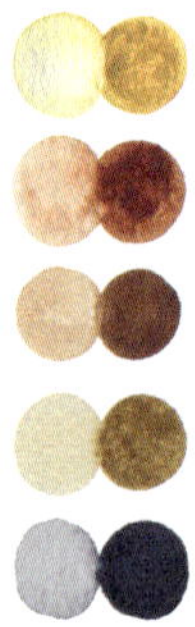

Lichter Ocker
Siena gebrannt
Umbra gebrannt
Umbra natur
Paynesgrau

Mischungen

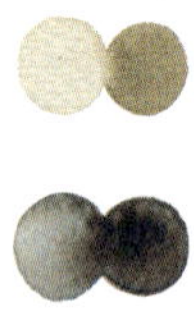

Pilz: Umbra natur, Lichter Ocker, Paynesgrau

Schatten: Siena gebrannt mit Paynesgrau

Der Pilz ist im Format 6 x 6 cm entstanden.

WIESEN-CHAMPIGNON

Die Entwicklungsstadien eines Pilzes sind ein wunderbares Motiv: von einer unscheinbaren kleinen Kugel bis hin zum spektakulär gewellten Hut des reifen Pilzes.

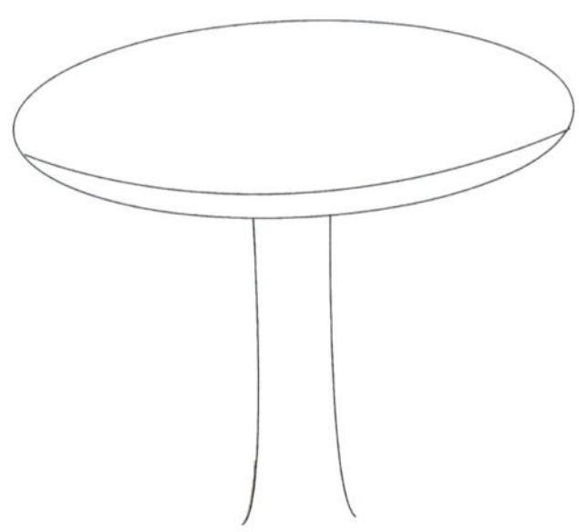

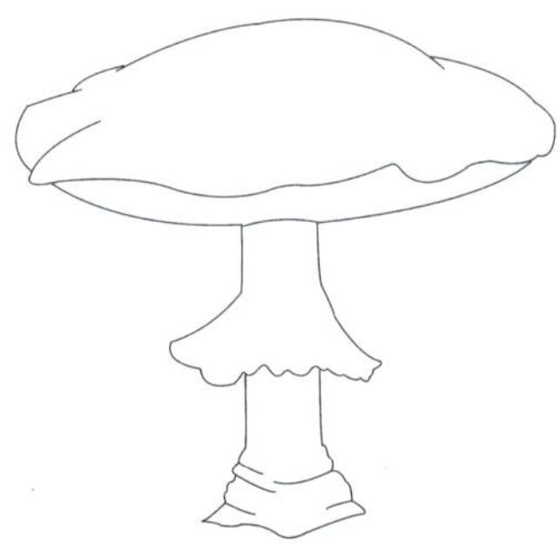

1.

Orientieren Sie sich an den Skizzen rechts für einen Wiesen-Champignon.

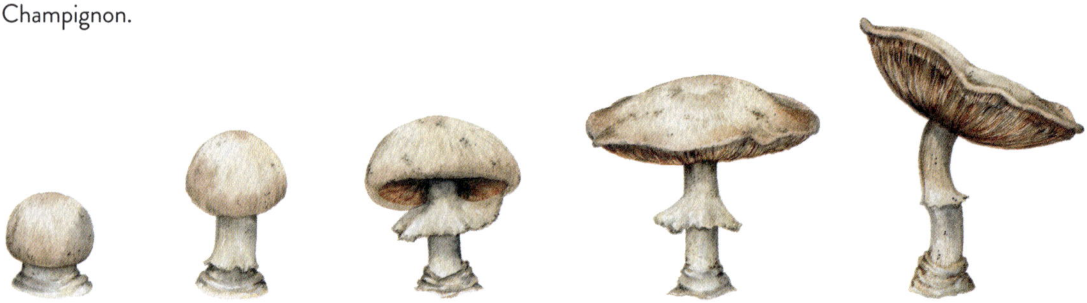

2

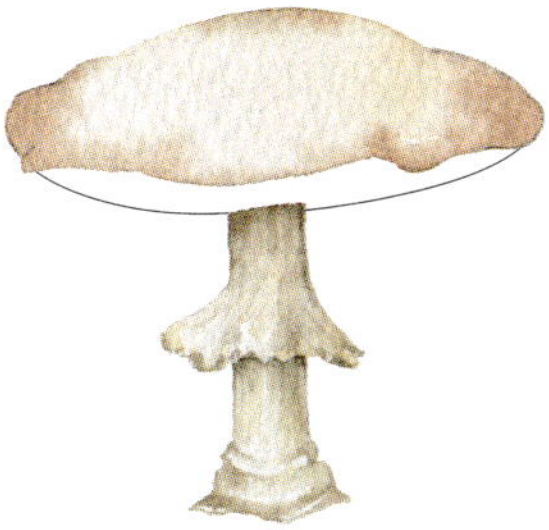

3

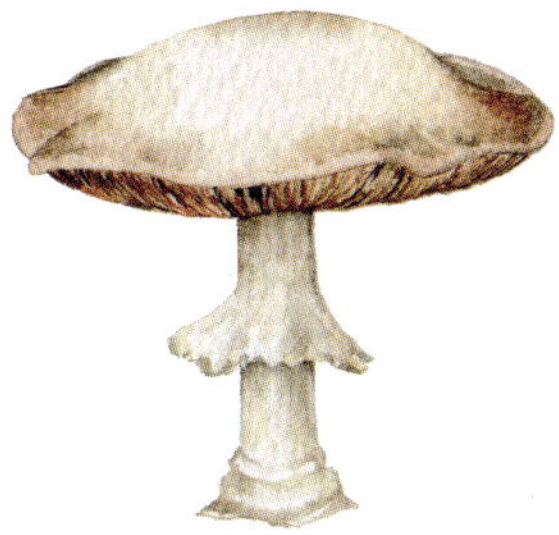

4

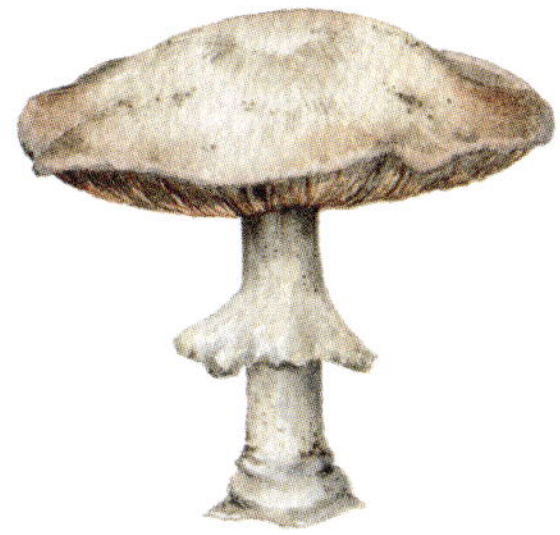

2.

Mit Pinsel Nr. 2 und verdünnter Pilz-Mischung den Hut grundieren. Im noch nassen Zustand verdünntes Umbra gebrannt an die Außenkanten geben und verlaufen lassen. Den Stiel von unten nach oben mit der Pilz-Mischung umranden, dann streifig bemalen, dazwischen Bereiche ohne Farbe lassen. Wenn die Kanten fertig sind, den Pinsel säubern und die Farbe mit den feuchten Haaren nach innen ziehen. Unterhalb der Manschette mit Schatten-Mischung abdunkeln.

Trocknen lassen, dann unter dem Hut Schatten-Mischung nach unten verteilen. Die Manschette mit Pilz-Mischung wie einen Rock gestalten. Hier und da Stellen ohne Farbe belassen. Die Unterkante der Manschette mit konzentrierter Pilz-Mischung betonen.

3.

Den sichtbaren Bereich der Lamellen unterhalb des Huts mit verdünntem Umbra gebrannt grundieren. Während der Bereich trocknet, mit Pinsel Nr. 4/0 die obere Hutkante mit mehreren Farbvarianten aus verdünntem Siena gebrannt, Umbra natur und Schatten-Mischung strukturieren und abdunkeln. Wenn die Lamellengrundierung trocken ist, mit Schlepperpinsel und konzentriertem Siena gebrannt feine kurvige Striche vom Stiel nach oben ziehen. An manchen Stellen die Lamellen bewusst ungleichmäßig und wacklig gestalten. Mit konzentrierter Schatten-Mischung weitere Lamellen zufügen.

4.

Den Stiel mit verdünnter Schatten-Mischung an den Kanten, unter dem Hut und unter der Manschette ausarbeiten. Die obere Lamellenkante mit einem dunklen Strich betonen. Wenn alles trocken ist, mit dem kleinsten Pinsel die Wölbung des Hutes mit gestrichelten Konturen ausarbeiten. Hier und da ein paar helle Flecken lassen. Mit der Pilz-Mischung einige senkrechte Striche am Stiel hinunterziehen und mit konzentrierter Schatten-Mischung Unebenheiten oder Wülste schaffen.

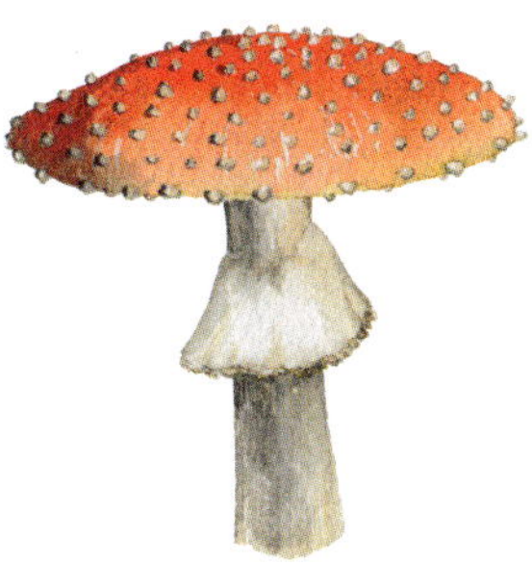

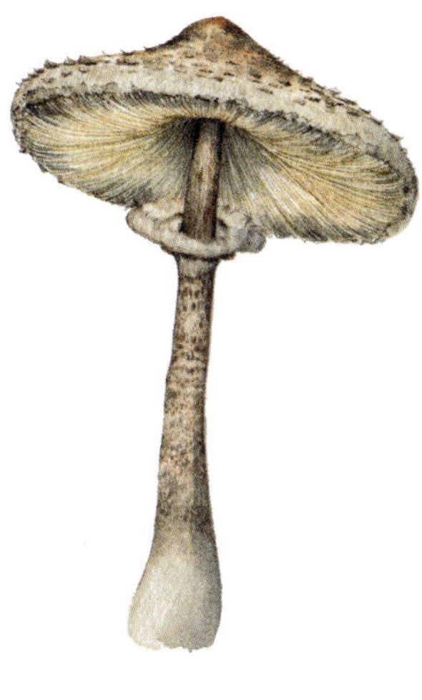

WEITERE PILZE

Die Anleitungsschritte lassen sich auf jede Pilzgröße und -form übertragen. Für den Fliegenpilz habe ich die weißen Punkte mit Maskierflüssigkeit abgedeckt, bevor ich den Hut rot grundiert habe. So gelingt der Farbauftrag gleichmäßiger und schneller.

ADLERFARN

Der Boden in »unserem« Wald ist durchzogen von Adlerfarn. Im Herbst vertrocknen die Wedel, dabei kann man – wie beim Laub der Bäume – ein wunderbareres Farbspiel beobachten.

Fassen Sie Adlerfarn möglichst nicht an, er enthält toxische Substanzen, die als krebserregend gelten!

Adlerfarn ist dreifach gefiedert: Von der großen Mittelrippe zweigen symmetrisch Blattrippen zu zwei Seiten ab, von diesen zweigen ebenfalls Blattrippen zu zwei Seiten ab, und an diesen sitzen winzige fedrige Blättchen. Diese Fiederung wird natürlich auch beim Malen ein ums andere Mal wiederholt – wahrlich eine Geduldsarbeit!

Das hier ist kein schnelles Malprojekt. Es gilt vielmehr, den therapeutischen Prozess der sorgfältigen und vielfachen Wiederholung von Verzweigungen und Blättchen zu genießen und dabei den herbstlichen Farbwechsel mit einzubeziehen.

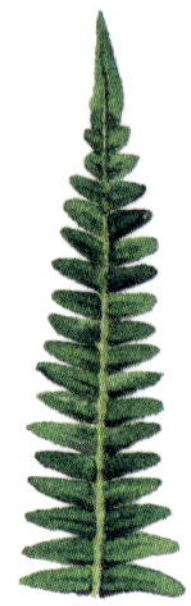

Grüner Wedel
Mit der Stängel-Mischung und Pinsel Nr. 0 eine Mittelrippe malen. Dann abgerundete schmale »Dreiecke« in Saftgrün paarig ansetzen. Die Gesamtform verjüngt sich zur Spitze hin. Mit Pinsel Nr. 4/0 und dunkler Blatt-Mischung jedem Miniblatt eine dünne Ader geben.

SIE BRAUCHEN

Pinsel
spitze Rundpinsel Nr. 0, 2/0, 4/0
Schlepperpinsel Nr. 0

Papier
kalt gepresstes Papier (mit Textur)

Bleistift HB, Radierer

Mischungen

Stängel: Saftgrün und Goldgrün

Blatt: Saftgrün und Paynesgrau

Farben

Lichter Ocker

Goldgrün

Saftgrün

Paynesgrau

Siena gebrannt

Kadmiumgelb

Das Adlerfarnbild ist im Format 17 x 11 cm entstanden.

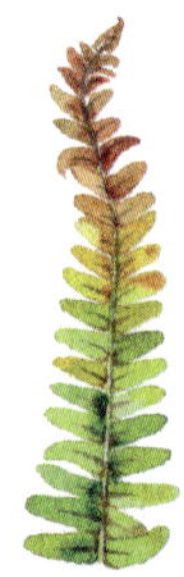

Herbstlicher Wedel
Im Herbst krümmen und verfärben sich die Blätter. Eine gebogene Mittelrippe skizzieren und mit Pinsel Nr. 0 und der Stängel-Mischung ausmalen. Die Blättchen zu beiden Seiten unregelmäßiger gestalten. Die Blättchen unten mit der Stängel-Mischung kolorieren, nach oben hin mehr Kadmiumgelb zugeben. Ab halber Höhe mit Lichtem Ocker malen, zuletzt mit Siena gebrannt. Wenn die Blättchen getrocknet sind, mit Siena gebrannt Adern hinzufügen.

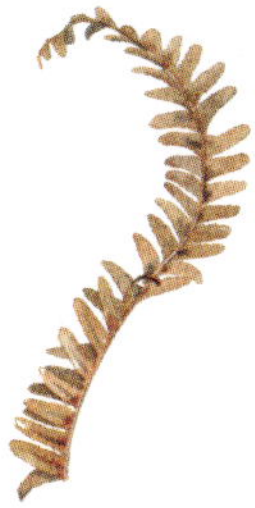

Vertrockneter Wedel
Die Blattrippe mit Bleistift als »S« anlegen. Mit Lichtem Ocker und Pinsel Nr. 2/0 teils eingerollte Blättchen malen. Im noch nassen Zustand mit Siena gebrannt und Paynesgrau betupfen. Nach dem Trocknen mit konzentriertem Siena gebrannt und Paynesgrau einige hinten liegende Blättchen malen.

Mit dem Schlepperpinsel und Siena gebrannt die Blattrippe mit zwei parallelen Strichen konturieren, wo sie sichtbar ist. Mit Pinsel Nr. 4/0 und Siena gebrannt Blattäderchen andeuten.

ADLERFARN

1.

Mit Bleistift die große Mittelrippe skizzieren, dann paarig schräg aufwärts gerichtete Rippen. Die Gesamtform verjüngt sich nach oben. Da wir einen herbstlichen Wedel zeichnen wollen, ist das obere Drittel vertrocknet und beginnt sich einzurollen. Zuletzt die Blättchen zeichnen.

2.

Unten mit saftig grünen Blättchen beginnen, die nach oben hin zunehmend gelb, rötlich und schließlich braun werden.

1

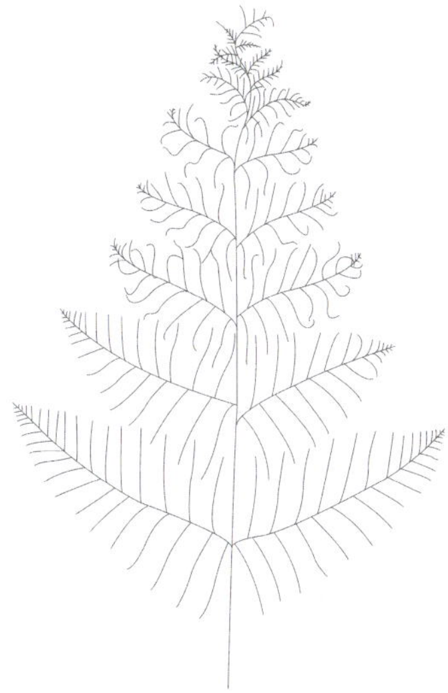

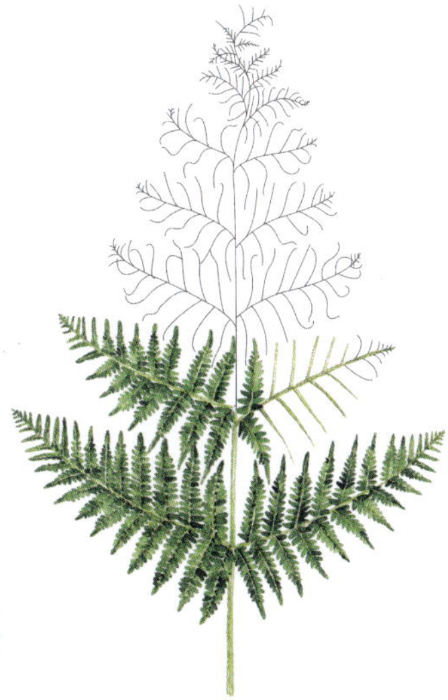

2

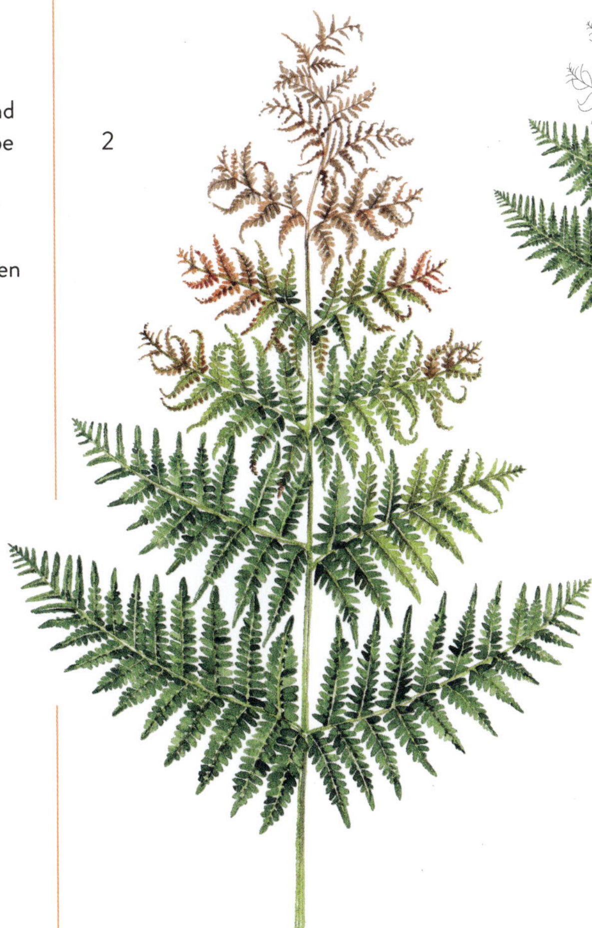

DAMWILD

Die alljährliche Brunft – das lautstark untermalte Kräftemessen männlicher Hirsche – können wir jedes Jahr in der Nähe unseres Hauses verfolgen. Nicht selten überqueren die Tiere in unpassenden Momenten die Landstraße, wenn wir unterwegs sind. Angenehmer ist die Begegnung mit den weiblichen Tieren. Bei unseren täglichen Spaziergängen sehen wir sie im Wald grasen. (Crumbles Jagdinstinkt ist so schwach ausgeprägt, dass er für die Tiere keine Bedrohung darstellt.) Zweimal sah ich bislang einen Albinohirsch. Das stille Beobachten in der Natur wird eben oft belohnt.

SIE BRAUCHEN

Pinsel
spitze Rundpinsel Nr. 2, 2/0, 4/0

Papier
kalt gepresstes Papier (mit Textur)

Bleistift HB, Radierer
Maskierflüssigkeit

Die Hirschkuh ist im Format 14 x 8 cm entstanden.

Farben

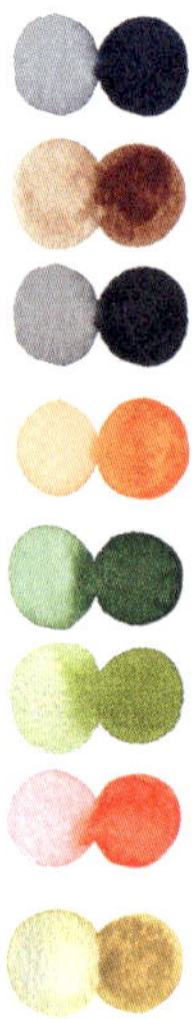

- Paynesgrau
- Siena gebrannt
- Eisenoxidschwarz
- Kadmiumorange
- Saftgrün
- Goldgrün
- Kadmiumrot
- Lichter Ocker

Mischungen

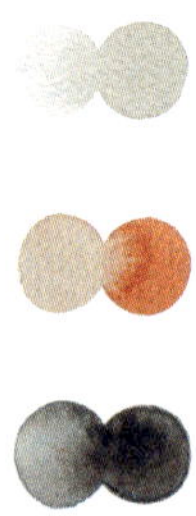

- **helles Fell:** viel Paynesgrau mit etwas Lichtem Ocker
- **oranges Fell:** Kadmiumorange, Kadmiumrot, Siena gebrannt
- **Schatten:** Siena gebrannt und Paynesgrau

1.
Orientieren Sie sich an diesen beiden Vorlagen für Ihre Bleistiftskizze. Die hellen Flecken im Fell mit Maskierflüssigkeit abdecken und trocknen lassen.

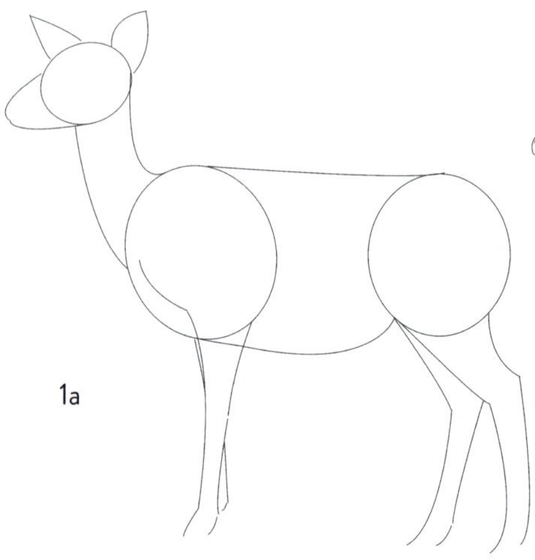

1a

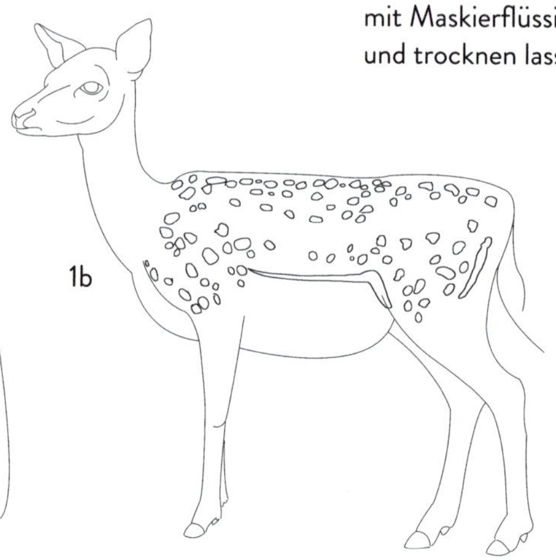

1b

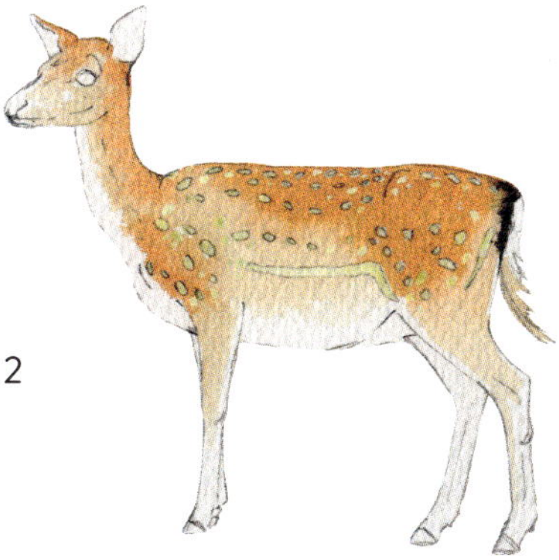

2

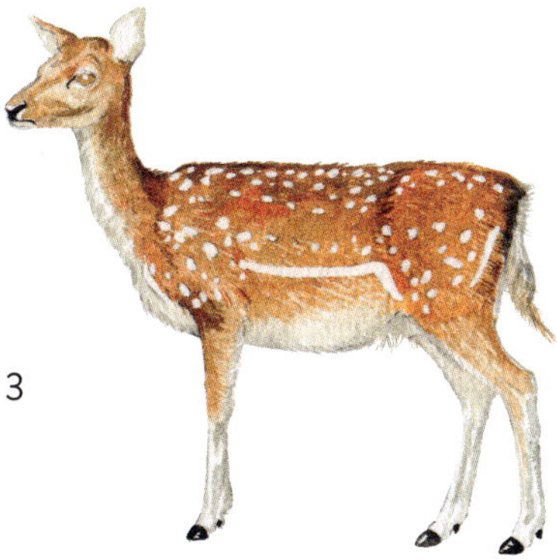

3

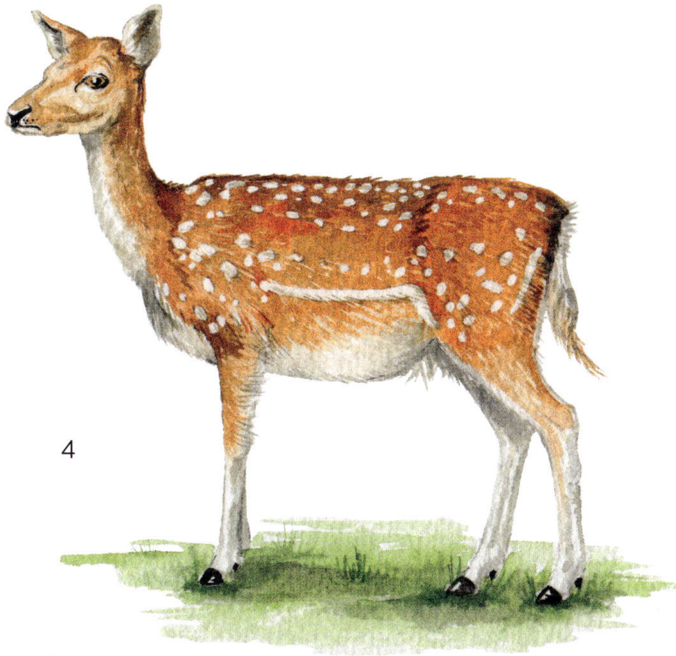

4

2.

Mit Pinsel Nr. 2 und verdünnter oranger Fell-Mischung Oberkopf und hinteren Hals grundieren. Den Pinsel säubern und mit den feuchten Haare die Farbe Richtung Hals und Brust verblenden. Ebenso den Rücken mit oranger Fell-Mischung bemalen und die Farbe zu den Beinen hin sanft auslaufen lassen. Der Mischung etwas Siena gebrannt zugeben und damit an Kopf, Rücken und oberen Läufen entlangfahren, dabei die Körperwölbungen beachten. Den Spiegel (Schwanzansatz) mit Eisenoxidschwarz markieren.

3.

Mit Pinsel Nr. 4/0 und den beiden konzentrierten Fell-Mischungen feine Haare stricheln. Die noch unbemalten Bereiche von Hals, Rumpf, Läufen, Wedel (Schwanz) und Ohren mit der hellen Fell-Mischung grundieren. Wenn alles trocken ist, Gesicht und Iris mit verdünntem Siena gebrannt und Pinsel Nr. 2/0 umranden.

Den Äser (Maul) mit Pinsel Nr. 4/0 und Eisenoxidschwarz ergänzen. Die Hufe mit Eisenoxidschwarz umranden, dann den Pinsel säubern und die Farbe nach innen ziehen, dabei Glanzlichter frei lassen. Die Maskierflüssigkeit abrubbeln und Bleistiftspuren ausradieren.

4.

Mit Pinsel Nr. 4/0 und Eisenoxidschwarz das Auge konturieren und unter der Schnauze ein paar Tasthaare zufügen. Mit verdünntem Eisenoxidschwarz Härchen in die Ohren malen. Auf den unbemalten Punkten im Fell mit der Schatten-Mischung Haare andeuten.

Den Untergrund mit Pinsel Nr. 2 und verdünntem Goldgrün anlegen. Auf der noch nassen Fläche mit Saftgrün und Pinsel Nr. 4/0 Grasbüschel setzen. Trocknen lassen.

Mit Pinsel Nr. 2 und verdünnter Schatten-Mischung an Brust, Bauch, Hinterläufen und am Boden Schatten kreieren.

EICHENBLÄTTER & EICHELN

Direkt vor meinem Atelierfenster steht eine alte Weiß-Eiche. Wenn ich den Blick hebe, kann ich im Frühjahr das geschäftige Treiben in den Nestern verfolgen und im Herbst den Farbwechsel der Blätter.

SIE BRAUCHEN

Pinsel
spitze Rundpinsel Nr. 4, 2, 0, 2/0, 4/0
Schlepperpinsel Nr. 0

Papier
kalt gepresstes Papier (mit Textur)

Bleistift HB, Radierer

Die Eichenblätter sind im Format 11 x 17 cm entstanden.

Farben

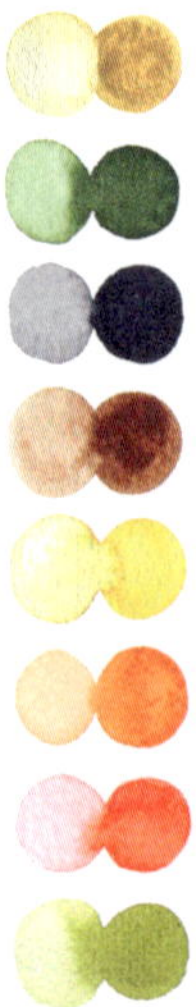

- Lichter Ocker
- Saftgrün
- Paynesgrau
- Siena gebrannt
- Kadmiumgelb
- Kadmiumorange
- Kadmiumrot
- Goldgrün

Mischungen

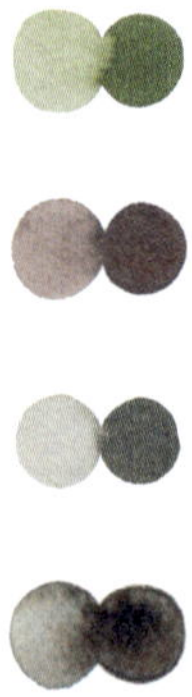

- **helle Blätter:** Saftgrün und Lichter Ocker
- **Eichel:** viel Siena gebrannt mit etwas Paynesgrau
- **dunkle Blätter:** Saftgrün und Paynesgrau
- **Schatten:** Siena gebrannt und Paynesgrau

BLÄTTER DER WEISS-EICHE

Die Technik für die Blattfärbung kann auf alle möglichen Baumarten übertragen werden.

Grünes Eichenblatt

1.
Zuerst eine leicht gebogene Mittelrippe skizzieren. Nach meiner Erfahrung gelingt eine nicht streng symmetrische Blattform besser ohne vorherige Bleistiftkontur. Reichlich helle Blätter-Mischung mit Pinsel Nr. 4 aufnehmen, oben an der Mittelrippe ansetzen und nach unten hin erst die Spitze, dann die rundlichen Blattlappen malen. Zwischendurch zügig mehr nasse Farbe aufnehmen, um nach unten hin weitere Blattlappen zu gestalten. Dabei ein Zuviel an Farbe in die Blattmitte ziehen. Der Farbüberschuss soll sich am unteren Ende des Blattes sammeln.

2.
Im noch nassen Zustand mit Pinsel Nr. 4 und Saftgrün an der Unterkante jeder Einbuchtung einen Streifen malen. Dann entlang der Mittelrippe nach oben fahren. Alle dunkleren Stellen mit der dunklen Blätter-Mischung betupfen und zusätzlich betonen.

1

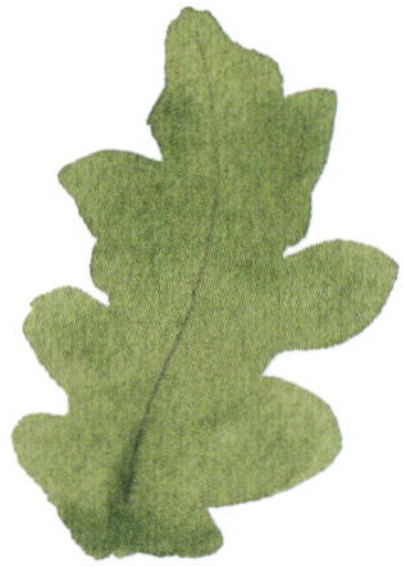

2

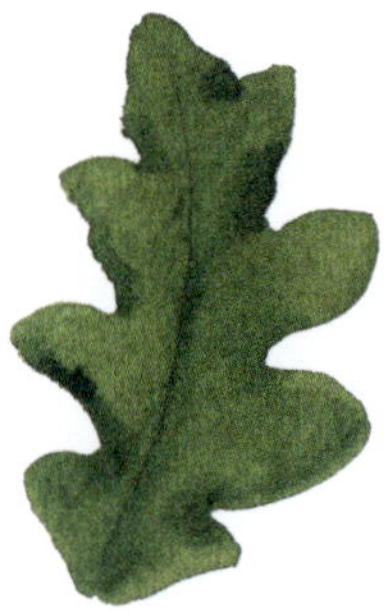

1

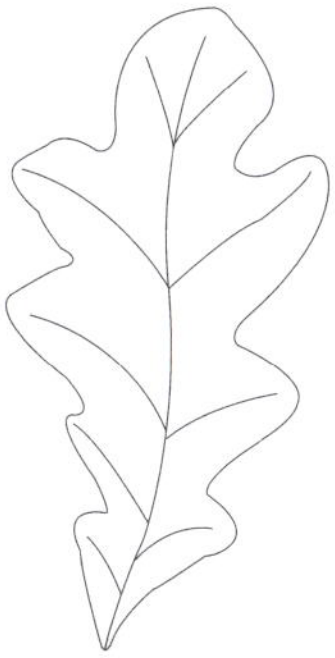

2

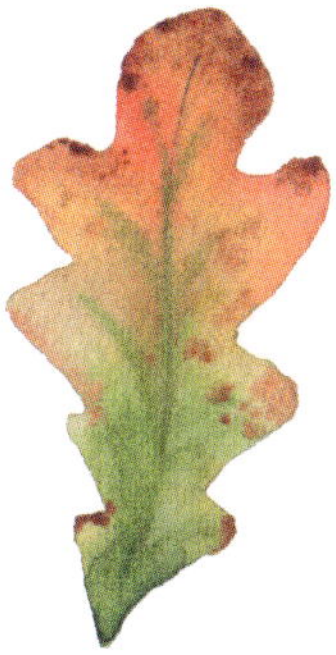

3

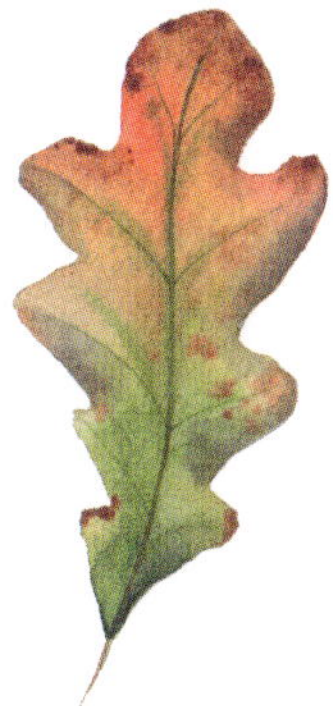

Blatt mit Herbstfärbung

1.

Bei einem Blatt mit Farbverlauf kann eine lose Skizze des ganzen Blattes mit den Blattadern durchaus hilfreich sein.

2.

Oben mit Pinsel Nr. 4 und Kadmiumorange beginnen. Das obere Drittel einfärben. Im noch nassen Zustand Kadmiumrot und Siena gebrannt auftupfen. Den Pinsel rasch säubern, dann den mittleren Bereich mit Kadmiumgelb, den unteren mit Goldgrün malen. Für Verfärbungen im unteren Bereich Saftgrün und Siena auftupfen. Die Adern mit Goldgrün im noch leicht feuchten Zustand einziehen.

3.

An den Unterkanten jedes Blattlappens etwas Schatten-Mischung auftragen. Trocknen lassen, dann die Blattadern mit dem Schlepperpinsel und Saftgrün nochmals malen. Die Mittelrippe im unteren Blattbereich und den Blattstiel mit Siena gebrannt abdunkeln. Wenn alles trocken ist, letzte Bleistiftspuren ausradieren.

Vertrocknetes Eichenblatt

1

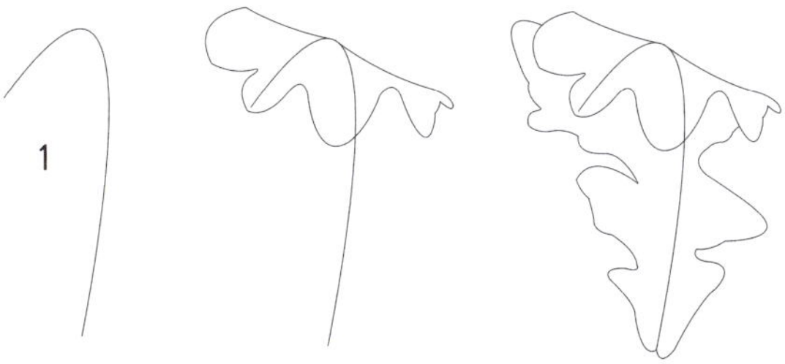

2

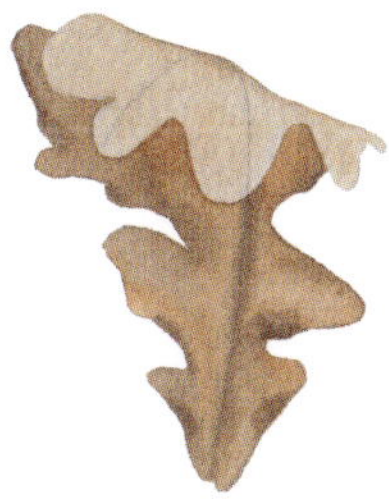

3

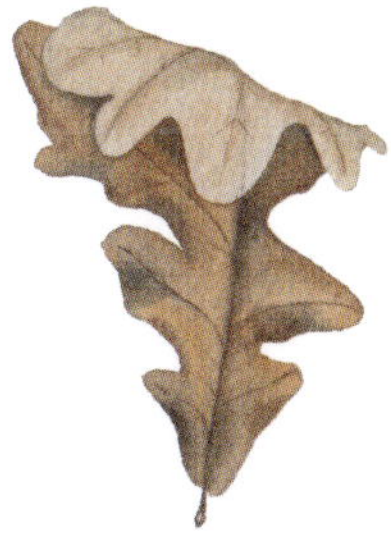

1.

Vertrocknetes Laub ist bucklig und teils eingerollt, daher zunächst mit Bleistift die Mittelrippe zeichnen. Wenn das Blatt nach vorne umgeknickt ist, zuerst die obere Kante, dann den umgefalteten Teil skizzieren. Den Rest des Blattes ergänzen.

2.

Mit Pinsel Nr. 2 und verdünntem Lichtem Ocker den umgefalteten Bereich grundieren, die Oberkante mit Siena gebrannt abdunkeln. Trocknen lassen. Die übrigen Bereiche mit nassem Siena gebrannt grundieren. Mittelrippe und Kanten der Einbuchtungen mit der Schatten-Mischung malen.

3.

Alles trocknen lassen. Mit dem Schlepperpinsel und der Schatten-Mischung die Blattadern einziehen und die Umrisse des umgefalteten Bereichs nachfahren.

EICHELN

Ihr Farbwechsel gestaltet sich ähnlich wie bei den Blättern.

Grüne Eichel

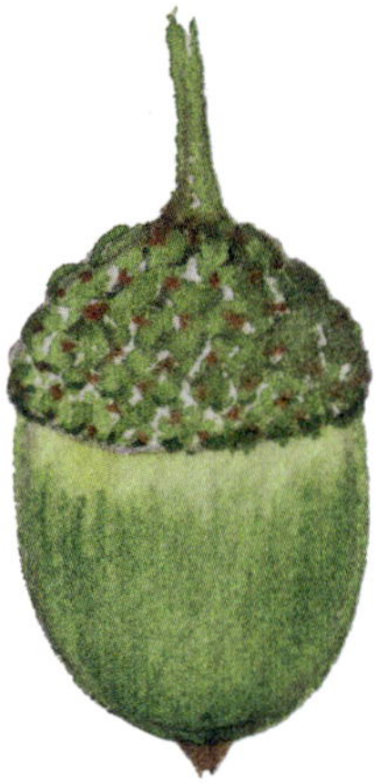

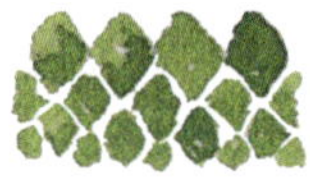

1.
Die Nuss mit Pinsel Nr. 0 und verdünntem Goldgrün grundieren. Im noch nassen Zustand mit Saftgrün abwärts Streifen ziehen. Die Striche sollten verlaufen, aber erkennbar bleiben. Stiel und Fruchtbecher mit Pinsel Nr. 4/0 und der hellen Blatt-Mischung in Form kleiner Rauten (siehe Detail) aufbauen. Richtung Nuss werden sie immer kleiner.

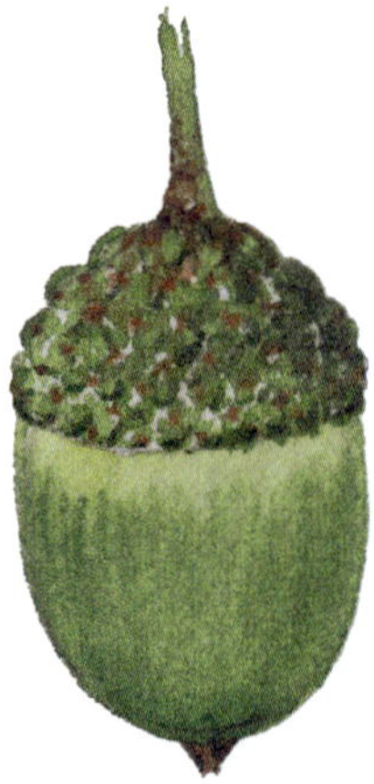

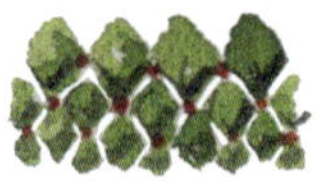

2.
Zwischen die Rauten und an die Unterseite der Nuss mit Pinsel Nr. 4/0 Siena gebrannt tupfen. Die Unterseite jeder Raute und die Kontur der Nuss mit der Schatten-Mischung abdunkeln.

Braune Eichel

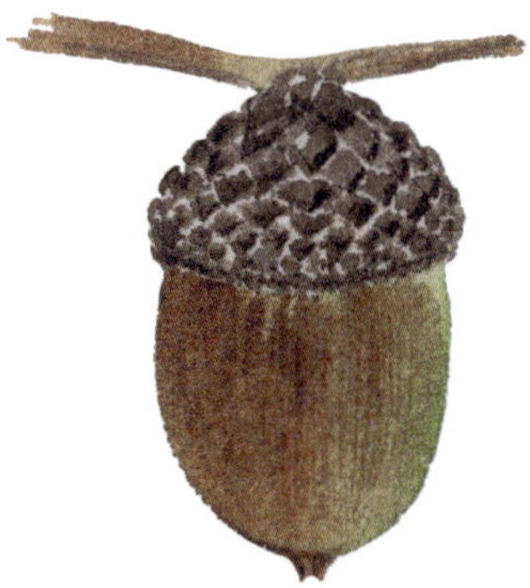

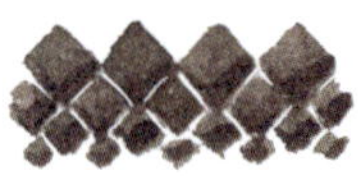

Aufbau wie oben, die Nuss jedoch mit der hellen Blätter-Mischung grundieren, auf der einen Hälfte Siena gebrannt streifig auftragen, auf der anderen die Eichel-Mischung. Stiel, Kappe und der Zipfel unter der Nuss mit konzentrierter Eichel-Mischung malen, die dunklen Akzente auf dem Fruchtbecher mit der Schatten-Mischung.

Nachdem Sie nun Blätter und Eicheln beherrschen, geht es an die Gestaltung eines Zweiges.

EICHENLAUBZWEIG

1

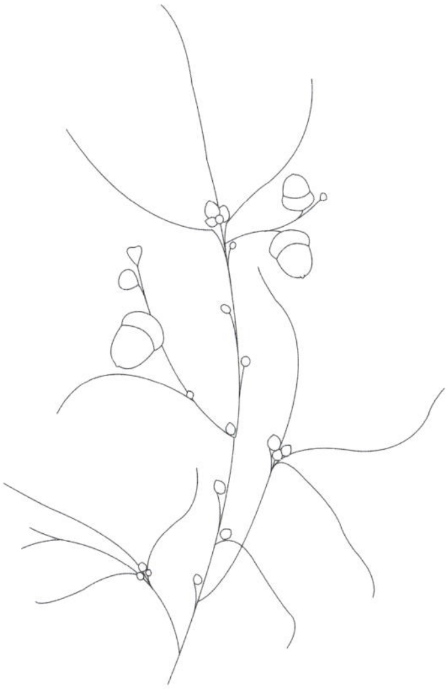

2

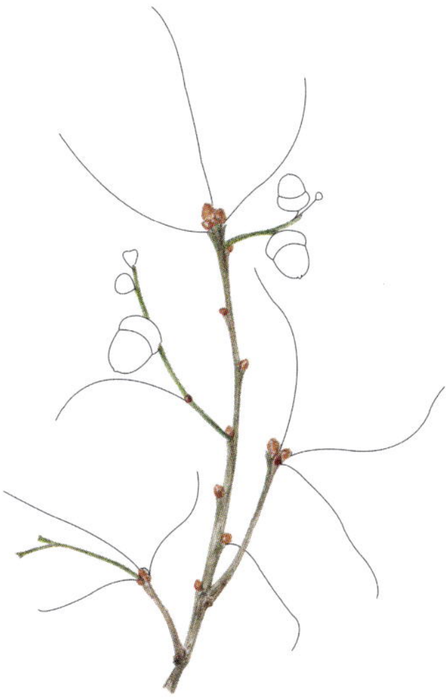

3

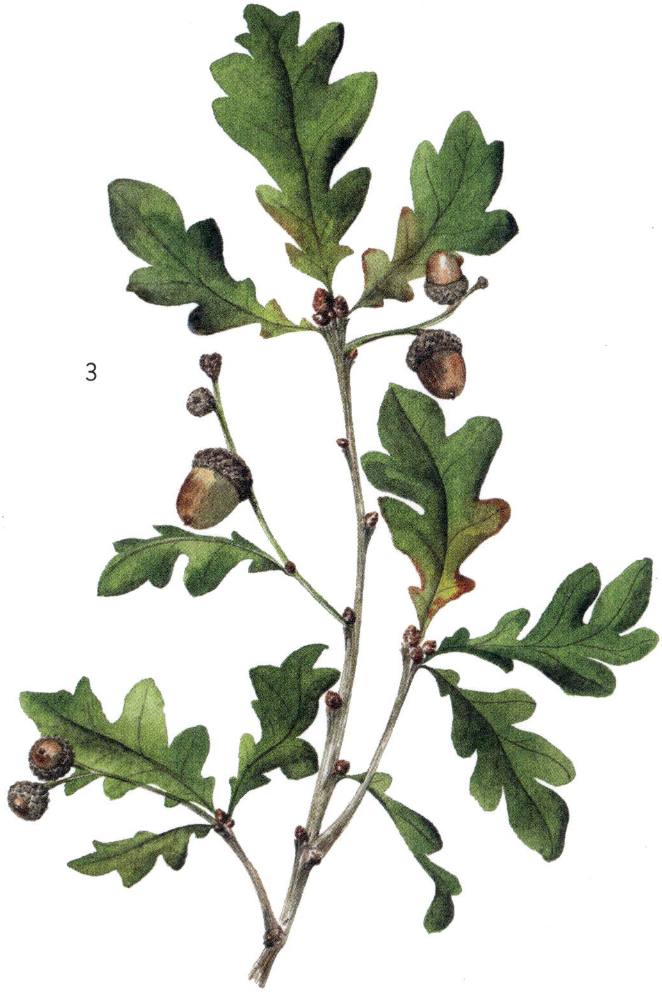

1.

Mit Bleistift einen Zweig skizzieren, dabei für die Blätter jeweils nur die Mittelrippe andeuten und genug Platz für die Eicheln lassen. Unter den Knospen und den Blattansätzen ist der ansonsten dünne Zweig jeweils leicht verdickt.

2.

Den Zweig von unten beginnend mit Pinsel Nr. 2/0 und der Eichel-Mischung mit vielen feinen Strichen gestalten, dabei bewusst unbemalte Zwischenräume für eine unregelmäßig Struktur weiß lassen. An jeder Gabelung mit Siena gebrannt und der Schatten-Mischung Verdickungen und Knospen hinzufügen. Die jüngeren, dünnen Verästelungen mit der hellen Blatt-Mischung malen.

3.

Den Anleitungen für Blätter und Eicheln folgen, um das Bild zu vervollständigen.

BROMBEEREN & SCHLEHEN

Zu meinen schönsten Kindheitserinnerungen, die ich jedes Jahr wieder aufleben lasse, gehört das Pflücken von Brombeeren. Ich habe zwar nie die passenden Utensilien dabei, um Schlehen zu ernten, aber ich male sie umso lieber. Beide Beerenzweige bieten unterschiedliche Ansätze, um mit Aquarell Textur und Form zu erzeugen.

SIE BRAUCHEN

Pinsel
spitze Rundpinsel Nr. 6, 4, 2, 0, 2/0, 4/0
Schlepperpinsel Nr. 0

Papier
kalt gepresstes Papier (mit Textur)

Bleistift HB, Radierer

Der Brombeerzweig ist im Format 17 x 9 cm entstanden.

Den Schlehenzweig habe ich im Format 15 x 8 cm gemalt.

Farben: Brombeeren

- Paynesgrau
- Alizarin-Karmesin
- Saftgrün
- Goldgrün
- Kadmiumrot
- Siena gebrannt
- Lichter Ocker

Farben: Schlehen

- Permanentrosa
- Kobaltblau dunkel
- Paynesgrau
- Siena gebrannt
- Goldgrün
- Saftgrün
- Alizarin-Karmesin

Mischungen: Brombeeren

Stängel: Saftgrün und Goldgrün

dunkle Beeren: Paynesgrau und Alizarin-Karmesin

rote Beeren: Alizarin-Karmesin und Kadmiumrot

grüne Beeren: viel Goldgrün mit etwas Saftgrün

Schatten: Siena gebrannt und Paynesgrau

Mischungen: Schlehen

Schlehen: Kobaltblau dunkel und Paynesgrau

Brauntöne: viel Siena gebrannt mit etwas Paynesgrau

Schatten: Siena gebrannt und Paynesgrau

Blattstiele: Siena gebrannt, Paynesgrau, Alizarin-Karmesin

BROMBEEREN

1.

Orientieren Sie sich an der Skizze. Mit verdünnter Stängel-Mischung und Pinsel Nr. 2 den Zweig malen, dabei die Abschnitte hinter den Blättern aussparen. Mit Pinsel Nr. 4/0 und der Stängel-Mischung die Dornen einfügen, mit Siena gebrannt konturieren. Trocknen lassen. An allen Gabelungen mit Saftgrün zarte Blättchen malen.

Mit Pinsel Nr. 6 und nassem Saftgrün Blätter mit gesägtem Rand malen (siehe Seite 14). Im noch nassen Zustand etwas Paynesgrau auf jeden Blattansatz tupfen.

Beeren
Mit Bleistift den Umriss einer Beere skizzieren, dann mittig einen kleinen Kreis zeichnen; dieser markiert die vorderste Beere zum Betrachter hin. Um diese herum weitere kleinere Beeren in Bohnenform anlegen, an der Außenkante sind es nur noch flache Sicheln. Rote, unreife Brombeeren sind etwas kleiner. Am kleinsten fallen die grünen Beeren aus, hier sind die Teilfrüchte vergleichsweise groß.

Alle Farbmischungen für die Beeren vorbereiten und stark verdünnen. Mit Pinsel Nr. 0 jede Teilfrucht umranden, dabei ein winziges Glanzlicht frei lassen. Trocknen lassen.

Die Farbkonzentration für eine zweite Schicht etwas erhöhen. Erneut stets Minibereiche unbemalt lassen, auch Zwischenräume aussparen. Das ist eine knifflige Arbeit, die sich aber auszahlt!

Mit der Stängel-Mischung Kelchblätter hinzufügen. Die vertrockneten Staubfäden am Ansatz der Beeren mit Pinsel Nr. 2/0 und Siena andeuten. Trocknen lassen.

Die grünen und roten Beeren mit der Beeren-Mischung plus etwas Schatten-Mischung vollenden. Diesen Farbton mit Pinsel Nr. 4/0 auf die untere Hälfte einiger Teilfrüchte tupfen. Die dunklen Beeren erhalten mit der konzentrierten Beeren-Mischung im oberen Bereich einen weiteren Farbauftrag, auch hier kleine Bereiche aussparen. Das scheint vielleicht, als würde man die mühsame Vorarbeit übermalen, aber nach dem Trocknen bleiben alle wunderbaren Details weiter sichtbar.

2.

Mit dem Schlepperpinsel und Paynesgrau Blattadern ziehen, dann die Unterseite von Zweig und Seitentrieben mit verdünnter Schatten-Mischung abdunkeln.

1

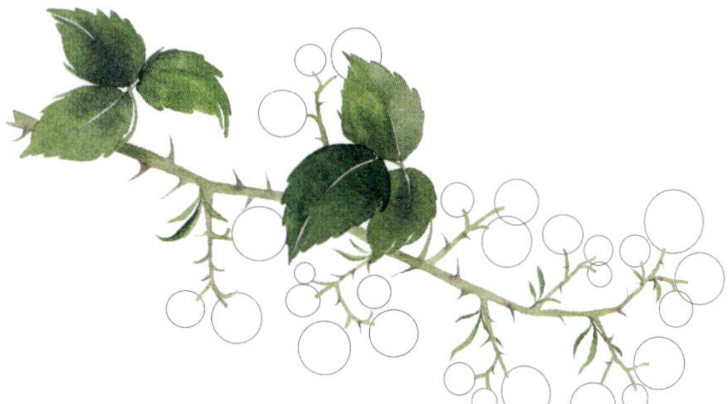

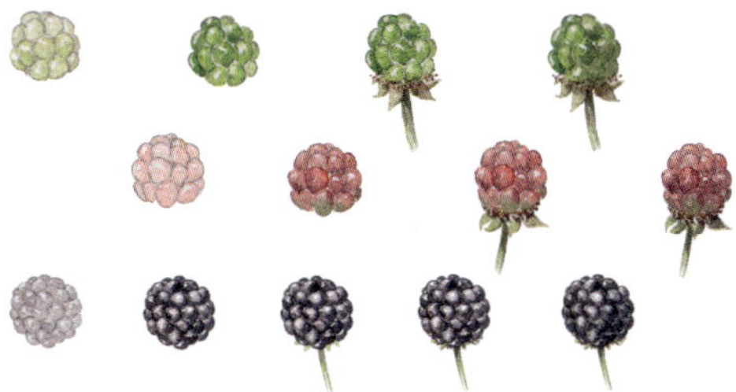

2

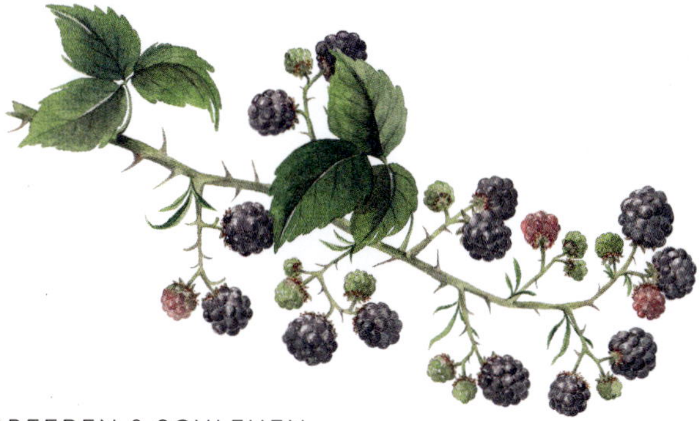

SCHLEHDORN

Ihre Beeren haben im Gegensatz zu den glänzenden Brombeeren eine samtige, matte, fast pudrige Oberfläche. Statt unbemalter Stellen kommen hier verschiedene Farbkonzentrationen zum Einsatz. Sanfte Übergänge erzeugen Dreidimensionalität.

Orientieren Sie sich an der Skizze unten. Für die Blätter nur die Mittelrippen vorzeichnen. Zuerst werden die Beeren gemalt.

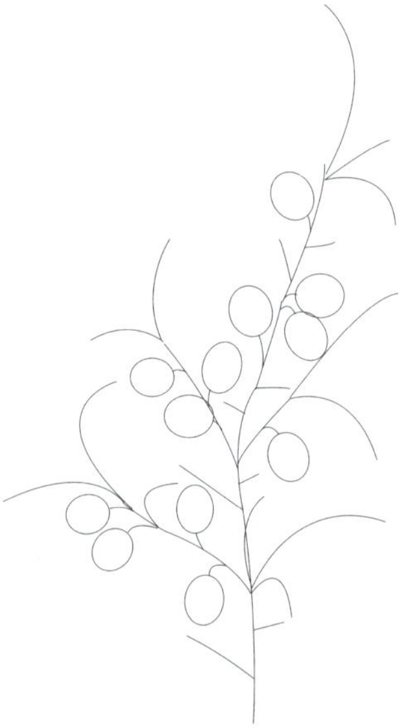

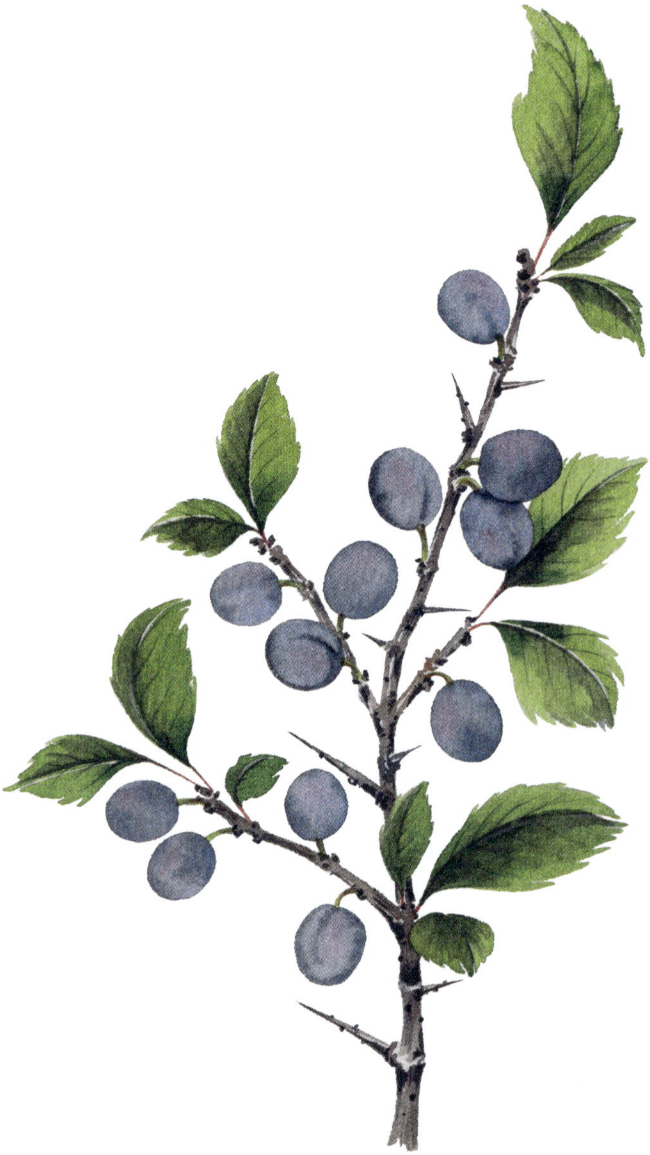

SCHLEHENBEEREN

Mit Pinsel Nr. 2 und verdünnter Schlehen-Mischung ein Oval malen. Im noch nassen Zustand mit konzentriertem Paynesgrau umranden, dann etwas Permanentrosa in die Beere tupfen. Mit Goldgrün einen kurzen gebogenen Stiel zum Zweig hin anfügen.

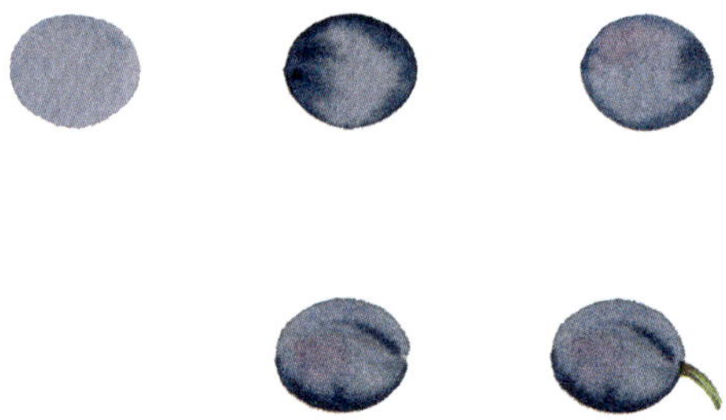

BLÄTTER

Mit nassem Goldgrün und Pinsel Nr. 4 dünn-dick-dünne Striche ziehen. Unten laufen sie in einem Punkt zusammen (siehe auch Seite 14). Die Striche werden nach außen immer kürzer, bis ein halbes Blatt mit gesägtem Blattrand entsteht. Im noch nassen Zustand an den Ansatz etwas Saftgrün geben. Auf der anderen Hälfte der Mittelrippe wiederholen. Die Mittelrippe selbst frei lassen.

Wenn alles trocken ist, mit dem Schlepperpinsel und Paynesgrau neben der Mittelrippe entlangfahren und auch Seitenadern anlegen. Mit verdünntem Paynesgrau, das verblendet wird, dem Blatt mehr Kontur geben.

Mit der Blattstiel-Mischung und dem Schlepperpinsel einen feinen Stiel Richtung Zweig anfügen.

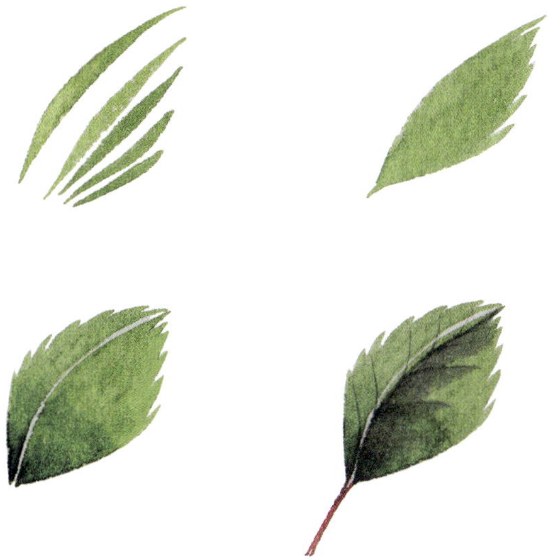

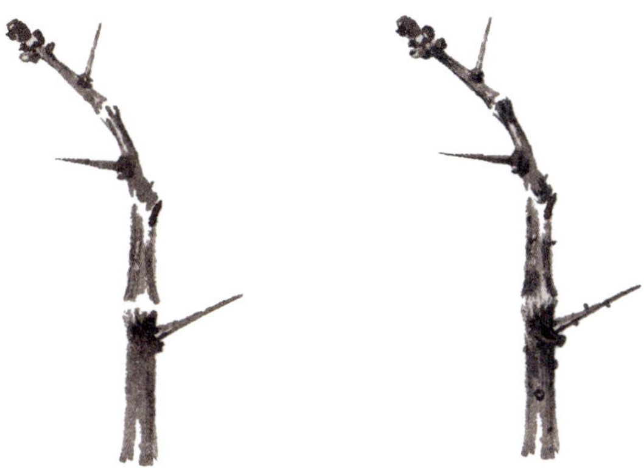

ZWEIG

Der Zweig kann entweder in die Zwischenräume hinter die Beeren und Blätter gemalt werden oder davor – der Farbton ist dafür kräftig genug. Mit der Brauntöne-Mischung und Pinsel Nr. 2 abschnittsweise von unten nach oben arbeiten. An jeder Verzweigung einen Spalt unbemalt lassen. Mit einem dünneren Pinsel Verdickungen und Dornen hinzufügen. Wenn alles trocken ist, werden weitere Details mit konzentrierter Schatten-Mischung ergänzt.

EINFACHE HERBSTLANDSCHAFT

Sie trauen sich keine Bildkomposition zu? Jedes schöne Panorama kann bei näherer Betrachtung ziemlich leicht in breite Pinselstriche und mehrere Schichten Aquarellfarbe übersetzt werden.

Um eine Landschaft in Aquarell zu gestalten, ist es immer ratsam, den Blick zunächst auf den Horizont zu richten und die blassesten Farben auszumachen. Das ist der besondere Ansatz von Aquarelllandschaften. Die subtilen Töne werden in verdünnter Form als Grundierung aufgetragen, auf der mehrere weitere Schichten aufbauen. So gesehen ist Aquarell das perfekte Medium, um mit der Landschaftsmalerei zu beginnen.

Diese Herbstlandschaft ist im Format 17 x 10 cm entstanden.

SIE BRAUCHEN

Pinsel
spitze Rundpinsel Nr. 8, 2, 2/0
Schlepperpinsel Nr. 0

Papier
kalt gepresstes Papier (mit Textur)

Bleistift HB, Radierer, Washi-Tape

Mischungen

Schatten: Siena gebrannt und Paynesgrau

Graugrün: Paynesgrau und Saftgrün

Farben

- Paynesgrau
- Siena gebrannt
- Goldgrün
- Kadmiumrot
- Kadmiumorange
- Lichter Ocker
- Saftgrün
- Französisch Ultramarin

1.

Wenn ich mit großflächigen Grundierungen und Lasuren arbeite, klebe ich mein Papier rundherum mit Washi-Tape fest, damit es sich nicht wellt.

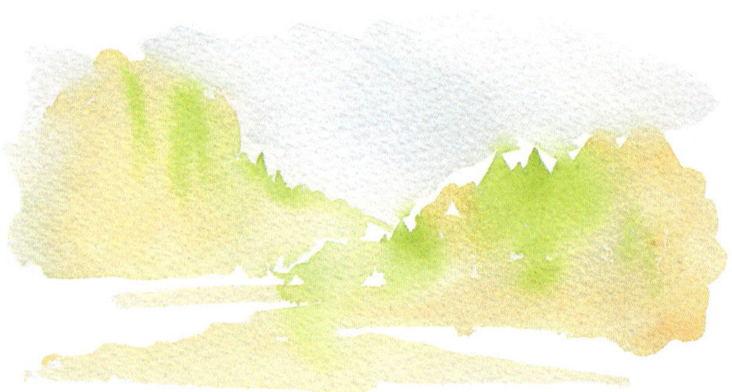

Abstrakte Baumformen malen, die mit zunehmender Entfernung immer kleiner werden. Dazu reichlich verdünntes Goldgrün, Kadmiumorange, Lichten Ocker und Französisch Ultramarin auf der Palette anmischen. Mit Pinsel Nr. 8, Kadmiumorange und Lichtem Ocker zwei einander ähnliche Waldregionen anlegen, die in der Blattmitte aufeinander zulaufen. Einige breite Striche definieren den flachen Vordergrund. Mit Goldgrün einige Nadelbaumspitzen malen. Den Pinsel reinigen und mit stark verdünntem Französisch Ultramarin den Himmel lasieren. Sofort mit Schritt 2 fortfahren.

2

3

2.

Im noch nassen Zustand mit Pinsel Nr. 2 mehr Baumformen mit konzentriertem Goldgrün anlegen. Dem Kadmiumorange etwas Kadmiumrot zufügen und damit knapp unterhalb der Baumreihen Streifen ziehen. Weitere Querstreifen mit dieser Mischung und in Goldgrün für die Wiesen im Vordergrund malen.

3.

Das Hinzufügen von Schichten mit konzentrierter Farbe erzeugt Perspektive. Sehr satte Farben sind den Objekten im Vordergrund vorbehalten, helle, verschwommene Farben lassen Objekte optisch in weite Ferne rücken. Weitgehend, aber nicht ganz trocknen lassen, denn das schafft interessante Effekte. Dem Goldgrün etwas Paynesgrau zufügen und mit Pinsel Nr. 2/0 die Nadelbäume weiter ausarbeiten. Die roten Laubbäume mit nassem Kadmiumrot und Kadmiumorange und Pinsel Nr. 2/0 betupfen. Im noch nassen Zustand mit nassem Paynesgrau am Fuß der Bäume Schatten anlegen und mit konzentriertem Siena gebrannt einige der welligen Striche in den Vordergrund setzen. Trocknen lassen.

4.

Mit dem Schlepperpinsel und Paynesgrau Stämme und Astgabelungen in die roten Bäume malen. Stämme im Hintergrund sind blasser als jene im Vordergrund. Goldgrün mit etwas Paynesgrau vermischen und mit Pinsel Nr. 2/0 die Nadelbaumspitzen abdunkeln. Eine weitere Schicht Tupfen konzentriertes Kadmiumrot und Siena gebrannt in die Laubbäume bringen, vor allem an den Außenkonturen. Im Vordergrund mit Pinsel Nr. 2 mit der Graugrün-Mischung trockene Streifen über die Bodenwellen ziehen. Zuletzt mit dem Schlepperpinsel und Paynesgrau einige Gräser hochziehen.

4

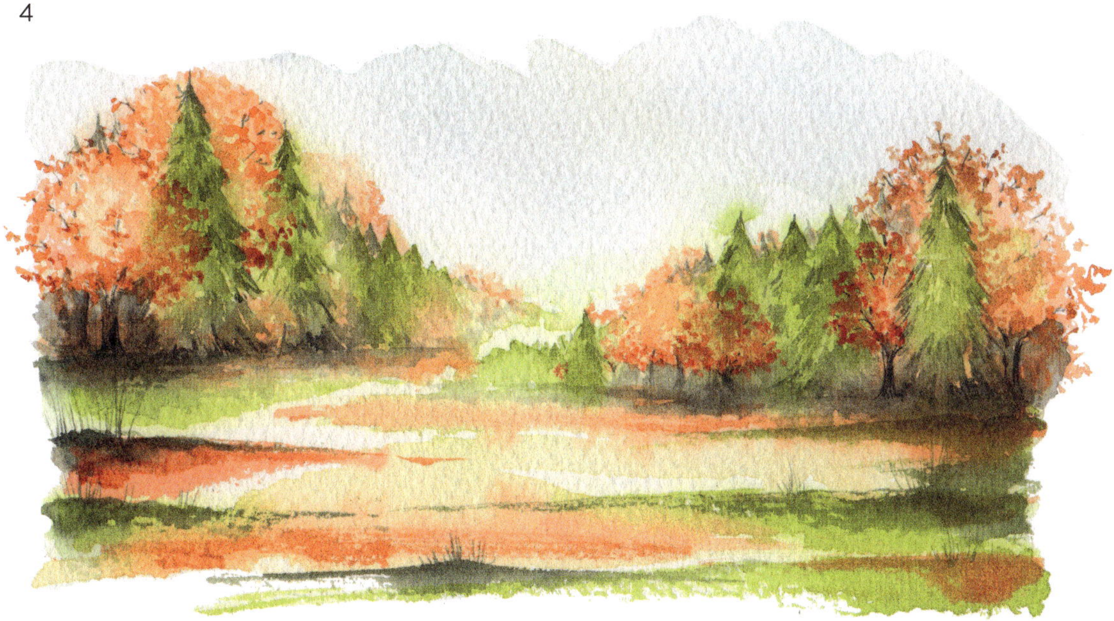

FASAN (HAHN UND HENNE)

Am 1. Oktober beginnt in England die Jagdsaison und unser Garten wird zum sicheren Zufluchtsort für manches Federwild. Die weiblichen Fasane sind dünn genug, um sich durch unseren Zaun zu zwängen, die männlichen überwinden mit ungelenken Flugbewegungen unsere Hecke und kündigen sich kreischend an.

Wenn sie mit ihrem beträchtlichen Gewicht nicht unsere filigrane Futterstelle ins Wanken bringen, trampeln sie durch Ants Gemüsebeete. Sie bleiben nur, solange Crumble es erlaubt. Die Weibchen verweilen dank ihrer Tarnfarben meist etwas länger als ihre männlichen Artgenossen.

SIE BRAUCHEN

Pinsel
spitze Rundpinsel Nr. 8, 4, 2, 0, 4/0

Papier
kalt gepresstes Papier (mit Textur)

Bleistift HB, Radierer

Die beiden Fasanbilder sind im Format 9 x 8 cm entstanden.

Farben

- Lichter Ocker
- Goldgrün
- Saftgrün
- Paynesgrau
- Französisch Ultramarin
- Alizarin-Karmesin
- Umbra natur
- Kadmiumorange
- Umbra gebrannt
- Siena gebrannt
- Kadmiumrot

Mischungen

- **rote Federn:** Siena gebrannt und Alizarin-Karmesin
- **Beige:** Lichter Ocker und Paynesgrau
- **Schatten:** Siena gebrannt und Paynesgrau
- **braune Schatten:** viel Siena gebrannt mit etwas Paynesgrau

1

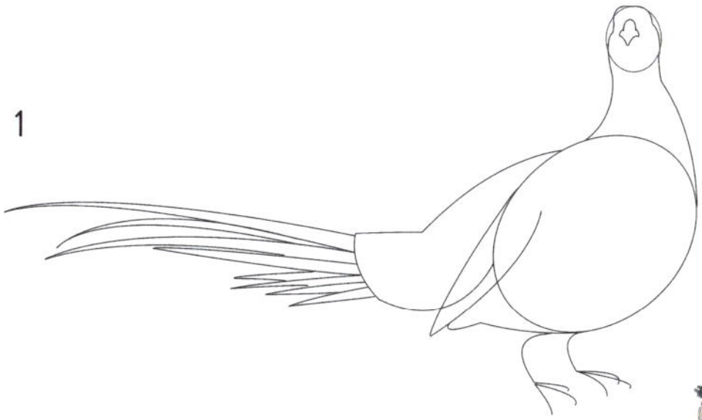

2

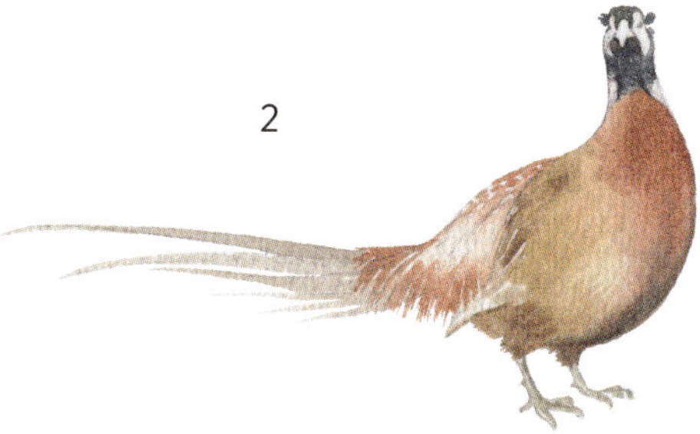

3

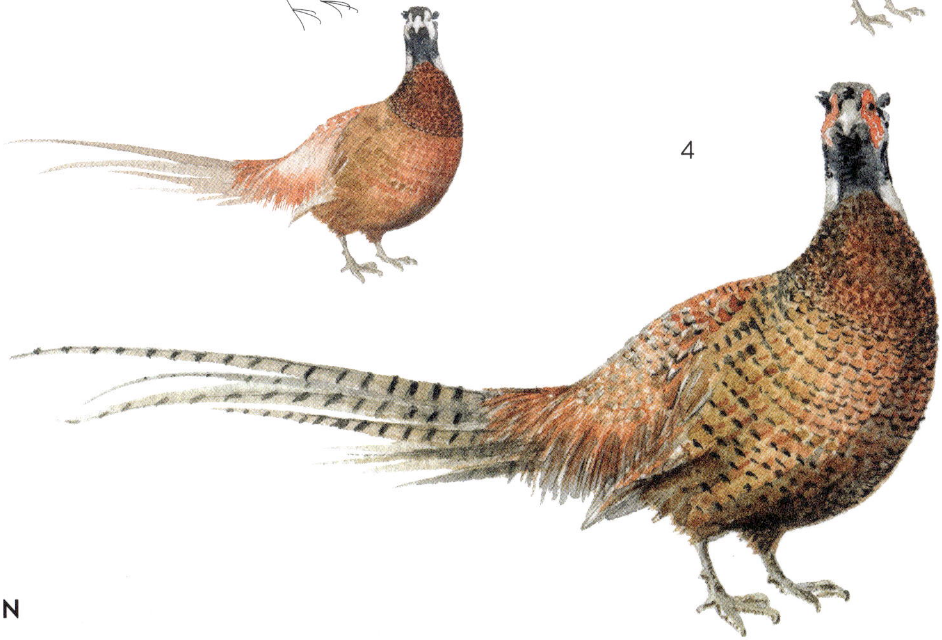

4

HAHN

1.

Orientieren Sie sich an der Skizze.

2.

Die Federn bestehen aus verschiedenen Rot-, Gold- und Kastanientönen. Mit Pinsel Nr. 2 und verdünnter Beige-Mischung die Schwanzfedern, Beine und Füße grundieren. Die breite Brust mit der roten Feder-Mischung grundieren. Umbra natur über den Beinen und am Rücken auftragen und verlaufen lassen. Am Rücken mit Pinsel Nr. 4/0 und der roten Feder-Mischung Punkte in Richtung Schwanz setzen, um feine Federn darzustellen. Hals und Kopf mit verdünntem Französisch Ultramarin und Paynesgrau betupfen.

3.

Mit Pinsel Nr. 4/0 und konzentrierten Versionen der bereits verwendeten Farben viele kleine V-Formen unter den Halsbereich in die oberen zwei Drittel der Brust setzen, dabei die Körperrundung berücksichtigen. Darunter, wo die Federn am Körper größer werden, mit dem Pinsel schmale Rechtecke bis zu den Beinen hin malen.

4.

Wenn alles trocken ist, jede Feder mit brauner Schatten-Mischung und Pinsel Nr. 4/0 betupfen.
Für den Rücken die verwendeten Farben weiter konzentrieren und ihn damit betupfen. Mit der braunen Schatten-Mischung dunkle Akzente setzen. Mit der Schatten-Mischung Querstreifen auf die Schwanzfedern setzen und Beine, Füße und die längeren Federn auf dem Rücken damit zart umranden. Am Rücken Federn gestalten, die der Körperrundung folgen. Den teils verdeckten Flügel mit verdünnter Schatten-Mischung abdunkeln. Die Stirn- und Kinnlappen mit Kadmiumrot malen. Wenn alles trocken ist, letzte Bleistiftspuren ausradieren. Mit Pinsel Nr. 4/0 und Paynesgrau die Augen auftupfen und einige dunkle Akzente im blauen Halsbereich setzen. Mit verdünnter Schatten-Mischung den weißen Nackenring und den Schnabel ausarbeiten. Zuletzt mit Pinsel Nr. 4 und der Schatten-Mischung die Brustunterseite bis zu den Füßen abdunkeln.

HENNE

1.

Die Henne ist kleiner als der Hahn, die Schwanzfedern sind kürzer, aber der Körperbau ist ähnlich. Den Körper mit Pinsel Nr. 2 und verdünntem Lichtem Ocker grundieren, dann die Schwanzfedern mit oranger Feder-Mischung. Im noch nassen Zustand Kopf, Hals und Brust mit der Beige-Mischung umranden, um rundliche, dreidimensionale Formen zu erzeugen. Wenn alles trocken ist, mit Pinsel Nr. 4/0 vom Hals abwärts Federn auftupfen, die ohne merklichen Übergang allmählich an Größe zunehmen.

2.

Die Flügelfedern mit brauner Schatten-Mischung ausgestalten (siehe Details). Am Oberkopf beginnend mit Pinsel Nr. 4/0 und brauner Schatten-Mischung winzige Flecken für Federn auftupfen. Einige Akzente mit Siena gebrannt setzen, um die Position von Auge, Flügel und Schwanzfedern zu markieren. Mit konzentrierter Beige-Mischung Beine und Schnabel stärker betonen.

3.

Mit dem dünnsten Pinsel und brauner Schatten-Mischung flaumige Federn um den Flügel herum andeuten. Die Iris mit Umbra natur malen und – getrocknet – mit konzentriertem Paynesgrau betupfen. Den Schnabel konturieren, Nasenloch andeuten, dann mit verdünnter Schatten-Mischung Kinn und Brust abdunkeln.

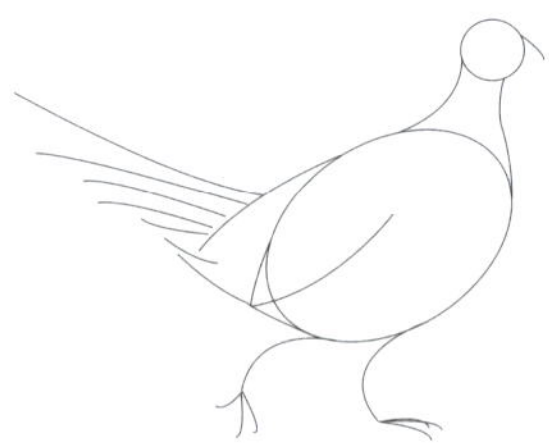

1

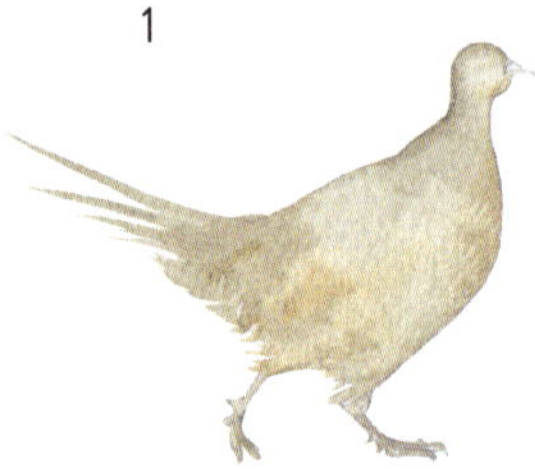

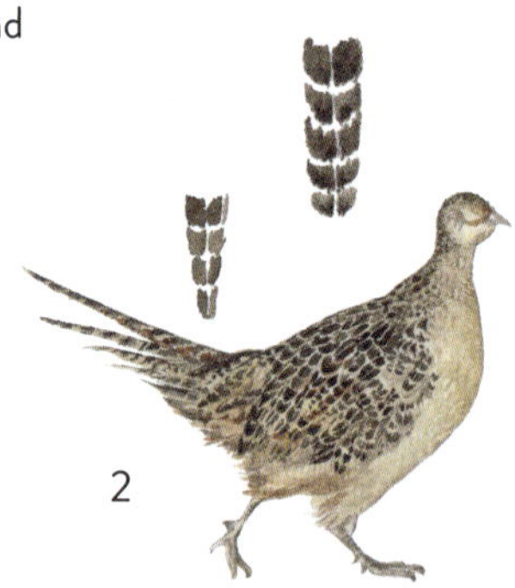

2

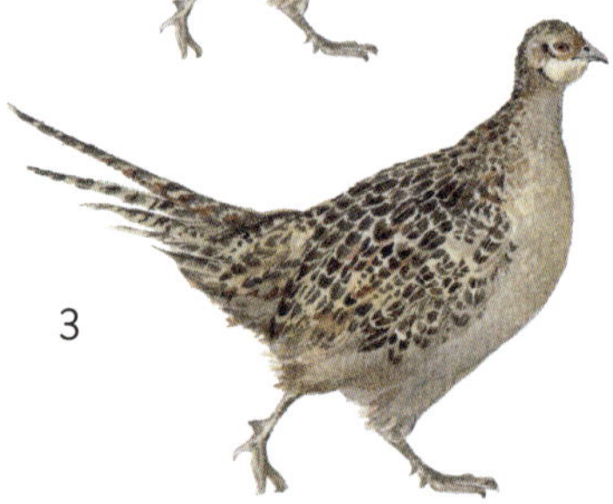

3

FASAN IN LOCKERER AQUARELL-TECHNIK

In der freien Natur bietet sich eine lockere Zeichentechnik an.

Für eine schnelle Malerei mit lockerer Hand einen etwas größeren Pinsel verwenden und alle Bereiche vereinfachen. Die Federzeichnung wird nur noch angedeutet, aber Farbe und charakteristische Merkmale bleiben wichtig.

Die Basis bildet eine Bleistiftskizze und die Farbpalette aus der vorangegangenen detaillierten Vogelstudie. Statt mehrerer Schichten wird nun schwungvoll und beherzt jede Partie mit möglichst wenigen Pinselstrichen angelegt. Mit Pinsel Nr. 4 die Körper- und Flügelkonturen definieren und den Vogelkörper ausformen.

Zu Pinsel Nr. 2 wechseln und mit der feinen Spitze geschwungene Federn auf die Flügel, über den Beinen, an Hals und Schwanz gestalten. Wenn das Papier allmählich trocknet, dunkle Tupfen für die Gefiederzeichnung auf dem Körper ergänzen.

Mit Pinsel Nr. 0 die Farben von Gesicht und Hals in hoher Konzentration auftragen, zwischen den Farbfeldern etwas frei lassen. Die weißen Stellen auf dem Papier sorgen dafür, dass diese kräftigen Farben nicht ineinanderlaufen und verleihen dem mutigen Werk mehr Lebendigkeit.

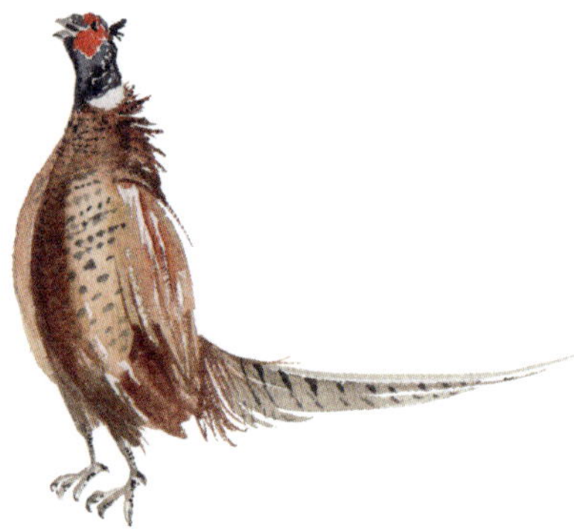

1

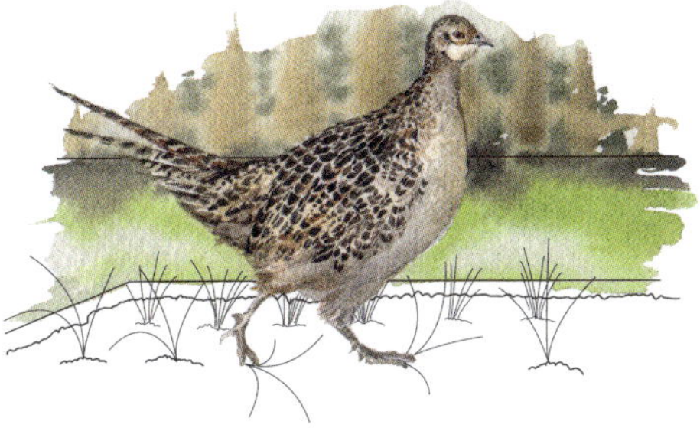

2

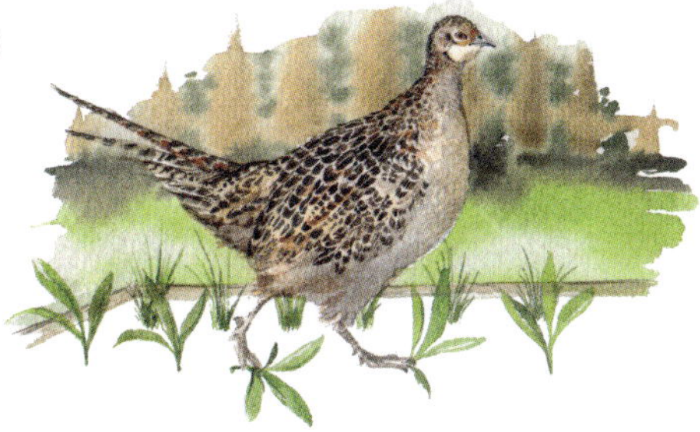

IM GEMÜSEBEET

Die Henne mag vielleicht nicht über die schillernde Farbgebung des Hahns verfügen, dafür kann sie sich ihrer Umgebung perfekt anpassen. Aufgrund der Tarnung kann es (zu) lange dauern, bevor wir sie zwischen dem Gemüse ausmachen.

Manchmal ist es leichter, den Hintergrund zuerst anzulegen, aber es ist nicht unmöglich, zunächst das Motiv zu malen und nachträglich einen Hintergrund zu ergänzen.

1.

Zuerst eine hauchdünne Bleistiftskizze des Beets anfertigen. Hier gibt es eine klare Trennung zwischen dem verschwommenen Hintergrund und dem genauer ausgearbeiteten Gemüsebeet, in dem der Fasan einherschreitet. Mit einem spitzen Pinsel Nr. 8 die weich angelegten Hintergrundbereiche anfeuchten, dabei akkurat um den Vogel herumfahren. Im noch nassen Zustand mit dem gleichen Pinsel Gras in Goldgrün malen, Zaunbretter in Lichtem Ocker, zwischen diese Tupfen in Paynesgrau und Saftgrün setzen. Zwischen Wiese und Zaun eine Linie in Paynesgrau malen. All dies wird nach dem Trocknen noch heller werden. Trocknen lassen.

2.

Mit Pinsel Nr. 0 und verdünntem Lichten Ocker eine hölzerne Beeteinfassung malen, trocknen lassen, dann mit Saftgrün und Goldgrün Setzlinge gestalten, von denen zwei unter den Vogelfüßen gerade zertrampelt werden. Die Pflanzenfarben sollten konzentrierter als der Hintergrund sein, sodass sie etwa über der Beetkante gut sichtbar sind.

3.

Mit Pinsel Nr. 2 und verdünnter brauner Schatten-Mischung das Erdreich gestalten, dabei für mehr Textur viele unbemalte Zwischenräume lassen. Den Bereich unter dem Vogel mit der Schatten-Mischung abdunkeln. Da die Henne jetzt von Farbe statt von weißem Papier umgeben ist, braucht sie mehr Schatten und Kontur, um optisch hervorzutreten. An den Pflanzen mit Pinsel Nr. 4/0 und Saftgrün dunkle Akzente setzen. Wenn alles trocken ist, letzte Bleistiftspuren ausradieren.

3

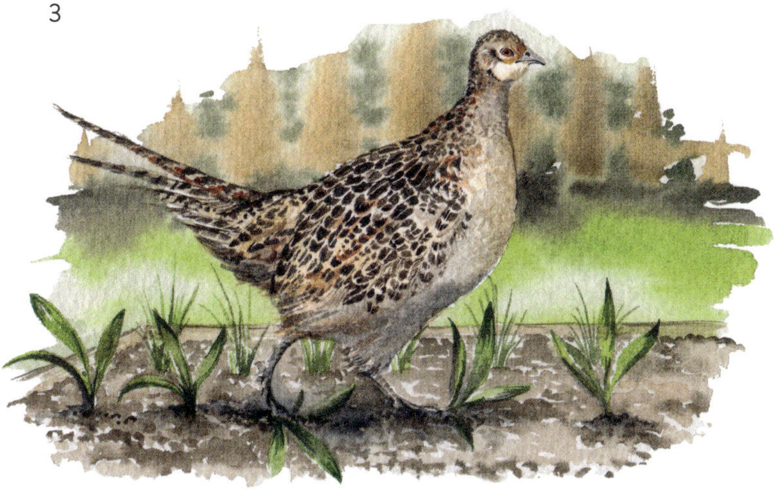

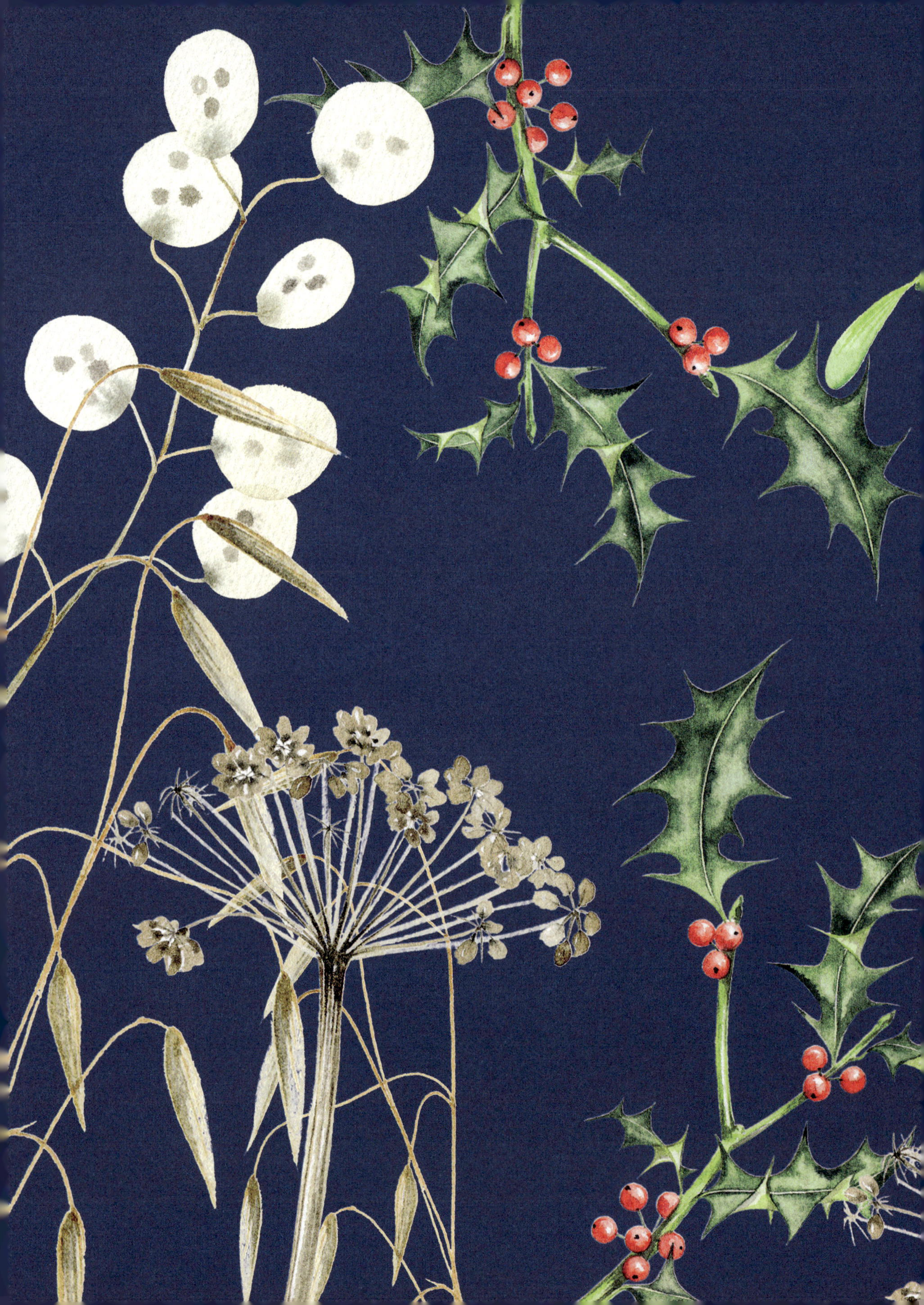

WINTER

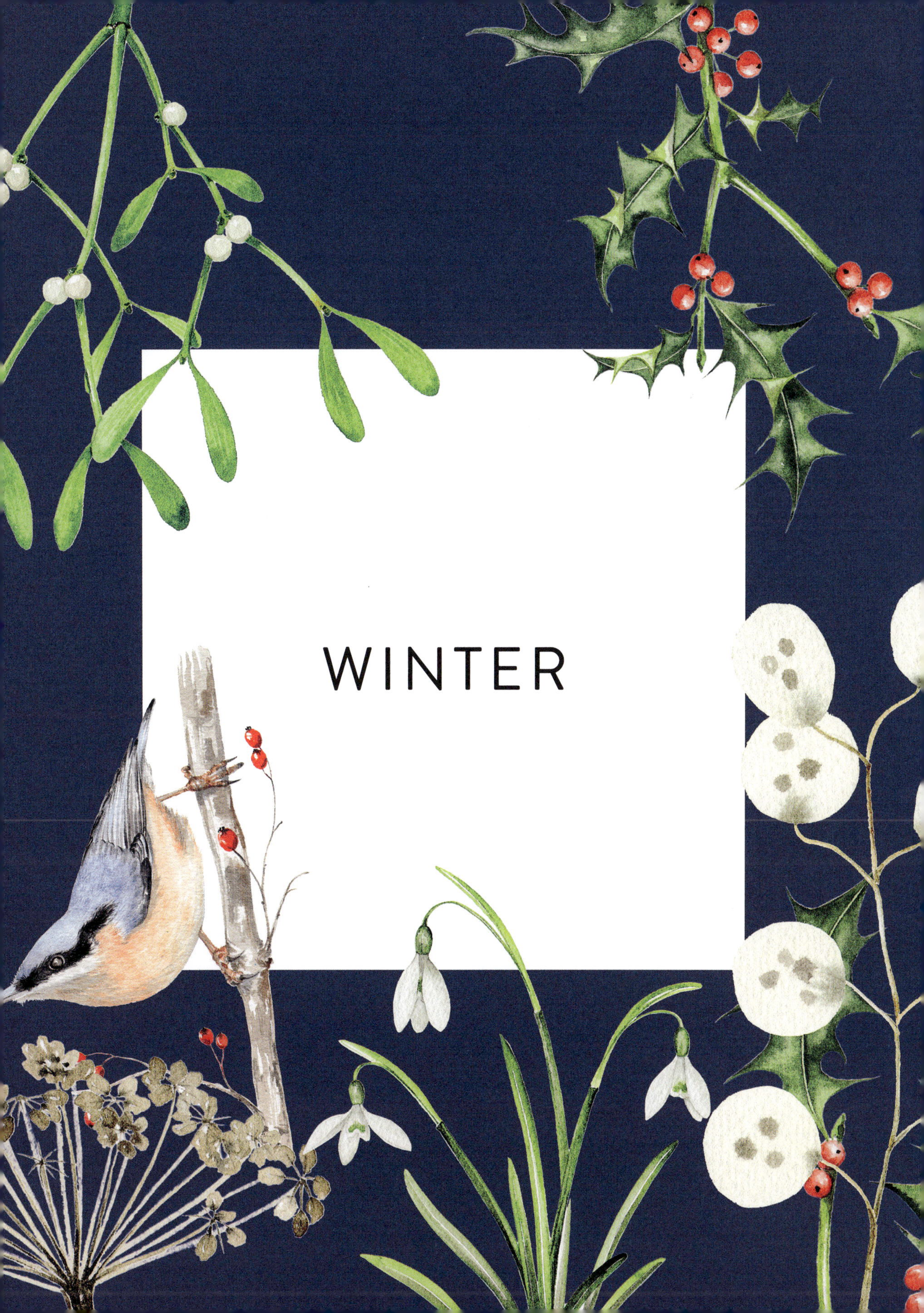

KLEIBER

Ich versuche, keine Favoriten zu haben, aber ich muss zugeben, dass ich den Kleiber besonders gern in Aktion beobachte, wenn er mit seiner coolen Zorromaske kopfüber an Zweigen hängt.

SIE BRAUCHEN

Pinsel
spitze Rundpinsel Nr. 4, 2, 0, 2/0, 4/0

Papier
kalt gepresstes Papier (mit Textur)

Bleistift HB, Radierer

Mischungen

- **helle Federn:** Lichter Ocker und Paynesgrau
- **orange Federn:** Kadmiumorange und Kadmiumrot
- **Schatten:** Siena gebrannt und Paynesgrau

Farben

- Lichter Ocker
- Siena gebrannt
- Paynesgrau
- Alizarin-Karmesin
- Kadmiumorange
- Kadmiumrot
- Kobaltblau dunkel
- Eisenoxidschwarz

1.
Orientieren Sie sich an der Skizze.

2.
Brust und Bauch mit Pinsel Nr. 2 und verdünnter oranger Feder-Mischung lasieren. Kopf und Rücken mit verdünntem Kobaltblau dunkel eintönen. Die hinteren Federn der Schwingen mit etwas verdünntem Paynesgrau herausarbeiten. Mit dem Pinsel Nr. 0 und verdünntem Eisenoxidschwarz den Streifen malen, der vom Schnabel über das Auge hinausreicht. Den Schnabel mit Kobaltblau dunkel malen, dann einen Tupfen Eisenoxidschwarz auf die noch feuchte Spitze setzen.

1

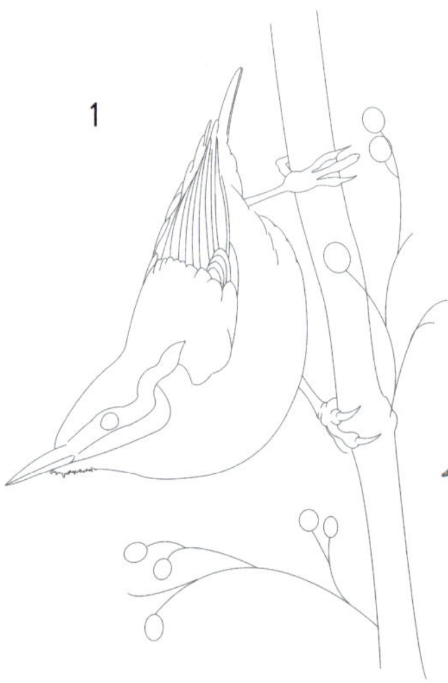

2

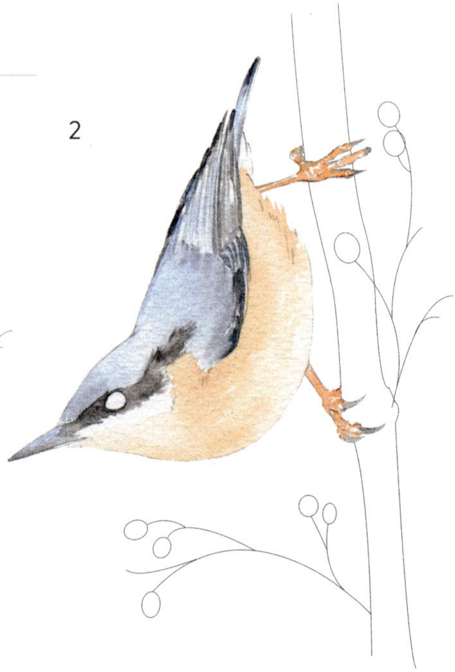

Das Kleiberbild ist im Format 15 x 8 cm entstanden.

3

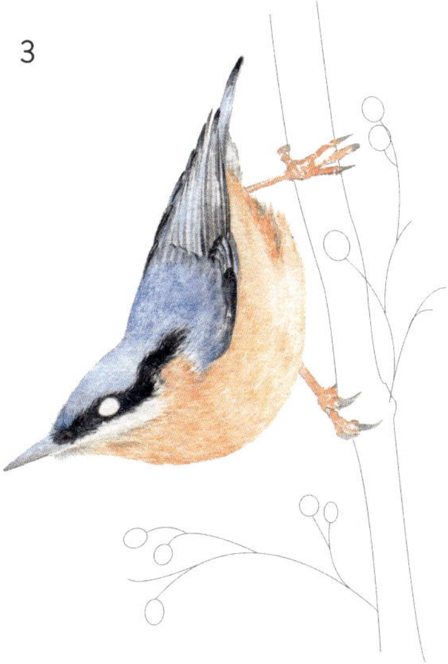

Die Deckfedern der Flügel mit verdünntem Kobaltblau dunkel und Paynesgrau und dem Pinsel Nr. 4/0 einfügen, dabei winzige Zwischenräume aussparen. Auf die noch feuchten Spitzen etwas konzentrierteres Paynesgrau tupfen. Für die Unterseite der Schwanzfedern die helle Feder-Mischung verwenden.

Die orange Feder-Mischung mit etwas Siena gebrannt abtönen und mit dem Pinsel Nr. 2/0 die Beine und Füße malen. Jeden Zeh mit einer winzigen Kralle in der Schatten-Mischung versehen.

3.

Mit dem Pinsel Nr. 4/0 und konzentrierteren Versionen der Lasuren die feinen Federbüschel auf den Körper stricheln. Auf den verdeckten Flügelfedern Schatten mit konzentriertem Paynesgrau einfügen. Trocknen lassen, dann alle sichtbaren Bleistiftstriche ausradieren.

4.

Mit Siena gebrannt die knubbelige Form der Füße ausarbeiten. Mit dem Pinsel 4/0 und Eisenoxidschwarz einen feinen Strich auf den Schnabel malen und das Auge umranden. Den Pinsel auswaschen und die Farbe mit den feuchten Pinselhaaren nach innen ziehen, dabei ein Glanzlicht aussparen. An der Unterseite von Schwanz, Körper und Beinen mit dem Pinsel Nr. 2 etwas verdünnte Schatten-Mischung einfügen, dabei soll die Strichführung die Textur der Federn erahnen lassen.

Für den Zweig den Pinsel Nr. 4 und Siena gebrannt sowie die Schatten-Mischung verwenden. Die Striche in Längsrichtung des Zweigs führen, bis keine Farbe mehr im Pinsel ist. So entsteht eine schöne Rindenstruktur. Für die zarten Verästelungen Pinsel Nr. 2/0 verwenden. Die Beeren mit Kadmiumrot kolorieren, dabei Glanzlichter aussparen. In die feuchte Farbe der Beeren etwas Alizarin-Karmesin geben und auf die Spitzen kleine Tupfen konzentriertes Eisenoxidschwarz. Mit Pinsel Nr. 2 und verdünnter Schatten-Mischung den Zweig unter den Vogelfüßen sowie die Unterseite der Beeren abdunkeln.

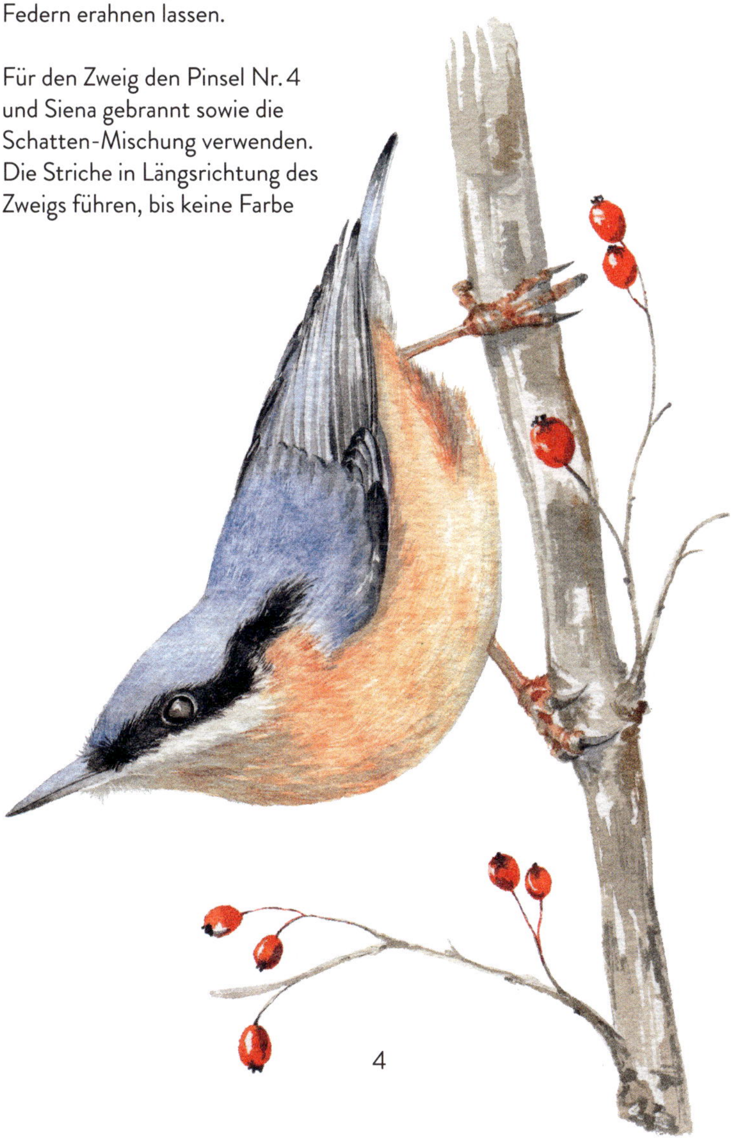

4

WALDKIEFER

Kiefern sind meine Lieblingsbäume – zum Malen und zum Umarmen.

SIE BRAUCHEN

Pinsel
spitze Rundpinsel Nr. 8, 2, 2/0
Verwaschpinsel Nr. 6

Papier
kalt gepresstes Papier (mit Textur)

Bleistift HB, Radierer

Farben

- Paynesgrau
- Siena gebrannt
- Umbra natur
- Kadmiumorange
- Kobaltblau dunkel
- Goldgrün
- Saftgrün

Mischungen

- **Grüntöne:** Saftgrün und Goldgrün
- **Schatten:** Siena gebrannt und Paynesgrau
- **braune Schatten:** viel Siena gebrannt mit etwas Paynesgrau

Diese Waldkiefer habe ich im Format 20 x 15 cm gemalt.

1.

Eine waagerechte Horizontlinie ziehen, dann einen hohen geraden Baumstamm im Vordergrund skizzieren. Auf beiden Seiten knorrige Äste anfügen. Die gesamte Fläche mit einem Lasurpinsel und klarem Wasser befeuchten. Über der Horizontlinie den Himmel mit Pinsel Nr. 8 streifig mit Kobaltblau dunkel lasieren. Für den Bereich unterhalb der Horizontlinie die Grüntöne-Mischung verwenden. Dabei den Baumstamm aussparen (dennoch wird etwas Farbe in den Baum verlaufen). Direkt unter dem Baum etwas verdünntes Saftgrün einfügen. Zum Schluss die entfernten Gehölze entlang der Horizontlinie mit konzentriertem Kadmiumorange, Goldgrün und schließlich etwas Schattenmischung andeuten. Alle Farben vollständig trocknen lassen.

1

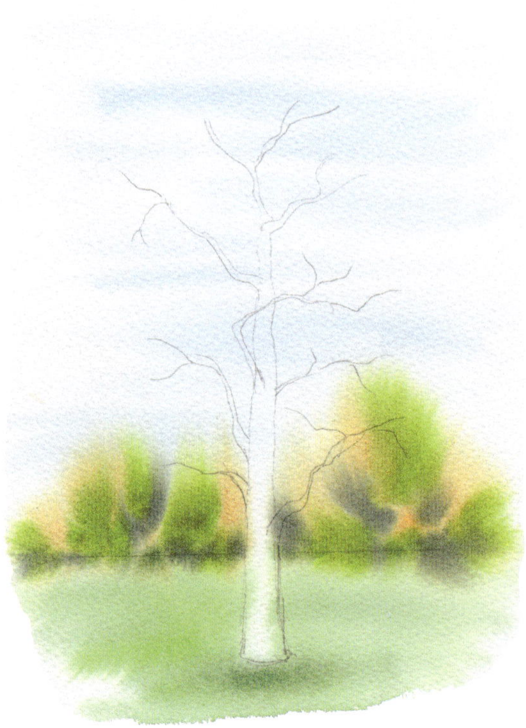

2

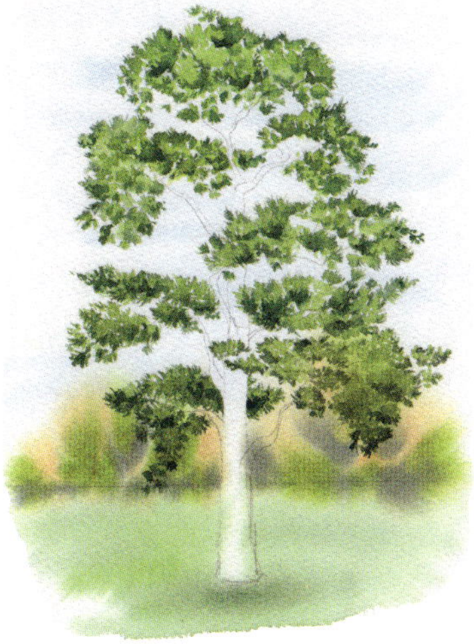

3

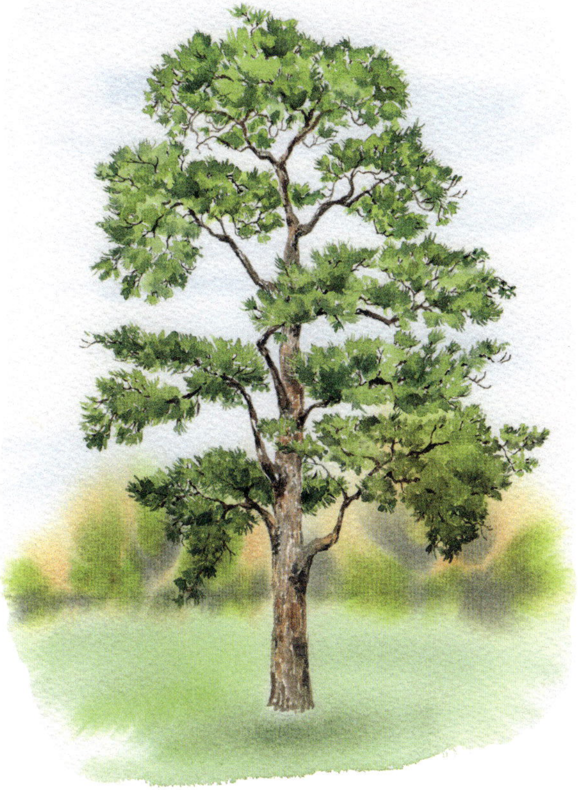

2.

Die benadelten Zweige werden nacheinander gemalt. Dafür um jeden Zweig herum mit einem Pinsel Nr. 2 und der Grüntöne-Mischung viele kleine C-Bögen zu einer ungleichmäßigen Farbwolke zusammenfügen. Solange die Farbe noch feucht ist, mit dem Pinsel Nr. 2/0 und Saftgrün an den Rändern und in der Mitte dieser grünen Bereiche dünne Striche einfügen, um einzelne Nadeln anzudeuten. Außerdem kleine stachelige »Wolken« hinzufügen, die (noch) keinen Kontakt zu den Ästen haben.

3.

Mit Siena gebrannt, Umbra natur und der braunen Schatten-Mischung mit dem Pinsel Nr. 2 von unten nach oben unregelmäßige kurze Stricke auf den Baumstamm malen. Hier und da etwas unbemalt lassen, um die grobe Rindenstruktur anzudeuten. Für die Äste die braune Schatten-Mischung verwenden. Wo diese auf die grünen Tannennadeln treffen, zum Pinsel Nr. 2/0 wechseln und die Konzentration der braunen Schatten-Mischung verstärken. Nun die »Wolken« aus Tannennadeln verbinden. Einige knorrige Äste können auch über die grünen Bereiche gemalt werden. Die Farben vollständig trocknen lassen, dann alle sichtbaren Bleistiftstriche ausradieren.

4.

Mit verdünntem Saftgrün und dem Pinsel Nr. 2 vom unteren Ende des Baumstamms lockere Striche nach außen malen, die in der grünen Grundierung auslaufen.

Mit dem Pinsel Nr. 2/0 und konzentrierter brauner Schatten-Mischung die grobe Struktur der Baumrinde verstärken. Eventuell noch einige kahle Zweige einfügen und mit kleinen Büscheln aus Tannennadeln in Saftgrün umgeben.

Wenn das Grün um den Stamm herum getrocknet ist, mit dem Pinsel Nr. 2/0 und konzentriertem Saftgrün Grasbüschel andeuten. Trocknen lassen.

5.

Mischen Sie etwas verdünnte Schatten-Mischung und wählen Sie die Seite des Baumes, die im Schatten liegen soll. Mit Pinsel Nr. 2 einen verdünnten Schattenstrich auf einer Seite des Stammes und in alle schattigen Bereiche ziehen: die Unterseiten der Äste und Zweige. Malen Sie dann mit dem Pinsel Nr. 8 eine Linie quer über das Gras von der Basis des Stammes aus. Halten Sie den Pinsel schräg, um die Schattenfläche des Baumes auf dem Boden zu erzeugen. Wenn Sie den Pinsel schräg halten, lässt das die Pinselhaare schneller austrocknen, das verleiht dem Schatten eine perfekte raue, organische Kante, die genau wie die Kiefernnadelzweige über dem Baum aussieht.

4

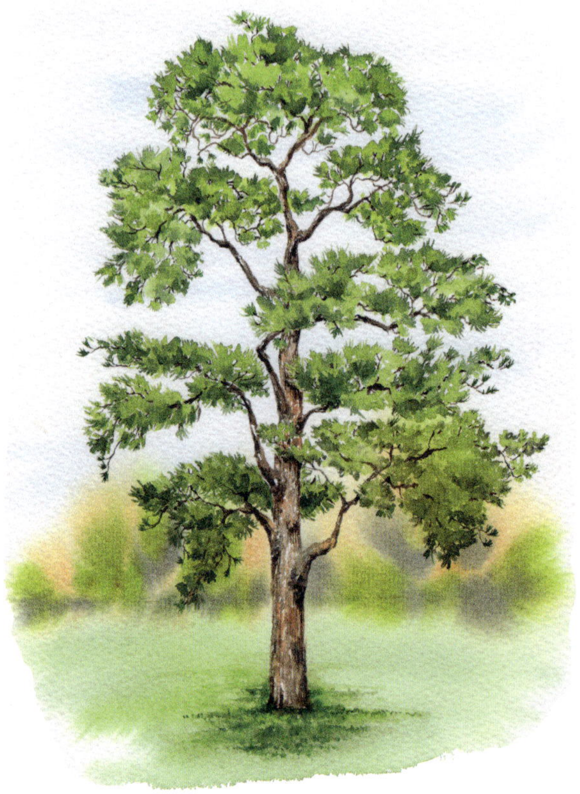

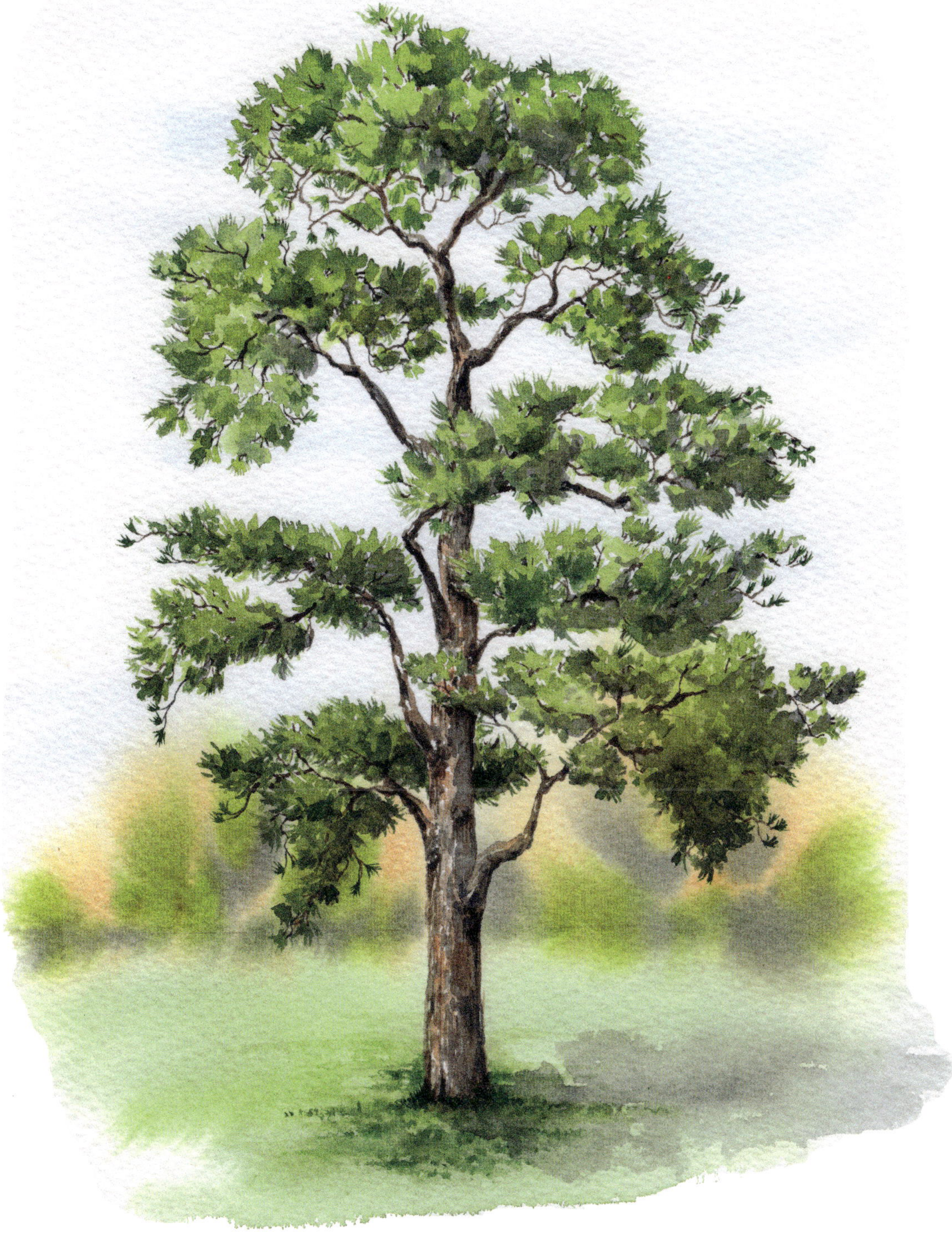

WINTERKRANZ

Ilex und Mistel sind Klassiker der winterlichen Floristik, aber auch die getrockneten Blüten und Samenstände von Sommergewächsen haben optisch viel zu bieten. Hier bilden Wilde Möhre, Silberblatt und Gräser einen Kontrast zu dunkelgrünem Laub.

SIE BRAUCHEN

Pinsel
spitze Rundpinsel Nr. 4, 2, 0, 2/0, 4/0
Schlepperpinsel Nr. 0

Papier
kalt gepresstes Papier (mit Textur)

Bleistift HB, Radierer, Zirkel

Die Pflanzendetails sind im Format 14 x 7 cm entstanden.

Den Kranz habe ich im Format 11 x 11 cm gemalt.

Farben

- Paynesgrau
- Alizarin-Karmesin
- Saftgrün
- Goldgrün
- Kadmiumrot
- Siena gebrannt
- Lichter Ocker
- Französisch Ultramarin
- Kadmiumgelb

Mischungen

- **Pflanzen:** Saftgrün und Goldgrün
- **Schatten:** Siena gebrannt und Paynesgrau
- **Goldtöne:** Lichter Ocker und Paynesgrau
- **Trockenblumen:** Lichter Ocker, Paynesgrau, Siena gebrannt

TROCKENBLUMEN

Hafer

1.
Mit Bleistift einen dünnen Halm vorzeichnen und auf einer Seite mehrere feine, gekrümmte Ästchen hinzufügen. Für die Ährchen mit dem Pinsel Nr. 4 und der Goldtöne-Mischung einen nach unten spitz zulaufenden Strich anfügen.

2.
Mit dem Schlepperpinsel und Lichtem Ocker dünne Striche auf die Ährchen malen, dann mit demselben Pinsel und derselben Farbe den Halm eintönen. Trocknen lassen. Mit dem Pinsel Nr. 2 einen Strich mit verdünnter Schatten-Mischung auf jedes Ährchen setzen.

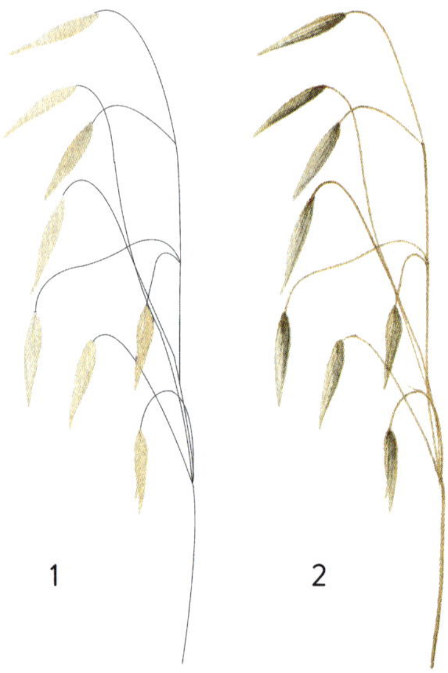

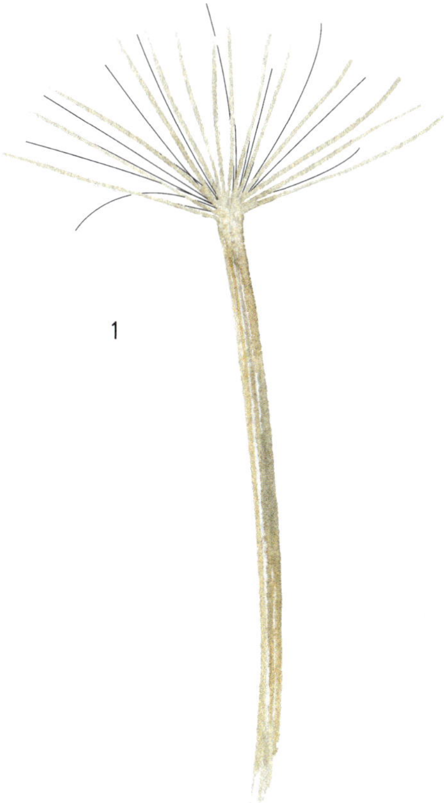

1

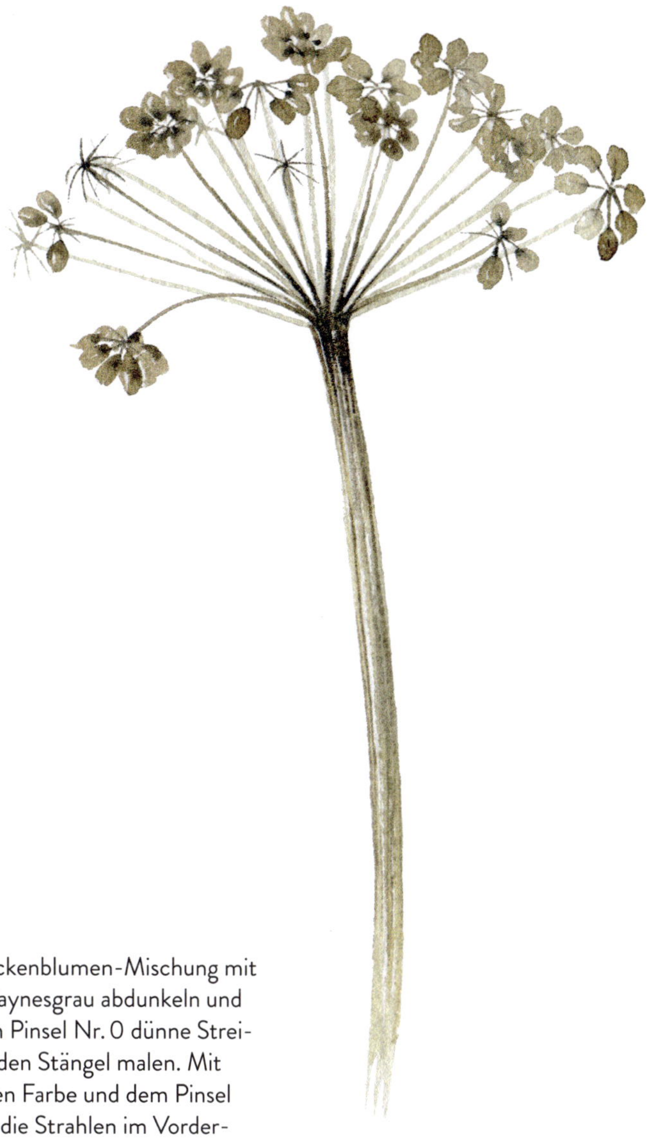

2

Wilde Möhre

1.

Die Form des Blütenstands erinnert an einen Regenschirm. Zuerst mit Bleistift dünn den Stängel vorzeichnen. An sein oberes Ende einige Striche strahlenförmig ansetzen, die minimal gekrümmt sind. Es sollten genug Striche sein, um ein grobes Gerüst für den Blütenstand zu erhalten. Mit dem Pinsel Nr. 2 und der Trockenblumen-Mischung den Stängel eintönen, dabei feine Streifen aussparen, um seine geriffelte Oberfläche anzudeuten. Einige der strahlenförmigen Striche mit der verdünnten Trockenblumen-Mischung nachziehen. Diese stehen im Hintergrund. Trocknen lassen.

2.

Die Trockenblumen-Mischung mit etwas Paynesgrau abdunkeln und mit dem Pinsel Nr. 0 dünne Streifen auf den Stängel malen. Mit derselben Farbe und dem Pinsel Nr. 2/0 die Strahlen im Vordergrund nachziehen und ans Ende jedes Strichs kleine sternförmige Verzweigungen anfügen. Für die getrockneten Samenkapseln mit der verdünnten Trockenblumen-Mischung kleine Schleifen an die meisten dieser Miniverzweigungen setzen.

Silberblatt

1.

Den Stängel dünn mit Bleistift vorzeichnen und wechselständige Verzweigungen anfügen. Mit verdünnter Trockenblumen-Mischung und dem Schlepperpinsel den Stängel von unten nach oben nachziehen, dabei in einem Bogen in die erste Verzweigung übergehen. Ans Ende der Verzweigung mit dem Pinsel Nr. 4 und verdünnter Trockenblumen-Mischung einen Kreis anfügen. Auf den Übergang zwischen Stiel und Kreis einen Tupfen Schatten-Mischung geben. In dieser Weise am Stängel aufwärts arbeiten: Immer zuerst den Stängelabschnitt mit Verzweigung malen, dann die Samenkapsel, dann den Schatten. Wenn sich zwei Samenkapseln überlappen, die erste vollständig trocknen lassen und erst dann die nächste malen.

2.

Die ersten drei Samenkapseln mit klarem Wasser bestreichen, zehn Sekunden trocknen lassen, dann mit verdünnter Schattenmischung und dem Pinsel Nr. 2 jeweils drei Punkte für die Samen einfügen. Keine Panik, falls die Oberfläche zu nass ist und die Farbe sich zu weit ausbreitet. Einfach die Farbe rasch mit einem Papiertuch abtupfen und erneut drei Punkte malen. Diese sollten nun nicht so stark verlaufen.

1

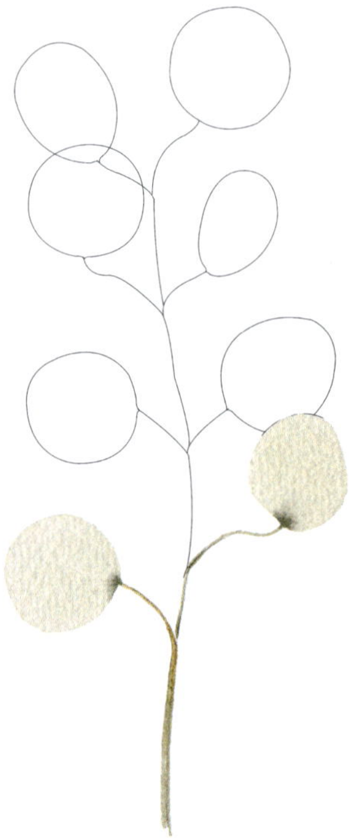

2

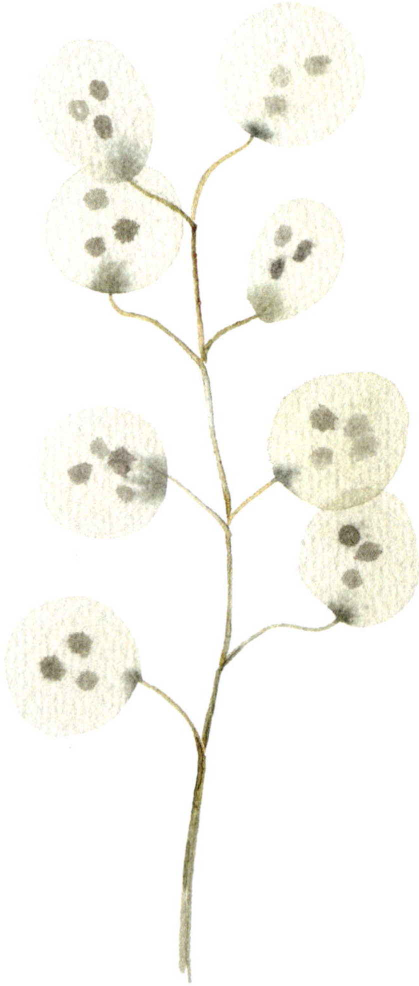

FRISCHES GRÜN

1a

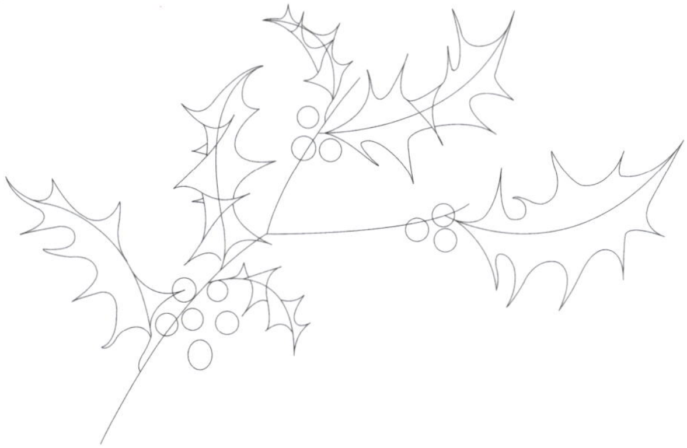

1b

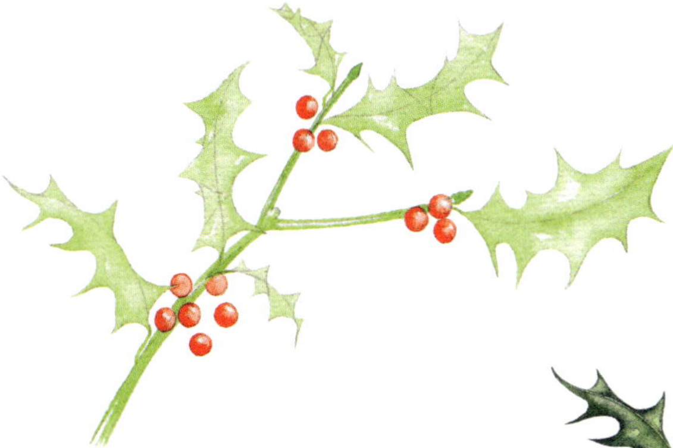

2

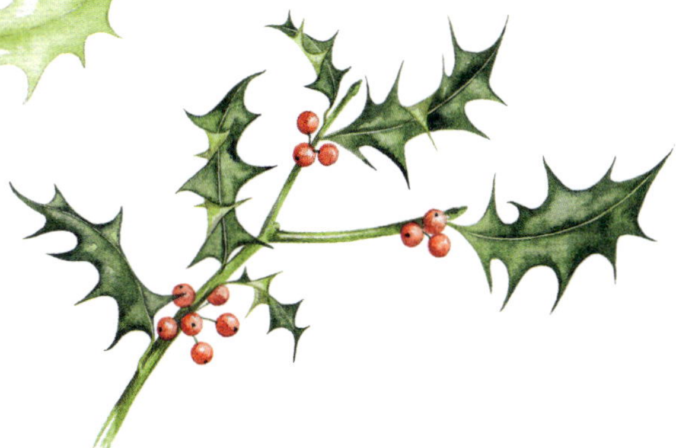

Ilex (Stechpalme)

1.

Zuerst mit Bleistift zart den Zweig vorzeichnen und gekrümmte Striche für die Mittelrippen der Blätter anfügen. Die Blätter sind elliptisch mit gezacktem Rand. Blätter in verschiedener Ausrichtung anhand der Skizze vorzeichnen. Auch die Gruppen kleiner Beeren werden vorgezeichnet. Der Pinsel Nr. 2 ist dick genug für eine Lasur, andererseits aber auch fein genug für die Zacken. Jedes Blatt mit verdünnter Pflanzen-Mischung malen, für die Ästchen die Mischung in höherer Konzentration verwenden. Die Umrisse der Beeren mit dem Pinsel Nr. 0 und Kadmiumrot malen, dann den Pinsel ausspülen und die Farbe mit den feuchten Pinselhaaren nach innen ziehen. Kleine Glanzlichter weiß lassen.

2.

In der Mitte jedes Blattes eine feine Linie weiß lassen. Die Umrisse der Blätter mit dem Pinsel Nr. 2/0 und Saftgrün nachziehen. Die Farbe mit dem sauberen, feuchten Pinsel nach innen ziehen. Etwas Französisch Ultramarin zum Saftgrün geben und diese Mischung auf einige Stellen tupfen, um die glänzende Oberfläche der Blätter herauszuarbeiten. Die Blattunterseiten werden nicht weiter bearbeitet, lediglich ihre Umrisse werden dünn mit Goldgrün nachgezogen. Mit Saftgrün einige Streifen auf den Zweig malen, dann die Beeren mit hauchdünnen Stielchen mit dem Zweig verbinden.

Die Beeren mit Alizarin-Karmesin abdunkeln und auf jede Beere einen winzigen Punkt konzentriertes Paynesgrau setzen. Zum Schluss die Unterseiten der Blätter und den Zweig mit verdünnter Schatten-Mischung schattieren.

1a

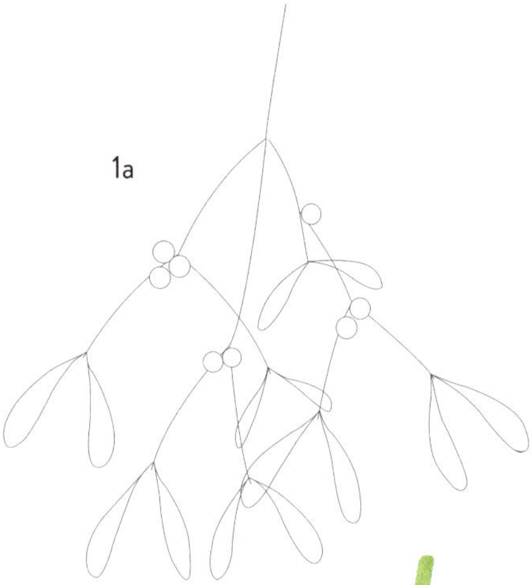

2

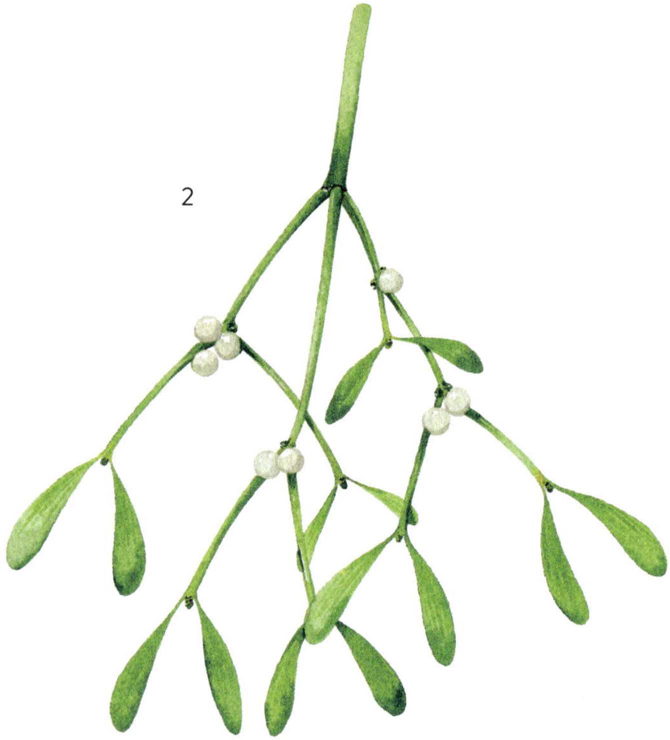

1b

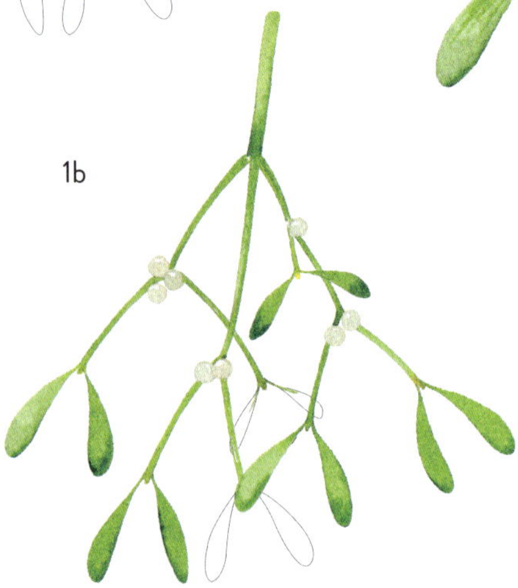

Mistel

1.

Den verzweigten Stängel mit Blättern und Beeren blass mit Bleistift vorzeichnen. Dann von oben nach unten arbeiten und Stängel, Verzweigungen und Blätter mit dem Pinsel Nr. 0 in Goldgrün eintönen. Ans Ende jedes Stängels einen kleinen Tupfen Kadmiumgelb setzen, um das Hochblatt zwischen jedem Blattpaar anzudeuten. Etwas Saftgrün auf das untere Ende jedes noch nassen Blattes geben und verlaufen lassen. Sobald die Farbe vollständig getrocknet ist, können einander überlappende Blätter gemalt werden. Die Beeren mit stark verdünnter Goldtöne-Mischung malen, dabei ein kleines Glanzlicht weiß lassen.

2.

Mit Pinsel Nr. 0 und verdünntem Goldgrün dünne Striche auf jedes Blatt malen. An jede Verzweigung etwas Saftgrün tupfen, um die winzigen Knospen anzudeuten, die an den Enden der Stängel sitzen. Konzentrierte Schatten-Mischung in den Bereich geben, an dem sich der dickste Stängel dreifach verzweigt, dann mit verdünnter Schatten-Mischung einen kleinen Schwung um die Unterseite jeder Beere malen.

WINTERLICHER STRAUSS

Wer gern solche detailreichen Pflanzen malt, könnte drei davon zu einem kleinen Sträußchen arrangieren. Beginnen Sie mit der hellsten Pflanze (hier dem Silberblatt) im Hintergrund. Danach kommen allmählich immer kräftigere und dunklere Farben zum Einsatz.

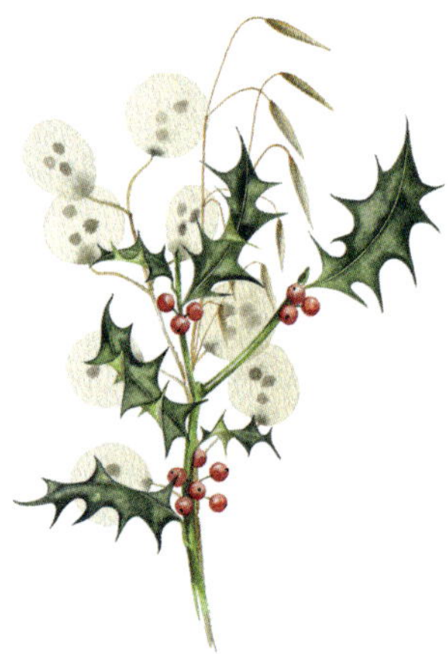

WINTERLICHER KRANZ

Alle diese Motive lassen sich leicht verkleinern, indem man der Anleitung folgt, aber dünnere Pinsel verwendet. Die einzige Ausnahme bildet der Ilex. Hier habe ich die Blätter mit Stachelspitzen einfach in Saftgrün gemalt. Von den Unterseiten ist nichts zu sehen.

1.

Mit Bleistift einen blassen Kreis vorzeichnen. Die Grundformen der Trockenblumen einzeichnen und mit den erwähnten Farben eintönen. Trocknen lassen.

2.

Nun die Grundformen der frischen Blätter vorzeichnen und ausmalen. Wieder trocknen lassen, dann den Bleistiftkreis ausradieren.

3.

Die Beeren an den Mistel- und Ilexzweigen einfügen. Danach auf allen trockenen und frischen Pflanzenteilen noch einige Details ergänzen.

1

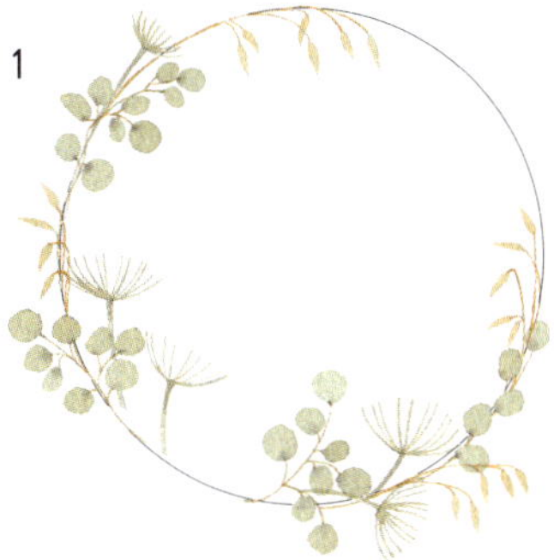

2

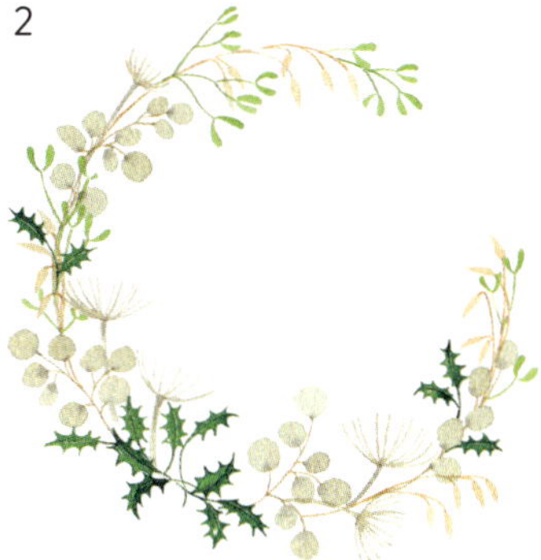

3

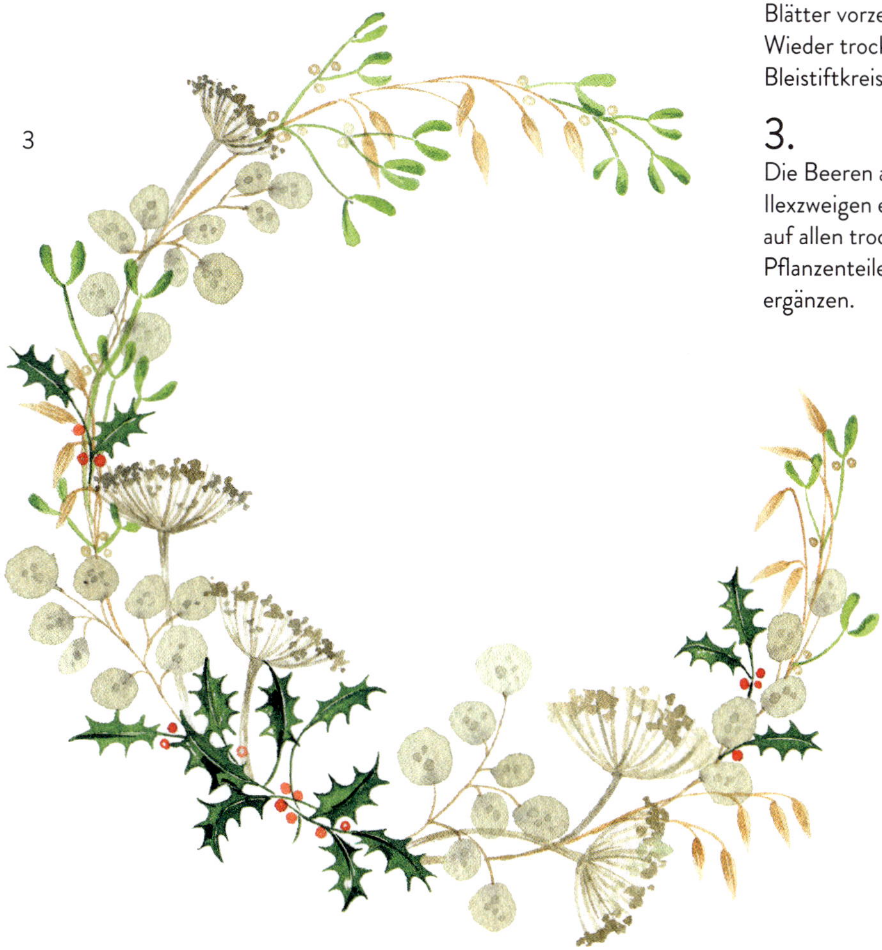

FUCHS

In der kalten Jahreszeit trägt der Rotfuchs ein besonders dichtes Fell in einem leuchtenden Rotbraun. Ein Fuchs auf einer frisch zugeschneiten Wiese wäre ein schönes Motiv für eine Weihnachtskarte.

SIE BRAUCHEN

Pinsel
spitze Rundpinsel Nr. 2, 0, 4/0

Papier
kalt gepresstes Papier (mit Textur)

Bleistift HB, Radierer

Das Rotfuchsbild ist im Format 14 x 8 cm entstanden.

Farben

- Paynesgrau
- Siena gebrannt
- Eisenoxidschwarz
- Kadmiumorange
- Kadmiumrot
- Saftgrün
- Goldgrün
- Lichter Ocker

Mischungen

- **helles Fell:** viel Paynesgrau mit etwas Lichtem Ocker
- **oranges Fell:** Kadmiumorange und Kadmiumrot
- **Schatten:** Siena gebrannt und Paynesgrau

1.

Orientieren Sie sich an den geometrischen Hilfslinien.

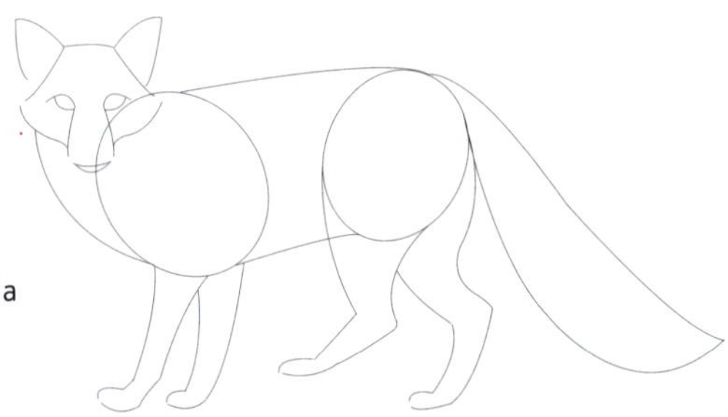
1a

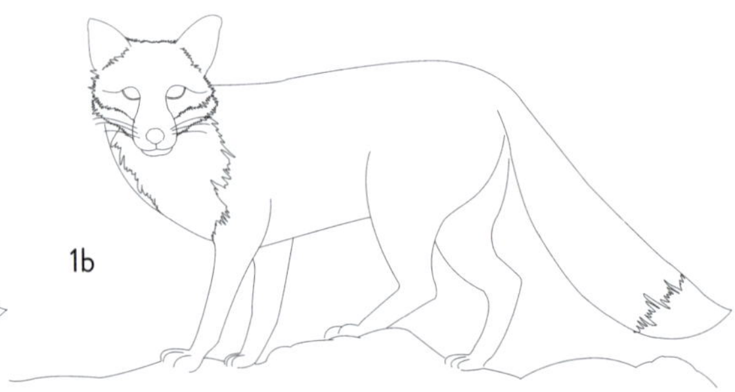
1b

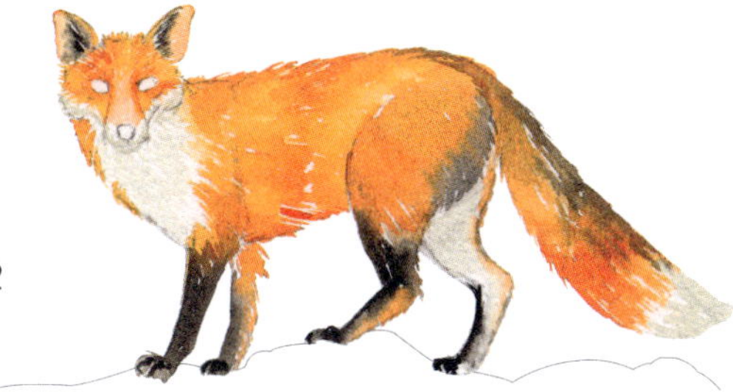

2

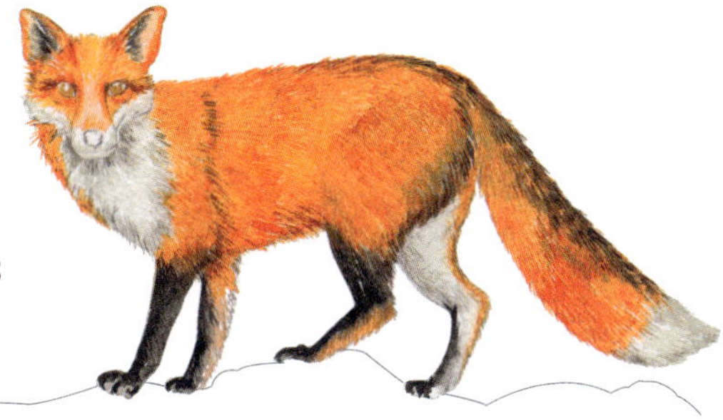

3

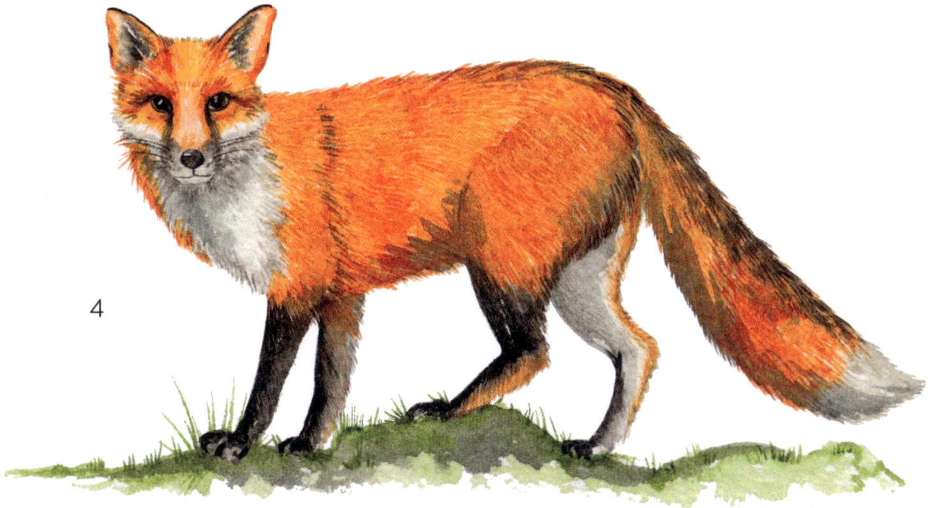

4

2.

Mit der hellen Fell-Mischung und Pinsel Nr. 2 den Brustlatz, die Innenseite des Hinterbeins und die Schwanzspitze eintönen. Den restlichen Körper mit der orangen Fell-Mischung malen, die Vorderseite der Beine mit verdünntem Eisenoxidschwarz. Für die Hinterseite der Beine und des Schwanzes die orange Fell-Mischung mit etwas Siena gebrannt abdunkeln. Die Hinterkeule im Vordergrund und den Schwanz mit verdünntem Eisenoxidschwarz verschatten.

Das Gesicht mit Pinsel Nr. 0 und oranger Fell-Mischung locker stricheln. Die Ohren mit verdünnter oranger Fell-Mischung umranden, im Inneren mit verdünntem Eisenoxidschwarz stricheln.

3.

Um die Fellstruktur deutlicher auszuarbeiten, den Körper mit jeweils konzentrierteren Versionen der Grundfarben und dem Pinsel Nr. 4/0 ausarbeiten. Mit der Schatten-Mischung die Körperwölbungen hervorheben. Die Iris in den Augen mit verdünntem Siena gebrannt malen.

4.

Die Umrisse der Augen mit dem Pinsel Nr. 4/0 und Eisenoxidschwarz malen und diese Striche auf beiden Seiten der Schnauze nach unten verlängern. Den Pinsel auswaschen, dann das Schwarz ins helle Fell ziehen, um den Schatten der Schnurrhaare anzudeuten. Trocknen lassen. Nase, Maul, Schnurrhaare und Ohrenspitzen mit Eisenoxidschwarz aufmalen. Vollständig trocknen lassen, dann die noch sichtbaren Bleistiftstriche ausradieren.

Den moosigen Boden mit Pinsel Nr. 2 und verdünntem Goldgrün andeuten, dann mit dem Pinsel Nr. 4/0 und Saftgrün einzelne Grashalme malen. Trocknen lassen.

Zuletzt mit dem Pinsel Nr. 2 und verdünnter Schatten-Mischung den Bauch, das hintere Hinterbein, die Schwanzunterseite und den Boden unter dem Fuchskörper abdunkeln.

CHRISTROSE

Neben all den traditionellen Rot- und Grüntönen der Weihnachtszeit wirken Christrosen mit ihren hellen Blüten geradezu erfrischend.

SIE BRAUCHEN

Pinsel
spitze Rundpinsel Nr. 4, 2, 0
Schlepperpinsel Nr. 0

Papier
kalt gepresstes Papier (mit Textur)

Bleistift HB, Radierer

Farben

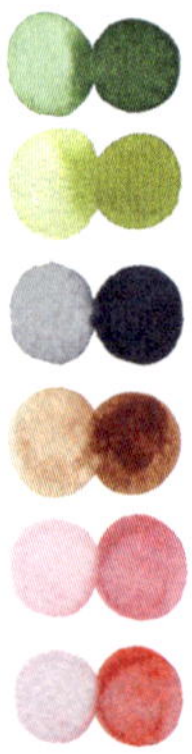

Saftgrün
Goldgrün
Paynesgrau
Siena gebrannt
Permanentrosa
Alizarin-Karmesin

Mischungen

Grüntöne: Saftgrün und Goldgrün

Blüten: Saftgrün, Goldgrün, Permanentrosa

dunkle Blütenstellen: Alizarin-Karmesin, Paynesgrau, Siena gebrannt

Schatten: Siena gebrannt und Paynesgrau

1.

Die Umrisse der Christrose anhand der Skizze rechts zart mit Bleistift vorzeichnen. Ausnahmsweise zeichne ich auch die Blütenblätter vor dem Malen ein. Für die Blätter genügt es, jeweils die Mittelrippe anzulegen. Achten Sie darauf, einen kleinen Kreis ins Zentrum einer offenen Blüte zu zeichnen. Nickt die Blüte, ist das Zentrum ein Oval.

1

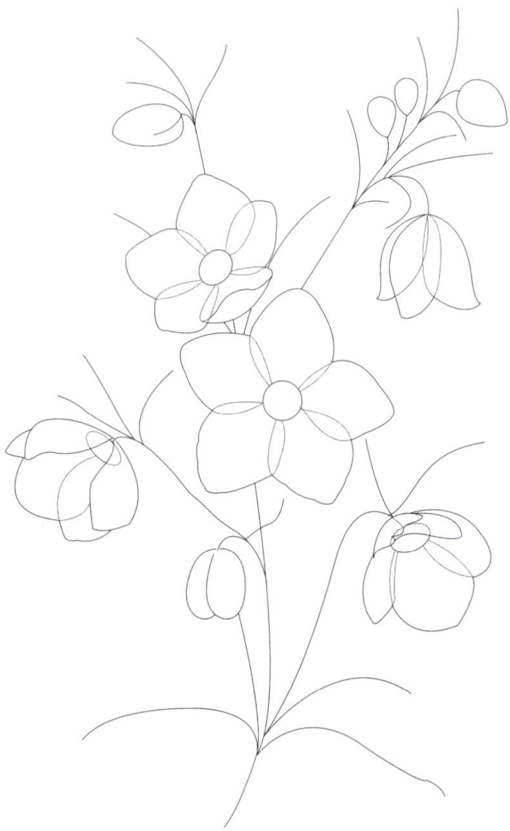

Das Christrosenbild ist im Format 17 x 10 cm entstanden.

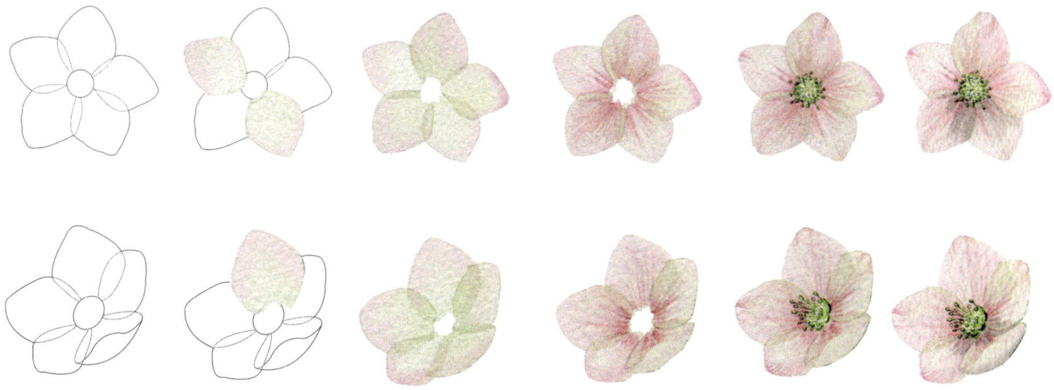

2

2.

Mit der verdünnten Blüten-Mischung und Pinsel Nr. 4 möglichst viele Blütenblätter ausmalen, die sich nicht berühren (streng genommen handelt es sich bei den Blütenblättern um Kelchblätter). Beim Ausmalen jedes Blütenblattes etwas verdünntes Permanentrosa an die äußere Spitze tupfen und verlaufen lassen. Trocknen lassen, bevor weitere Blütenblätter bemalt werden. Die Kreise oder Ovale im Zentrum jeder Blüte bleiben noch unbemalt.

3.

Nachdem alle Blütenblätter gemalt sind, den Stiel und die Blätter in die Lücken malen, zuerst die Blätter mit gesägtem Rand (siehe Seite 14) mit der Grüntöne-Mischung und einem Pinsel Nr. 4. Sobald diese getrocknet sind, den Stiel mit dem Pinsel Nr. 2 von unten nach oben malen. Wo die Stängel nach oben hin schlanker werden, die Grüntöne-Mischung mit etwas Alizarin-Karmesin mischen und mit dem Pinsel Nr. 0 fortfahren.

3

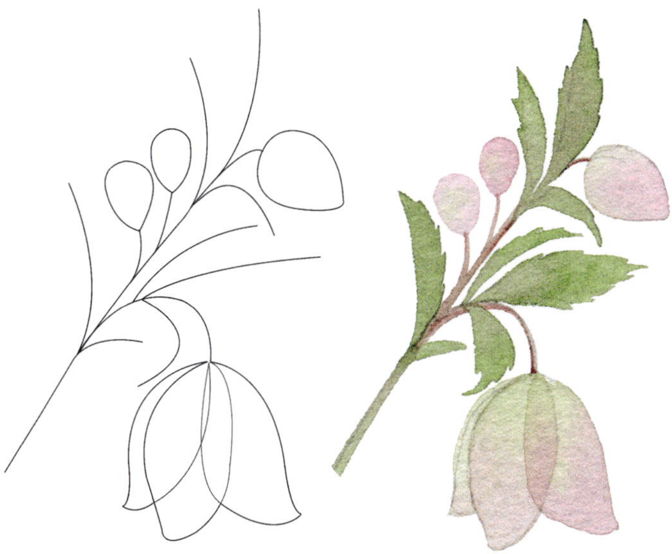

4

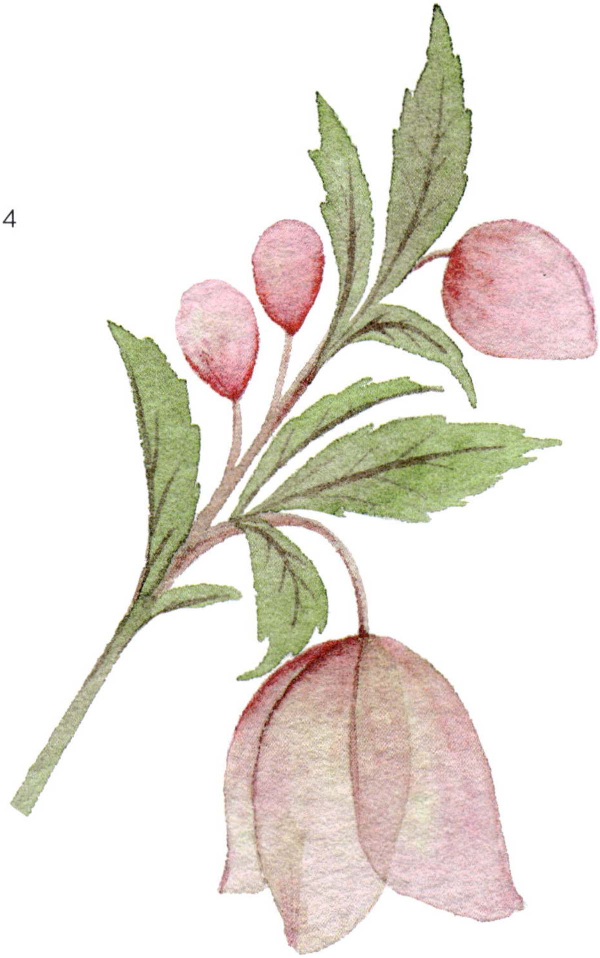

5

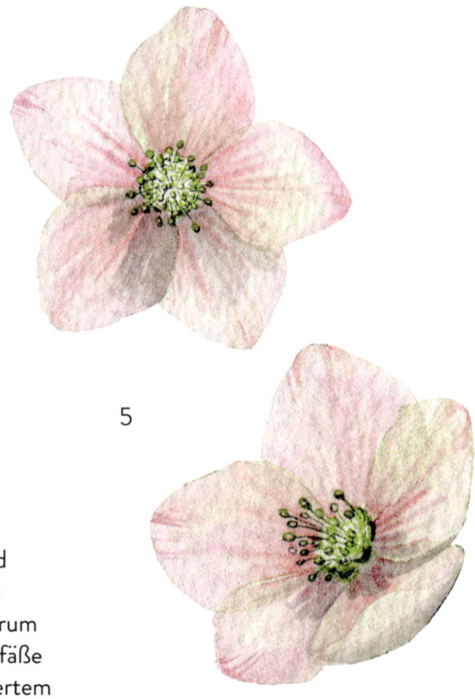

4.

Wenn alle Grundformen eingefärbt sind, geht es an die Details. Mit dem Schlepperpinsel und Alizarin-Karmesin die Blattadern malen. Auch die Blütenblätter sind von zarten rosa Adern durchzogen. Damit diese Linien nicht zu stark hervortreten, benetzen Sie das zu bearbeitende Blütenblatt leicht mit einem feuchten Pinsel und malen Sie von der Blütenmitte nach außen feine Striche mit verdünntem Permanentrosa. Danach wenige feine Striche mit verdünntem Alizarin-Karmesin einfügen.

5.

Mit dem dünnsten Pinsel und verdünntem Goldgrün kleine C-Bögen um das Blütenzentrum malen. Dann für die Staubgefäße winzige Kreise mit konzentriertem Goldgrün in und um die Mitte malen. Hauchdünne Striche führen von diesen ins Blütenzentrum. Zuletzt mit Saftgrün dunkle Schatten im Blütenzentrum andeuten.

6.

Mit der Schatten-Mischung die verjüngten Enden der Stiele abdunkeln. Trocknen lassen. Dann alle sichtbaren Unterseiten mit verdünnter Schatten-Mischung abdunkeln. Mit derselben Farbe vereinzelt Streifen auf den Blütenblättern unterhalb der Staubgefäße einfügen. Die Staubfäden und Staubbeutel sowie die Ansätze der geschlossenen Knospen mit konzentrierter Schatten-Mischung akzentuieren.

6

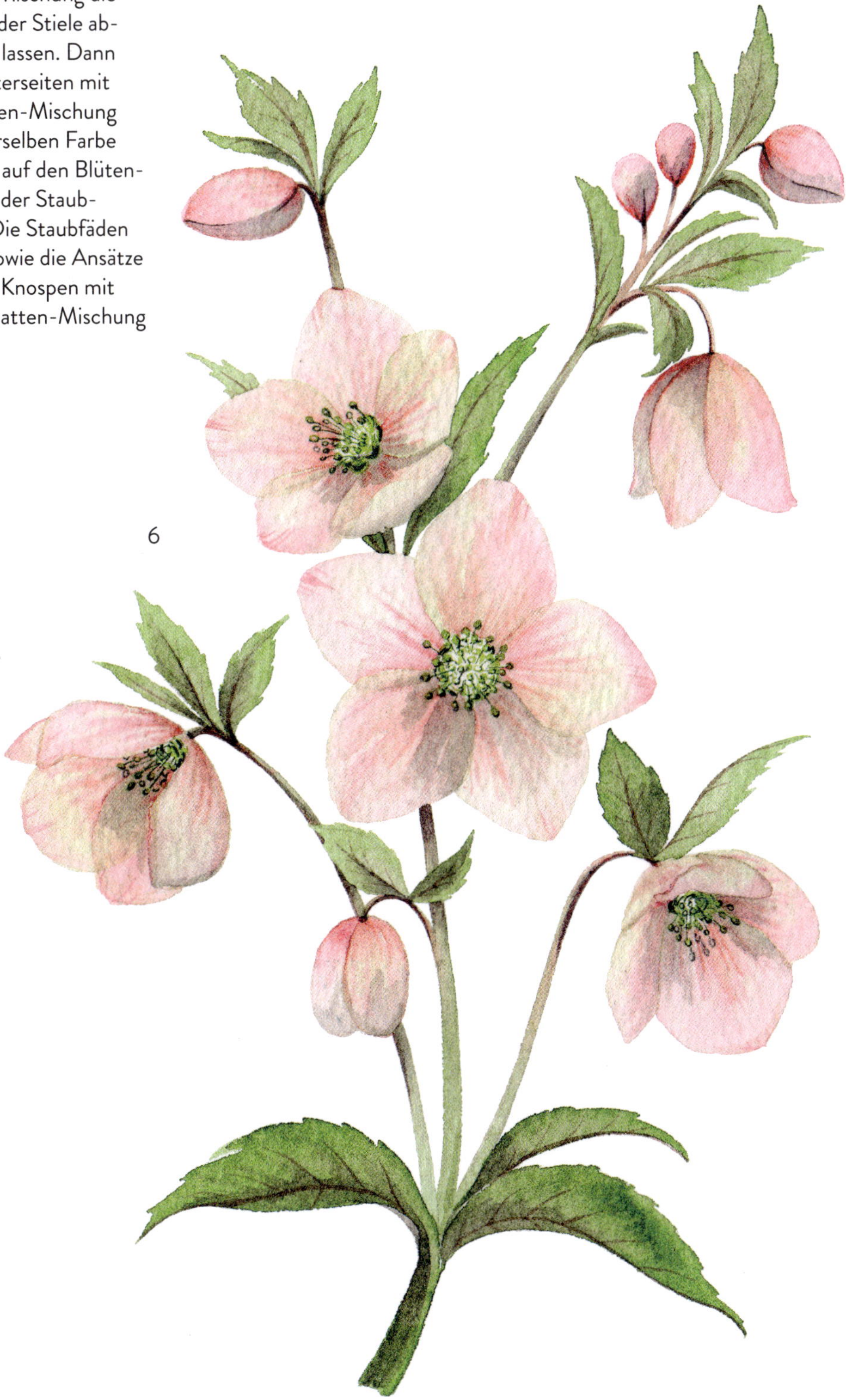

WINTERLANDSCHAFT

Immergrüne Wälder sind in der dunklen, kalten Jahreszeit eine willkommene Abwechslung fürs Auge. Auf meinen Winterspaziergängen sammle ich abgebrochene Tannen- und Kiefernzweige, um sie zu Hause in winterliche Kränze einzubinden.

SIE BRAUCHEN

Pinsel
spitze Rundpinsel Nr. 8, 2, 2/0
Verwaschpinsel Nr. 6

Papier
kalt gepresstes Papier (mit Textur)

Bleistift HB, Radierer

Farben

Paynesgrau

Siena gebrannt

Eisenoxidschwarz

Saftgrün

Mischungen

Tannen: Saftgrün, Eisenoxidschwarz, Paynesgrau

Schatten: Siena gebrannt und Paynesgrau

Diese Landschaft ist im Format 15 x 15 cm entstanden.

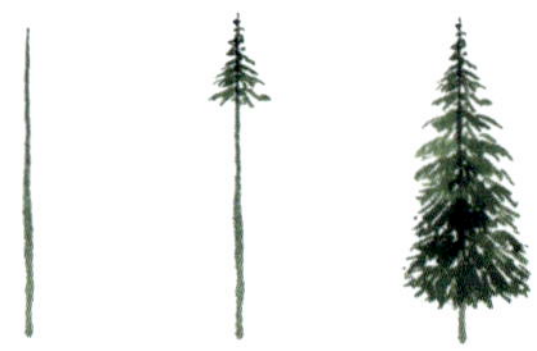

1.

Eine Hügelkette vorzeichnen, darüber das Papier mit dem Verwaschpinsel und klarem Wasser anfeuchten. Das Wasser mit Pinsel Nr. 8 bis an die Linie ziehen. Mit stark verdünnter Schatten-Mischung einige lockere Bögen auf den Himmel malen. Für die erste Schicht Bäume sollte das Blatt noch feucht sein, aber nicht nass. Meist genügt die Zeit, die man mit dem Malen des Himmels verbringt, um das Papier antrocknen zu lassen. Die Nadelbäume mit dem Pinsel Nr. 2/0 und verdünnter Tannen-Mischung wie oben gezeigt (Stamm, Spitze usw.) aufbauen. Trocknen lassen.

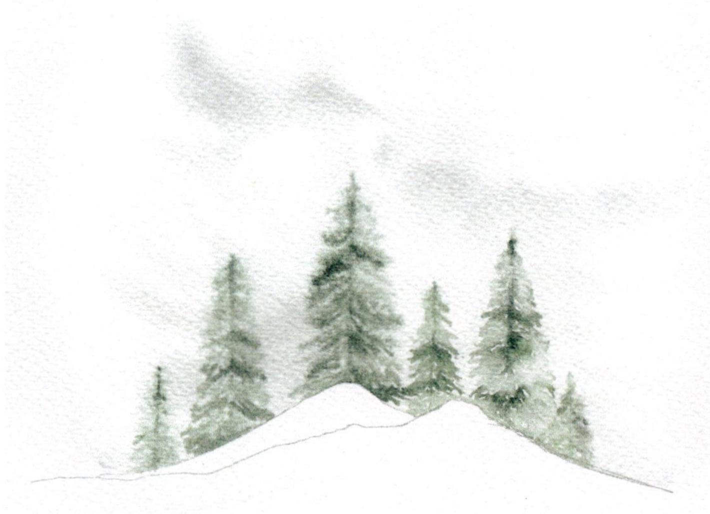

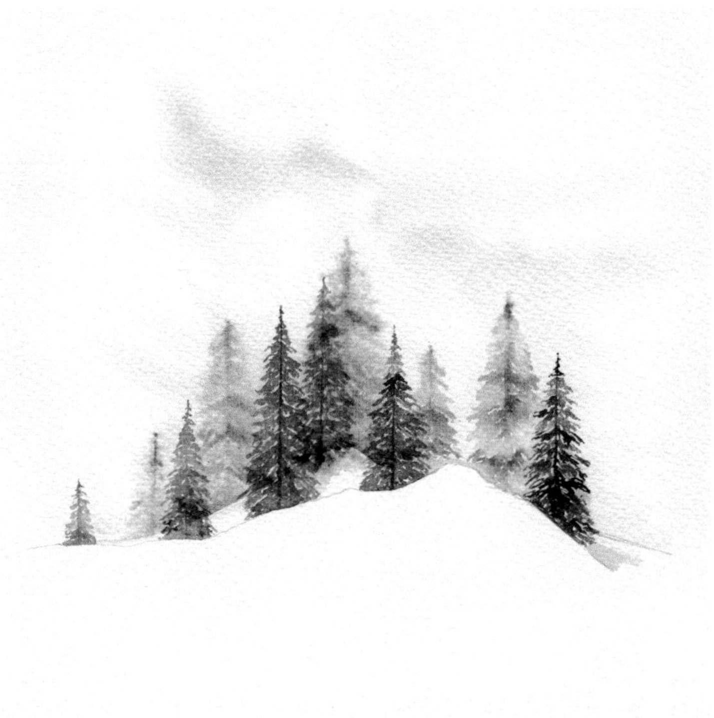

2.

Diese erste Baumschicht wird beim Trocknen noch heller. Mit der gleichen Farbe in etwas stärkerer Konzentration auf den Hügel davor eine weitere Reihe von Bäumen malen. Danach mit einem sauberen, feuchten Pinsel Nr. 2 über die unteren Bereiche der Bäume streichen, um die Farbe in den Hügel zu verwischen. Etwas verdünnte Schatten-Mischung mit dem Pinsel aufnehmen und mit einigen Strichen den Effekt von Licht und Schatten auf dem Schnee andeuten. Gut trocknen lassen.

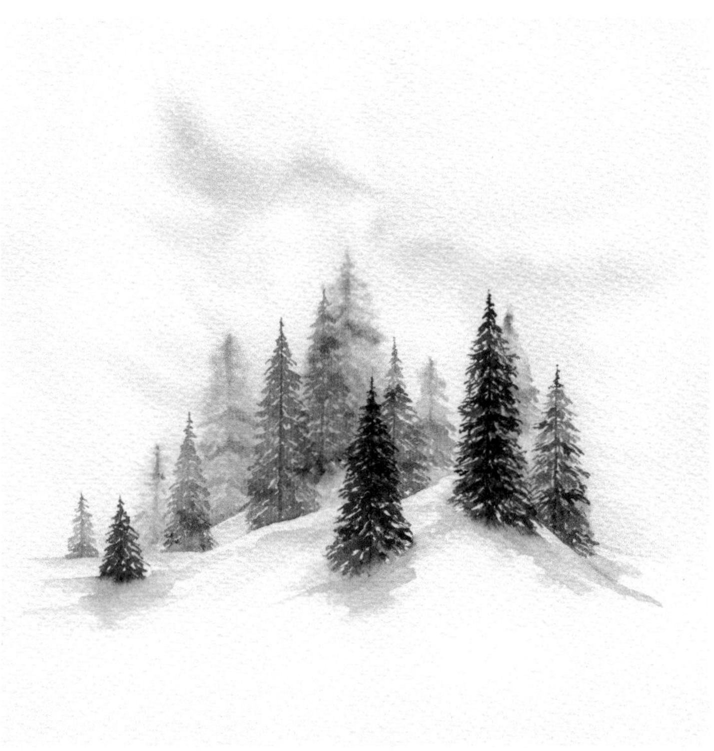

3.

Mit der Tannen-Mischung in stärkster Konzentration einige weitere Bäume in den Vordergrund malen. Wie in Schritt 2 den unteren Bereich dieser Bäume mit einem feuchten Pinsel Nr. 2 verwischen, dann mit etwas verdünnter Schatten-Mischung Licht und Schatten auf dem Schnee andeuten. Zuletzt mit etwas konzentriertem Paynesgrau vereinzelte Schatten auf den Ästen einfügen. Nach dem Trocknen alle sichtbaren Bleistiftreste ausradieren.

SCHNEEGLÖCKCHEN

Wie schön ist das, wenn nach einem langen, dunklen Winter die ersten Schneeglöckchen sprießen. Sie markieren den Beginn eines neuen Jahreszeitenzyklus und versprechen, dass bald wärmere Tage kommen. Schneeglöckchen sind ein guter Anlass, zum ersten Mal im Jahr wieder in der Natur zu malen.

SIE BRAUCHEN

Pinsel
spitze Rundpinsel Nr. 4, 2, 0
Schlepperpinsel Nr. 0

Papier
kalt gepresstes Papier (mit Textur)

Bleistift HB, Radierer

Farben

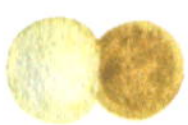 Lichter Ocker

 Goldgrün

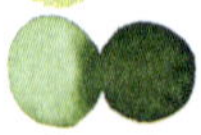 Saftgrün

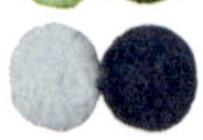 Paynesgrau

 Französisch Ultramarin

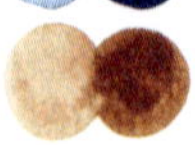 Siena gebrannt

Mischungen

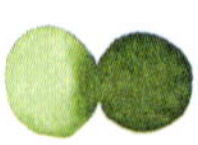 **Grüntöne:** Saftgrün und Goldgrün

 **Blüten:** Saftgrün, Siena gebrannt, Paynesgrau, Lichter Ocker

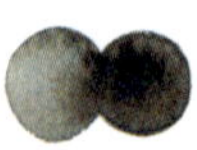 **Schatten:** Siena gebrannt und Paynesgrau

1

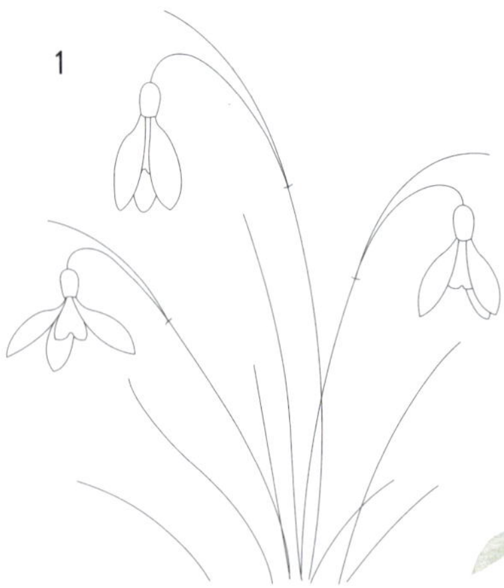

2

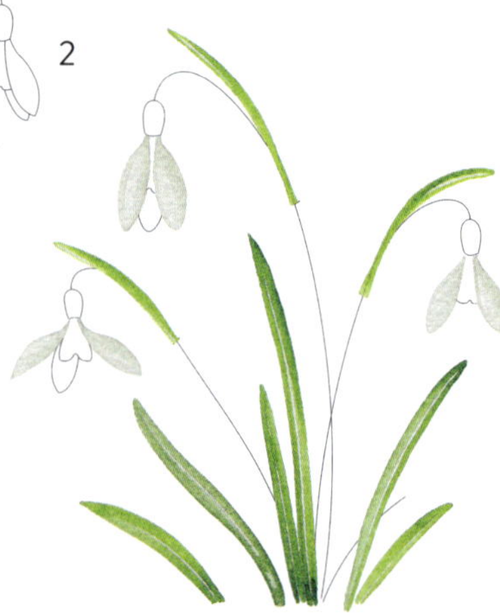

Das Schneeglöckchenbild ist im Format 13 x 17 cm entstanden.

1.

Orientieren Sie sich an der Bleistiftskizze oben.

2.

Die Blütenstiele sind relativ gerade und biegen sich erst oben unter dem Gewicht der Blüte, während ein Hochblatt in Richtung des Stiels weiterwächst. Die Hochblätter mit einem Schlepperpinsel und der Grüntöne-Mischung malen. Für die unteren Blätter mit Pinsel Nr. 4 und Saftgrün parallele, sich nach oben verjüngende Striche malen, die in einer weichen Spitze enden. In der Mitte für die Falte im Blatt einen dünnen weißen Streifen aussparen.

Die Schneeglöckchenblüte besteht aus drei tropfenförmigen weißen Blütenblättern (äußeres Perianth) und drei kürzeren – meist grün-weißen – inneren Blütenblättern (inneres Perianth). Die Blüten-Mischung vorbereiten und extrem verdünnen. Mit einem Pinsel Nr. 2 und dieser Mischung je zwei Blütenblätter malen, die sich nicht berühren. Vollständig trocknen lassen.

3.

Ein konzentrierteres Saftgrün mit etwas Französisch Ultramarin mischen und mit dem Pinsel Nr. 2 einige weitere Blätter sowie die Stängel malen. Mit Saftgrün und dem Schlepperpinsel die zarten, gekrümmten Blütenstiele malen.

Für die sichtbaren inneren Blütenblätter den Pinsel Nr. 0 und die Blüten-Mischung verwenden. Die Farbe etwas antrocknen lassen, dann die Ränder der inneren Blütenblätter mit etwas Grüntöne-Mischung akzentuieren.

3

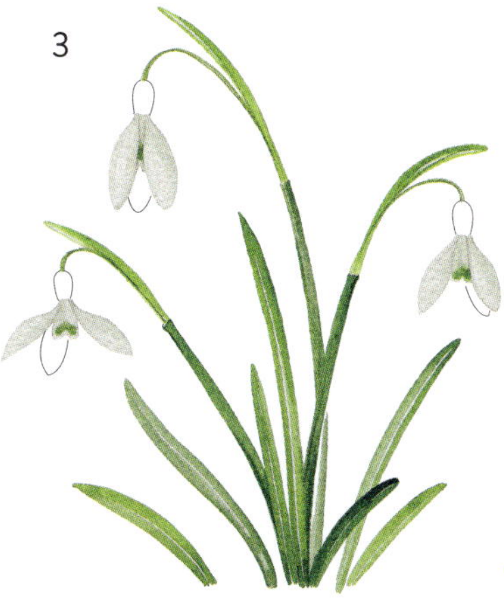

4.

Die noch unbemalten Blütenblätter ausmalen. Mit einem Pinsel Nr. 4 und der Blüten-Mischung den Schnee um die Basis der Pflanze herum schattieren. Bevor diese Farbe trocken ist, unter jedes austreibende Blatt einen kleinen Tupfen Schatten-Mischung geben. Den Fruchtknoten oberhalb der Blütenblätter mit dem Pinsel Nr. 0 und der Grüntöne-Mischung ausfüllen, dann – solange die Farbe noch feucht ist – einen Tupfen konzentriertes Saftgrün an die Spitze geben.

Zuletzt zwischen den Blättern, Blütenblättern und Stängeln hier und dort etwas Schatten-Mischung einfügen, um die Tiefenwirkung zu verstärken.

4

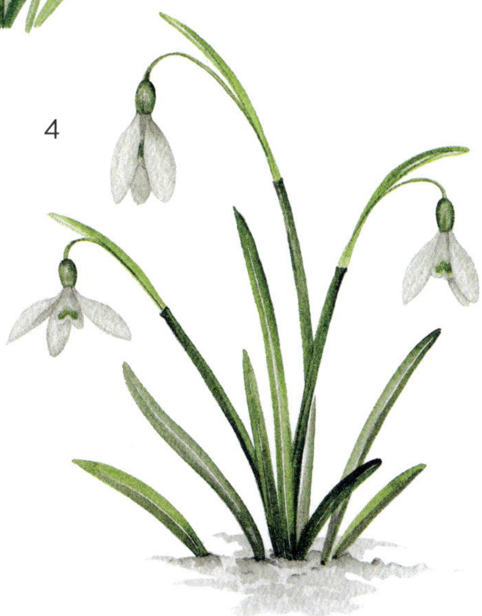

Schöne Schneeglöckchensorten, die ich auf meinen Spaziergängen entdeckt habe:

a) *Galanthus plicatus* 'Augustus'
Die großen, gewölbten Blütenblätter sind knitterig wie Seersucker. Die inneren Blütensegmente sind grün.

b) *Galanthus* 'Primrose Warburg'
Gelbe Fruchtknoten und gelbgrüne innere Segmente. Sie erinnern an Perlenohrringe mit Goldfassung.

c) *Leucojum aestivum* 'Summer snowflake'
Die Sommer-Knotenblume ist eine größere Verwandte des Schneeglöckchens. Sie trägt an jedem Stiel gleich mehrere glockenförmige Blüten aus sechs Blütenhüllblättern.

a

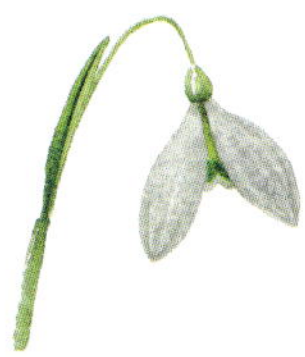

b

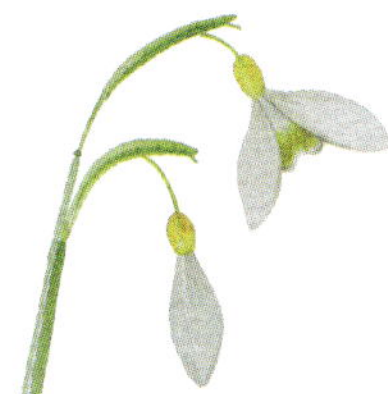

c

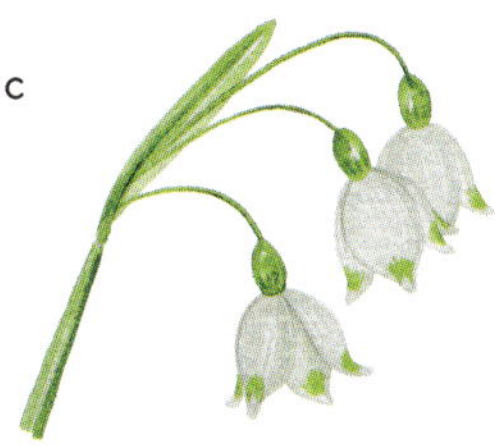

DANK

Ein herzlicher Dank geht an alle Freunde und meine Familie für ihre großartige Unterstützung.

Es war mir erneut eine große Freude, mit Ellie und den Kollegen von Octopus zu arbeiten. Es ist ein tolles Gefühl, Teil eines so wunderbaren Teams zu sein.

Danke, lieber Oscar, dafür, dass du meine Arbeit immer mit so viel Enthusiasmus begleitest.

Dank an meine Patreon Community, die meine Cheerleader bei diesem Projekt waren. Ich liebe unseren globalen Malzirkel.

Gem und Eleanor danke ich dafür, dass sie den Atelierbetrieb in Gang hielten, während ich meinen Kopf in dieses Buch gesteckt habe.

Ant, du warst mir die allerbeste Lockdown-Gesellschaft. Danke für die nimmermüde Unterstützung und deinen Glauben an mich.

Danke an unseren Vierbeiner Crumble, der dafür sorgt, dass ich jeden Tag an die frische Luft komme.

Laurence King Verlag GmbH
Jablonskistraße 27, 10405 Berlin
www.laurencekingverlag.de

Erstmals erschienen bei Ilex
in Großbritannien 2023

Ilex ist ein Imprint von
Octopus Publishing Group Ltd
Carmelite House
50 Victoria Embankment
London EC4Y 0DZ

Ein Unternehmen von Hachette UK

Publisher: Alison Starling
Commissioning Editor: Ellie Corbett
Managing Editor: Rachel Silverlight
Editorial Assistant: Jeannie Stanley
Art Director: Ben Gardiner
Designer: Eleanor Ridsdale
Assistant Production Managers:
Lucy Carter & Nic Jones

Für die deutsche Ausgabe
Übersetzung: Marion Valentin
und Wiebke Krabbe
Lektorat und Satz:
Lesezeichen Verlagsdienste, Köln
Projektleitung:
hauffe publishing, Dortmund

ISBN: 978-3-96244-413-6

1. Auflage 2024
Gedruckt in China

www.octopusbooks.co.uk
www.laurencekingverlag.de

FSC www.fsc.org MIX Papier | Fördert gute Waldnutzung FSC® C008047

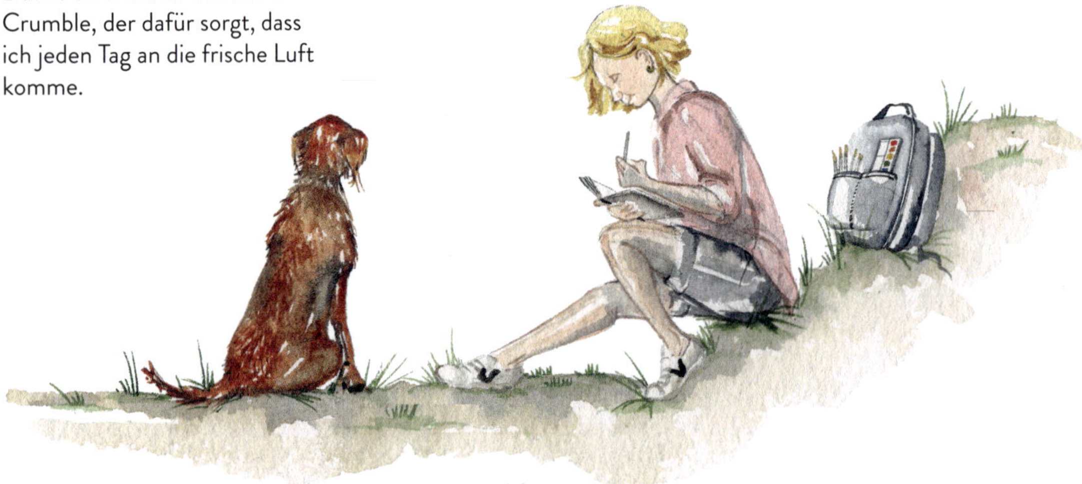